Physica-Schriften zur Betriebswirtschaft

Herausgegeben von

K. Bohr, Regensburg · W. Bühler, Mannheim · W. Dinkelbach, Saarbrücken
G. Franke, Konstanz · P. Hammann, Bochum · K.-P. Kistner, Bielefeld
H. Laux, Frankfurt · O. Rosenberg, Paderborn · B. Rudolph, München

Physica-Schriften zur Betriebswirtschaft

Herausgegeben von

K. Bohr, Regensburg · W. Bühler, Mannheim · W. Dinkelbach, Saarbrücken
G. Franke, Konstanz · P. Hammann, Bochum · K.-P. Kistner, Bielefeld
H. Laux, Frankfurt · O. Rosenberg, Paderborn · B. Rudolph, München

Wolfgang Hauke

Fuzzy-Modelle in der Unternehmensplanung

Mit 55 Abbildungen

Physica-Verlag

Ein Unternehmen
des Springer-Verlags

Dr. Wolfgang Hauke
Universität Augsburg
Institut für Statistik
und Mathematische Wirtschaftstheorie
D-86135 Augsburg

Als Habilitationsschrift auf Empfehlung der Wirtschafts- und Sozialwissenschaftlichen Fakultät
der Universität Augsburg gedruckt mit Unterstützung der Deutschen Forschungsgemeinschaft

ISBN 3-7908-1129-7 Physica-Verlag Heidelberg

Die Deutsche Bibliothek – CIP-Einheitsaufnahme
Hauke, Wolfgang: Fuzzy-Modelle in der Unternehmensplanung / Wolfgang Hauke. – Heidel-
berg: Physica-Verl., 1998
  (Physica-Schriften zur Betriebswirtschaft; Bd. 68)
  ISBN 3-7908-1129-7

Umschlaggestaltung: Erich Kirchner, Heidelberg
SPIN 10683680   88/2202-5 4 3 2 1 0
                Gedruckt auf säurefreiem und alterungsbeständigem Papier

Vorwort

Alles ist ungenau bis zu einem gewissen Grad,
den man erst bemerkt, wenn man
versucht hat, etwas genau zu machen.

Bertrand Russell
The Philosophy of Logical Atomism

Die vorliegende Schrift ist während meiner Tätigkeit am Institut für Statistik und Mathematische Wirtschaftstheorie an der Wirtschafts- und Sozialwissenschaftlichen Fakultät der Universität Augsburg als Habilitationsschrift entstanden. Die im Mittelpunkt der Arbeit stehende Fuzzy Set-Theorie wurde von L.A. Zadeh durch eine Veröffentlichung aus dem Jahr 1965 begründet, jedoch erst in den achtziger Jahren in Japan auf dem Gebiet der Regelungstechnik in praktischen Anwendungen umgesetzt. Seit Beginn der neunziger Jahre taucht der Begriff „Fuzzy" in nahezu allen Medien auf und viele technische Produkte werden mit diesem Begriff beworben. Im akademischen Bereich wird die Fuzzy Set-Theorie gemeinsam mit den Künstlichen Neuronalen Netzen und Evolutionären Algorithmen unter dem Begriff „Softcomputing" oder auch „Computational Intelligence" zusammengefaßt.

In dieser Arbeit wird dargestellt, daß innerhalb einer mathematisch orientierten Unternehmensplanung Daten, Informationen, Kennzahlen, Relationen etc. in vielen Fällen „unscharf" vorliegen und deshalb durch Elemente der Fuzzy Set-Theorie realitätsnah modelliert werden können. Es wird ein entscheidungstheoretischer Überbau benutzt, um die Vielzahl von einzelnen Ansätzen in diesem Bereich sinnvoll einordnen und an einigen Stellen erweitern zu können. Damit bietet diese Schrift neben einer kompakten Darstellung der Grundlagen der Fuzzy Set-Theorie und einer ausführlichen Darstellung der Quantifizierung von „Unschärfe", die Darstellung von fuzzifizierten Entscheidungsmodellen in Verbindung mit betriebswirtschaftlichen Anwendungsgebieten. Es zeigt sich, daß unscharf formulierte entscheidungsunterstützende

Modelle gegenüber konventionellen Planungsmodellen den Vorteil besitzen, daß die Entscheidungsträger vermehrt in den Lösungsprozeß einbezogen werden können. Dadurch können die Vorteile interaktiver Verfahren ausgenutzt werden.

Zu besonderem Dank bin ich meinem akademischen Lehrer Prof. Dr. Otto Opitz verpflichtet. Neben dem von ihm gewährten Freiraum zur Anfertigung der vorliegenden Arbeit, wurde der Inhalt durch seine zu jeder Zeit vorhandene Diskussionsbereitschaft und durch zahlreiche Anregungen mitgeprägt. Ebenfalls danken möchte ich Herrn Prof. Dr. Günter Bamberg und allen Kollegen am Institut für Statistik und Mathematische Wirtschaftstheorie für die fruchtbaren Diskussionen über verschiedene Teile der Arbeit.

Schließlich möchte ich Herrn Prof. Dr. Klaus-Peter Kistner danken, der die Aufnahme dieser Arbeit in die Reihe der Physica-Schriften zur Betriebswirtschaft ermöglichte und dem Physica-Verlag für die gute und verständnisvolle Zusammenarbeit.

Augsburg, im März 1998   *Wolfgang Hauke*

Inhaltsverzeichnis

1. Einleitung und Überblick

Innerhalb der Planungstätigkeiten eines wirtschaftlichen Bereichs liegen die in die Planung eingehenden Werte oft nur von der Größenordnung her fest oder können aufgrund ihrer Unbestimmtheit nur verbal beschrieben werden. Ein Beispiel, das sehr anschaulich eine derartige unscharfe Formulierung von Planungsgrößen aufzeigt, ist im „Gesetz zur Förderung der Stabilität und des Wachstums der Wirtschaft" von 1967 verankert. Dort fordert der Gesetzgeber Bund und Länder auf, ihre Maßnahmen so zu treffen, daß diese gleichzeitig „zur Stabilität des Preisniveaus, zu einem hohen Beschäftigungsstand und außenwirtschaftlichem Gleichgewicht bei stetigem und angemessenem Wirtschaftswachstum beitragen". Beispiele für unscharfe Begriffsbildungen in der Unternehmensplanung sind Ausdrücke wie „hohes Marktwachstum", „stabile Währung", „nahezu ausgelastete Kapazitäten", „geringe Produktivität", „umweltschonende Produktion", etc.

Derartige Unschärfen bzw. Unbestimmtheiten als gegeben zu akzeptieren und mathematische Konzepte zur Beschreibung dieser Unschärfen in realen Planungsproblemen zu kategorisieren, darzustellen und weiterzuentwickeln ist das vorrangige Ziel dieser Arbeit. Nach *Paysen (1992, S. 17)* besteht ein Problem bei vielen konventionellen Planungsansätzen darin, daß die mit einem Planungsproblem verbundene Unbestimmtheit in Aussagen, Bewertungen und Formulierungen meist nicht adäquat modelliert wird. Deshalb soll gezeigt werden, in welcher Weise Elemente der **Theorie unscharfer Mengen (Fuzzy Set-Theorie)** innerhalb der Unternehmensplanung Möglichkeiten der mathematischen Darstellung und Verarbeitung von Unschärfen bieten. Zwei grundsätzliche Vorgehensweisen können dabei unterschieden werden. Einerseits können konventionelle Methoden der Unternehmensplanung fuzzifiziert werden, d.h., innerhalb dieser bekannten Methoden werden unscharfe Elemente zur Modellierung von Unbestimmtheit eingesetzt. Andererseits können neue Methoden auf Basis des von der Fuzzy Set-Theorie zur Verfügung gestellten Instrumentariums entwickelt werden. Beiden Vorgehensweisen liegt die Annahme zugrunde, daß die einem Planungsproblem innewohnende Unbestimmtheit bzw. Unschärfe durch eine „Fuzzy-Modellierung" adäquat wiedergegeben werden kann.

Natürlich ist eine Modellierung von Unschärfe nicht für jede reale Problemstellung sinnvoll. Sind die in ein Planungsproblem eingehenden Zielvorstellungen und Restriktionen beispielsweise aufgrund technischer Zusammenhänge eindeutig zu beschreiben, sollte natürlich auf die **konventionellen deterministischen Entscheidungsmodelle** und deren Lösungsalgorithmen zurückgegriffen werden. Mit der ersten Veröffentlichung zu unscharfen Mengen von *Zadeh (1965)* entstand auch die Diskussion bezüglich einer Abgrenzung der **unscharfen Ansätze** gegenüber **stochastischen Ansätzen**. Diese Diskussion ist bis heute nicht abgeschlossen und steht auch nicht im Mittelpunkt dieser Arbeit. Allerdings werden durch die Darstellung von Fuzzy-Modellen und -Methoden, insbesondere durch die Formulierung der zu modellierenden Problemstellungen, Hinweise auf Einsatzgebiete unscharfer Ansätze innerhalb der Unternehmensplanung gegeben. Um Gemeinsamkeiten von Fuzzy-Planungsmodellen und -methoden herausarbeiten zu könnnen, werden entscheidungstheoretische Modelle als Überbau zur Kategorisierung der vorgestellten Ansätze benutzt.

Nach einer Klärung der Begriffe **Planung, Planungsprozeß, Entscheidungsmodell** und deren Zusammenhang werden im **zweiten Kapitel** auch Überlegungen zum Begriff Unschärfe und dessen Einordnung in den Rahmen der Unternehmensplanung angestellt. Die Unterscheidung von Unschärfe und anderen Formen der Unbestimmtheit zeigt dabei sehr deutlich, daß wahrscheinlichkeitstheoretisch formulierte Modelle und Fuzzy-Modelle nicht in Konkurrenz zueinander stehen, sondern vielmehr unterschiedliche Formen der Unbestimmtheit den Einsatz der jeweiligen Modellformulierung bedingen.

Die zur Aufstellung und Bearbeitung von Fuzzy-Modellen benötigten **allgemeinen Grundlagen der Theorie unscharfer Mengen** werden im **dritten Kapitel** dargestellt. Die bisher erschienenen Veröffentlichungen zur Beschreibung und Anwendung von Fuzzy-Methoden in speziellen Bereichen der Unternehmensplanung findet man in wissenschaftlichen Zeitschriften mit sehr unterschiedlichen Themenschwerpunkten. Die daraus resultierende unterschiedliche Notation und Begriffsbildung wird durch die vorliegende Arbeit vereinheitlicht. Bei den zu diesem Zweck durchgeführten Begriffsdefinitionen nimmt das Konzept der **linguistischen Variable** eine zentrale Stellung ein. Mit diesem Konzept wird eine Formalisierung unscharfer, verbal formulierter Bewertungen ermöglicht. Um derartige Modellierungen vornehmen zu können, ist eine **Quantifizierung der Unschärfe** notwendig. Dieser Teilaspekt der Theorie unscharfer Mengen wird in vielen Veröffentlichungen zu fuzzybasierten Methoden vernachlässigt, indem die zu bearbeitenden unscharfen Mengen als gegeben vorausgesetzt werden. Deshalb wird die damit zusammenhängende Problematik in einem eigenen Abschnitt in Kapitel 3 diskutiert.

Im **vierten Kapitel** werden die **Grundlagen für unscharfe Entscheidungsmodelle** eingeführt. Im Mittelpunkt steht dabei der Begriff der unscharfen Entscheidung, durch dessen Definition die Philosophie von unscharf formulierten Entscheidungsmodellen zum Ausdruck gebracht wird. Zur Umsetzung dieses Begriffes für konkrete Problemstellungen benötigt man die ebenfalls in diesem Kapitel vorgestellten Berechnungsmöglichkeiten im Zusammenhang mit unscharfen Mengen. Einerseits betrifft dies die **Zusammenfassung unscharfer Mengen** durch Operatoren und andererseits die Möglichkeit der Übertragung konventioneller mathematischer Rechenarten auf eine **Fuzzy-Arithmetik** über das sogenannte Erweiterungsprinzip. Nach einigen Anmerkungen zum Verhältnis zwischen Wahrscheinlichkeitstheorie und Fuzzy Set-Theorie werden – aufbauend auf den geschaffenen Grundlagen – Fuzzy-Modelle und -Methoden im einzelnen vorgestellt.

Grundlage für die in **Kapitel 6** beschriebenen Methoden des „fuzzy multiple objective decision making" (**Fuzzy-MODM**), die zur Lösung von Modellen mit stetigem Aktionenraum bei mehrfacher Zielsetzung benutzt werden, ist die **unscharfe lineare Optimierung** bei einfacher Zielsetzung (**Kapitel 5**). Hier zeigen sich zwei Vorteile von Fuzzy-Methoden, die zur Lösung derartiger Entscheidungsmodelle eingesetzt werden.

Durch die Möglichkeit der Einführung von **Interaktivität** – auch innerhalb der linearen Optimierung – kann der Entscheidungsträger aktiv in den Modellösungsprozeß einbezogen werden, d.h., in einem iterativen Prozeß wechseln sich Berechnungs- und Entscheidungsstufen ab. In der Entscheidungsphase liefert der Entscheidungsträger Informationen, in der Berechnungsphase werden diese Informationen verarbeitet und die Folgen der gegebenen Informationen aufgezeigt. Derartige interaktive Verfahren werden auch in neueren Ansätzen der konventionellen Verfahren bei mehrfacher Zielsetzung benutzt (*Schneeweiß, 1991, S. 313 ff.*).

Ein weiterer Vorteil ergibt sich aus der **Gleichbehandlung von Zielen und Restriktionen** bei der Ableitung von unscharfen Entscheidungen. Die gleichzeitige Berücksichtigung mehrerer konfliktärer Ziele stellt damit kein grundlegendes methodisches Problem dar. Im Gegensatz zu der Vielzahl von Lösungsansätzen im konventionellen Bereich der MODM-Methoden kann im Fuzzy-Bereich die Methodik für Probleme der unscharfen linearen Optimierung bei einfacher Zielsetzung entsprechend erweitert werden.

Liegt einem Entscheidungsproblem eine endliche Anzahl von Handlungsalternativen zugrunde, sind die Methoden des „multiple attribute decision making" (**MADM**) relevant. Neben der Darstellung einiger grundlegender, aus der Literatur bekannten Fuzzy-MADM-Methoden wird in **Kapitel 7** eine bei den Grundlagen in Kapitel 4 eingeführte verallgemeinerte Fuzzy-Arithmetik benutzt, um diese Methoden zu erweitern. Dadurch wird auch für Fuzzy-MADM-Methoden eine Verbesserung in Richtung eines interaktiven Ablaufes erreicht.

Ein breites Anwendungsspektrum besitzen hierarchisch gegliederte Zielsysteme. Sie werden innerhalb der Unternehmensplanung benutzt, um einen Problemkreis einerseits zu strukturieren und andererseits Auswirkungen von Entscheidungen prognostizieren zu können. In **Kapitel 8** werden Methoden zur Analyse und Bearbeitung derartiger Zielsysteme unter dem Namen „fuzzy hierarchical evaluation and decision making" (**Fuzzy-HEDM**) eingeführt. Da in der Literatur nur exemplarisch Anwendungen zu diesem

Problemkreis existieren, wird zunächst ein allgemeiner Rahmen für Fuzzy-HEDM-Modelle und -Methoden beschrieben. Anschließend werden Methoden zur Lösung standardisierter Entscheidungssituationen (Kreditwürdigkeitsprüfung, Jahresabschlußprüfung) zur Bewertung von strategischen Maßnahmen und eine spezielle Planungsmethode aus dem Bereich der strategischen Unternehmensplanung (Produkt-Portfolio-Analysen) beispielhaft dargestellt. Insbesondere bei den Portfolio-Analysen zeigt sich, daß durch die Fuzzifizierung dieses Planungsinstrumentes wesentliche Kritikpunkte an der konventionellen Vorgehensweise abgeschwächt werden können.

Insgesamt wird mit dieser Darstellung nicht das Ziel verfolgt, ein umfassendes „Fuzzy-Planungssystem" für eine spezielle Anwendungssituation zu entwickeln, sondern es sollen durch die Kategorisierung, Darstellung und Erweiterung eines Spektrums von unscharfen Modellen und Methoden **Einsatzmöglichkeiten innerhalb der Unternehmensplanung** aufgezeigt werden. In Figur 1.1 sind die angesprochenen Themengebiete und die Zuordnungen zu den Kapiteln zusammenfassend dargestellt.

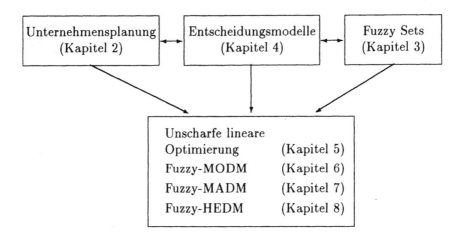

Figur 1.1: Übersicht zu den behandelten Themengebieten

2. Unternehmensplanung und Unschärfe

Jede unternehmerische Tätigkeit bedarf einer **Planung**, um deren Konsequenzen so weit wie möglich erkennbar zu machen. Allerdings existiert keine eindeutige Auffassung des Begriffes Planung (vgl. dazu beispielsweise die bei *Herrmann (1991, S. 23 f.)* aufgeführten Definitionsversuche). Übereinstimmung herrscht allerdings darin, daß bei zunehmender Komplexität der Unternehmensumwelt, zunehmender Größe des Unternehmens und daraus abzuleitender Notwendigkeit interner Abstimmung Planungsaktivitäten eine wachsende Bedeutung erlangen.

Die **Bedeutung** einer Unternehmensplanung kommt in den im folgenden aufgeführten Punkten zum Ausdruck (*Adam, 1993, S. 3 ff.* und *Ehrmann, 1995, S. 20 ff.*).

- Durch Planung werden Probleme des Gesamtunternehmens bzw. der einzelnen Unternehmensbereiche erkannt und strukturiert. Gleichzeitig wird wirtschaftliches Denken und sachliches Vorgehen durch eine problemorientierte Vorgehensweise gefördert.

- Um planen zu können, müssen Erwartungen und Einstellungen gebildet, überprüft und dadurch gelegentlich in Frage gestellt werden. Es werden demnach Ziele gebildet und längerfristiges Denken veranlaßt.

- Durch Planungsaktivitäten werden Ziele und Maßnahmen einzelner Unternehmensbereiche koordiniert. Dadurch wird das Unternehmen von den an der Planung Beteiligten nicht als Summe einzelner Bereiche sondern als Ganzes gesehen.

- Planung bereitet Entscheidungen vor, fördert die Kommunikation auf horizontaler und vertikaler Ebene und kann Mitarbeiter motivieren, die formulierten Ziele zu erreichen.

- Planungsergebnisse ermöglichen einen Soll-Ist-Vergleich und schaffen dadurch Kontrollmöglichkeiten, die Reaktionen auf veränderte oder neue Situationen zu beschleunigen.

Nicht zu vernachlässigen sind jedoch die mit einer Unternehmensplanung grundsätzlich verbundenen Gefahren und **Probleme** (*Ehrmann, 1995, S. 20*).

- Es dürfen keine unrealistischen Annahmen und nicht erreichbare Ziele vorgegeben werden.

- Nicht-Planbares kann nicht geplant werden.

- Falsche Planansätze, die durch falsche Einschätzungen oder durch nicht prognostizierbare Ereignisse und Entwicklungen entstehen, führen zu Enttäuschungen. Dies kann Frustration und mangelnde Bereitschaft zu weiteren Planungen nach sich ziehen.

- Gelegentlich ist der Aufwand für die Planung sehr hoch.

2.1 Unternehmensplanung als Prozeß

Ausgangspunkt der weiteren Ausführungen ist der **prozeßorientierte Planungsbegriff**. Danach läuft jegliche Planung in einem mehrfach verschachtelten, iterativen Prozeß ab, dessen einzelne Stufen wie folgt beschrieben werden können (vgl. *Hauke, Opitz, 1996, S. 9 f.*, *Schneeweiß, 1991, S. 5 f.*).

Stufe 1: Ausgangspunkt jeder Planung ist ein **Gestaltungswunsch**. Es werden Probleme mit Handlungs- oder Entscheidungsbedarf erkannt und beschrieben.

Stufe 2: Ermittlung eines **Wertsystems**, d.h., es werden realistische Zielvorstellungen im Sinne der Problemstellung formuliert.

Stufe 3: Festlegung des **Objektsystems**, d.h., es werden mögliche Handlungsalternativen oder Aktionen generiert und eine zielorientierte **Bewertung** der Alternativen durchgeführt.

Stufe 4: Formulierung der problemspezifischen **Rahmenbedingungen**.

Stufe 5: Aufdeckung von **Zusammenhängen** und **Abhängigkeiten** zwischen den relevanten Aktionen innerhalb der vorgegebenen Rahmenbedingungen.

Stufe 6: Zusammenfassung der Stufen 2 bis 5 zu einem mit dem Ausgangsproblem verträglichen **Modell**.

Stufe 7: Erhebung der problemrelevanten **Daten** und **Informationen**.

Stufe 8: **Modellanalyse** zur Aufdeckung problemrelevanter Eigenschaften unter Einbeziehung erhobener Daten und Informationen.

Stufe 9: **Modellösung** im Sinne der Ziele unter Einbeziehung erhobener Daten und Informationen.

Stufe 10: Beurteilung der Ergebnisse im Sinne des Handlungs- oder Entscheidungsbedarfs und damit **Kontrolle** der Planergebnisse.

Die einzelnen Stufen des Planungsprozesses sind selbstverständlich nicht unabhängig voneinander und nicht in starrer Reihenfolge zu sehen. Vielfältige Rückkopplungen sind hier denkbar. Grundsätzlich wird die Planung von einer Grobanalyse des Wert- und Objektsystems zu einer Feinanalyse übergehen und erst anschließend das in Stufe 6 angesprochene Modell gebildet werden. Alle Aktivitäten innerhalb der aufgeführten Stufen beziehen sich auf den Zeitpunkt der Planausführung. Deshalb werden schon bei der Systemgrobanalyse Prognosetechniken wie beispielsweise die Szenarioanalyse zum Einsatz kommen, um ungefähre Abschätzungen zukünftiger Situationen bereitstellen zu können. Die Prognosen können benutzt werden, um innerhalb einer **Vorteil-Nachteil-Analyse** die Konsequenzen der Planungsaktivitäten abzuschätzen. Diese Analyse kann zum Abbruch, zur Weiterverfolgung oder zur Modifikation des Planungsvorhabens führen. Auch nach Durchführung der Systemfeinanalyse und der Modellbildung sollte eine Vorteil-Nachteil-Analyse mit deren möglichen Konsequenzen durchgeführt werden.

Mündet der Planungsprozeß in Stufe 6 in ein formalisiertes, mathematisches Modell mit entsprechenden quantifizierbaren Variablen, so spricht man von einer **mathematisch orientierten Planung.** Der Vorteil dieser Modelle liegt darin, daß eine Vielzahl von Techniken zur Modellanalyse und -lösung zur Verfügung stehen. Da im Modell neben dem Objektsystem auch ein Wertsystem abgebildet wird, handelt es sich um ein **Entscheidungsmodell** bzw. ein **entscheidungsunterstützendes Modell.** Es werden unter Verwendung formaler Planungsmethoden im Sinne des Wertsystems günstige Entscheidungen ermittelt. Mit Fragestellungen, die den Aufbau derartiger Modelle und die Ableitung von Entscheidungen innerhalb dieses vorgegebenen Rahmens betreffen, beschäftigt sich die **Entscheidungstheorie.** Sie stellt damit sozusagen eine Theorie rationalen Entscheidens dar (*Schneeweiß, 1991, S. 82*).

Je nach verfolgtem Zweck der Modellbildung existieren auch unterschiedliche **Richtungen** innerhalb der Entscheidungstheorie. Bezüglich des Zwecks unterscheiden *Bamberg, Trost (1996)*:

- **Reine Deskription**
  In diesem Fall soll menschliches Entscheidungsverhalten beschrieben werden.

- **Reine Präskription**
  Hier sollen in konkreten Anwendungssituationen vernünftige Verhaltensempfehlungen gegeben werden (Entscheidungsunterstützung im engeren Sinne).

- **Instrumentelle Präskription**
  Im Mittelpunkt steht die Gewinnung von Instrumenten für wissenschaftliche Analysen, wobei auch prinzipielle Verhaltensempfehlungen für allgemeine Anwendungssituationen gegeben werden sollen (Entscheidungsunterstützung im weiteren Sinne).

Der erstgenannte Zweck liegt der sogenannten **deskriptiven Entschei-dungstheorie** zugrunde, während die weiteren Punkte in eine **präskrip-tive (normative) Entscheidungstheorie** münden. Wie *Bamberg, Trost, (1996, S. 644)* weiter ausführen, kommt der reinen Deskription im Rahmen der Wirtschaftswissenschaften „der Charakter eines Hilfszieles zu. Präskripti-ve Theorien sollten empirischen Beobachtungen nicht zu sehr widersprechen und für die Problemstellungen der empirischen Forschung die notwendige theoretische Basis liefern." Damit ist auch die in dieser Arbeit dargestellte Entscheidungsunterstützung im Rahmen des beschriebenen Planungsprozes-ses der instrumentell präskriptiven Richtung zuzurechnen.

2.2 Unschärfe im Planungsprozeß

Die Grundelemente eines präskriptiven entscheidungstheoretischen Modells sind der Aktionenraum A, der Zustandsraum Z und die Ergebnisfunktion e.

Definition 2.1
*Der **Aktionenraum A** ist definiert als die Menge aller dem Entscheidungs-träger zur Verfügung stehenden Aktionen (Handlungsweisen, Strategien, Al-ternativen).*
*Der **Zustandsraum Z** ist definiert als die Menge der relevanten Umweltzu-stände, die von den Aktionen des Entscheidungsträgers nicht abhängen, aber die Ergebnisse der Aktionen beeinflussen.*
*Die **Ergebnisfunktion e** ist definiert als Zuordnungsvorschrift, die jedes Er-gebnis (Aktionsresultat, Handlungskonsequenz) als Folge des Zusammentref-fens einzelner Handlungsalternativen aus A und einzelner Umweltzustände aus Z darstellt, d.h.*

$$e : A \times Z \longrightarrow X \quad \text{mit} \quad e(a_i, z_j) = x_{ij} \; .$$

Im diskreten Fall sind A und Z endliche Mengen, d.h. $A = \{a_1, \ldots, a_m\}$ und $Z = \{z_1, \ldots, z_n\}$. Damit kann das Ergebnis in Form einer Matrix übersicht-lich dargestellt werden. In Figur 2.1 wird zusätzlich berücksichtigt, daß

- Eintrittswahrscheinlichkeiten $p_1, \ldots, p_n$ für die Umweltzustände vorliegen,

- Ergebnisse sich auf verschiedene Ziele $g_1, \ldots, g_r$ und

- auf verschiedene Zeitpunkte $t_1, \ldots, t_q$ beziehen können.

Die **Lösung** eines Entscheidungsmodells (Stufe 9 im Planungsprozeß) besteht in der Bildung einer Rangfolge für die Alternativen auf dem Hintergrund des Wertsystems, das die Präferenzen des Entscheidungsträgers zum Aus-druck bringt. Da eine direkte Bewertung der Alternativen in realen Planungs-

		p_1		$\cdots$		p_n	
		z_1		$\cdots$		z_n	
		$g_1 \quad \cdots \quad g_r$		$\cdots$		$g_1 \quad \cdots \quad g_r$	
a_1	t_1 $\vdots$ t_q	$x_{11}^{11} \cdots x_{11}^{1r}$ $\vdots \quad \ddots \quad \vdots$ $x_{11}^{q1} \cdots x_{11}^{qr}$		$\cdots$		$\vdots$	
$\vdots$	$\vdots$	$\vdots$		$\vdots$		$\vdots$	
a_m	t_1 $\vdots$ t_q			$\cdots$		$x_{mn}^{11} \cdots x_{mn}^{1r}$ $\vdots \quad \ddots \quad \vdots$ $x_{mn}^{q1} \cdots x_{mn}^{qr}$	

Figur 2.1: Ergebnismatrix für konventionelle Methoden

bzw. Entscheidungssituationen oftmals problematisch ist (*Bamberg, Coenenberg, 1996, S. 31*), werden zunächst die Ergebnisse x_{ij} vom Entscheidungsträger bzw. den Entscheidungsträgern bewertet. Zur Auswahl der besten Alternative wird dann eine Entscheidungsregel (Präferenzfunktional) auf den derart bewerteten Ergebnissen formuliert (*Schneeweiß, 1991, S.101*).

Die formale Ausgestaltung der Bewertung und der Entscheidungsregeln ist abhängig vom **Bestimmtheitsgrad** der in Stufe 7 des Planungsprozesses erhobenen Daten und Informationen. *Schneeweiß (1991, S. 35 f.)* unterscheidet zwei Formen des Bestimmtheitsgrades.

a) Unkenntnis, die durch einen **Mangel an Information** und

b) Unkenntnis, die durch einen **Mangel an begrifflicher Schärfe** über den zu erfassenden Zustand bedingt ist.

zu a)
Die betriebswirtschaftliche Entscheidungslehre unterscheidet bei dieser Form der Unbestimmtheit drei Konstellationen (vgl. beispielsweise *Bamberg, Coenenberg, 1996*).

• Eine **Situation unter Sicherheit** liegt vor, wenn alle Daten bekannt sind, d.h., der wahre Umweltzustand ist bekannt und für jede Aktion steht der Realisierungsgrad der verfolgten Zielgrößen fest. Dieser Fall vollkommener Information wird bei realen Planungsproblemen nur selten vorliegen und resultiert deshalb meist aus stark vereinfachenden Annahmen bei der Bildung von Entscheidungsmodellen.

• Bei einer **Situation unter Unsicherheit** wird unterschieden zwischen **Risikosituationen**, d.h., die Daten sind nicht bekannt, aber es können Wahrscheinlichkeiten für das Vorliegen bestimmter Ausprägungen angegeben werden, und **Ungewißheitssituationen**, d.h., die Daten sind nicht bekannt, und auch Wahrscheinlichkeiten lassen sich nicht angeben. Zwischen Risiko- und Ungewißheitssituationen sind natürlich auch eine Reihe von Mischformen denkbar. Dabei handelt es sich um Situationen mit Wahrscheinlichkeiten, die selbst als unsicher angesehen werden oder auch um Situationen, in denen Informationsbeschaffungsmöglichkeiten existieren, um von einer Ungewißheitssituation zu einer Risikosituation zu gelangen (*Bamberg, Coenenberg, 1996, Kapitel 6*).

zu b)
Die zweite Form der Unbestimmtheit wird als **Unschärfe** oder **Fuzziness** bezeichnet, wobei *Rommelfanger (1994, S. 4)* drei Arten unterscheidet.

- Die **intrinsische Unschärfe** ist Ausdruck der Unschärfe menschlichen Empfindens. Viele umgangssprachliche Begriffe und Einordnungen folgen dieser Art von Unschärfe. Beispielsweise werden Markteintrittsbarrieren als „hoch", das Zinsniveau als „niedrig", die Währung als „stabil", das Investitionsklima als „schlecht" oder die Börse als „freundlich" bezeichnet. Die benutzten Adjektive ergeben keine eindeutige Beschreibung. Es existiert beispielsweise keine eindeutige Grenze des Zinsniveaus, die eine Einordnung in die Kategorie „gering" verbindlich festlegt. Geht man davon aus, daß nach einer Erhöhung eines niedrigen Zinsniveaus um beispielsweise 0.01 Prozentpunkte auch weiterhin das Zinsniveau als niedrig bezeichnet wird, könnte durch Induktion gefolgert werden, daß eine beliebige Erhöhung immer noch zu einem geringen Zinsniveau führt. Um diesen unsinnigen Schluß zu vermeiden, wird festgelegt, daß kleine Schwankungen eines Wertes den Begriff nicht unbedingt verändern müssen. Dies bedeutet aber, daß feste Grenzen zwischen einordnenden Begriffen der Umgangssprache nicht existieren, sondern vielmehr ein fließender Übergang vorliegt.

- **Informationale Unschärfe** liegt vor, falls ein Begriff zwar exakt definierbar ist, aber bei der praktischen Handhabung in Modellen große Schwierigkeiten bereitet. Ein Beispiel dazu stellt der Begriff „Kreditwürdigkeit eines Unternehmens" mit der Definition „Ein Unternehmen ist kreditwürdig, wenn ein Kredit wie vereinbart zurückbezahlt wird". Ex ante ist damit diese Eigenschaft nicht nachprüfbar.

- **Unscharfe Relationen** sind Aussagen zu Interdependenzen zwischen einzelnen Größen, die keinen dichotomen Charakter aufzeigen. Beispiele sind „nicht viel größer als" oder „etwa gleich". In Verbindung mit intrinsischer Unschärfe ergeben sich Beispiele wie „Wenn die Gewinnerwartung schlecht ist, dann ist die Investitionstätigkeit gering".

Modelle, die auf Basis eines Mangels an Information gebildet werden, fassen *Bamberg, Coenenberg (1996, S. 36)* unter dem Begriff „harte Modelle" zusammen. Im Gegensatz dazu werden die aus der zweiten Möglichkeit des Bestimmtheitsgrades (Mangel an begrifflicher Schärfe) resultierenden Fuzzy-Entscheidungsmodelle, die im Mittelpunkt dieser Arbeit stehen, als „weiche" Modelle bezeichnet.

Wie *Spies (1993, S. 215)* an folgendem Beispiel feststellt, kann Unschärfe in bestimmten Fällen vernachlässigt werden: „*Wenn etwa der Betrieb eines leckgeschlagenen Atomreaktors als ‚hochgradig gefährdend für Anwohner' eingestuft wird, dann brauchen wir keine feinsinnige Analyse über die in dieser Feststellung enthaltene Unschärfe anzustellen, bevor wir eine Konsequenz daraus ziehen.*" In anderen Fällen sollte Unschärfe berücksichtigt werden, wenn eine eindeutige Zuordnung unsinnig wäre. Dazu liefert die **Fuzzy Set-Theorie** das notwendige Instrumentarium zur Modellierung derartiger Unbestimmtheit.

Der Einsatz von Fuzzy-Modellen und -Methoden betrifft innerhalb der Darstellung des **Planungsprozesses** die **Stufen 6 bis 9**. Das in Stufe 6 zu bildende Modell enthält dann im Vergleich zu den klassischen Modellen einer mathematisch orientierten Unternehmensplanung unscharfe Elemente. Zielvorstellungen, Handlungsalternativen und deren Bewertung, Zusammenhänge und Abhängigkeiten werden entsprechend dem jeweiligen Bestimmtheitsgrad nicht ausschließlich deterministisch und/oder stochastisch, sondern teilweise als unscharf - also fuzzy - modelliert.

Auch innerhalb der Modellanalyse (Stufe 8) werden dann „fuzzifizierte" Methoden benötigt, um Modellösungen zu generieren. Diese werden entweder unscharf formuliert oder auch in die Sprache der konventionellen, scharfen Modellösungen zurückübersetzt. Der Vorteil dieses mit Fuzzy-Elementen durchsetzten Planungs- beziehungsweise Modellbildungsprozesses liegt in der bei vielen Fällen realitätsnäheren Abbildung des Problems. Dies soll anhand der in dieser Arbeit präsentierten Modelle und Methoden aufgezeigt werden. Zusätzlich sind die Anforderungen an die in die Modelle eingehenden, problemrelevanten Daten und Informationen im Vergleich zur stochastischen Modellierung in Risikosituationen niedriger und damit leichter zu erheben.

An dieser Stelle können **zusammenfassend** folgende Feststellungen getroffen werden. Nicht alle Planungstechniken bzw. -methoden können sinnvoll fuzzifiziert werden. Sind für ein Planungsproblem ausschließlich deterministische Variablen, Zusammenhänge und Abhängigkeiten vorhanden, sollten auch die entsprechenden Modelle deterministisch formuliert, analysiert und gelöst werden. Die Einbeziehung von Fuzzy-Elementen würde eine der realen Problemstellung nicht entsprechende Unschärfe erzeugen und die Lösungsqualität verringern. Eine Unschärfenmodellierung darf auch nicht als Ersatz für oft schwer zu lösende stochastische Modelle benutzt werden. Auf weitere Punkte bezüglich der Unterscheidung zwischen Wahrscheinlichkeitstheorie und Fuzzy Set-Theorie kann erst nach der Einführung der grundlegenden Begriffe und Elemente der Fuzzy-Set-Theorie eingegangen werden.

2.3 Kategorisierung von Fuzzy-Entscheidungsmodellen

In dieser Arbeit werden unscharfe Entscheidungsmodelle vorgestellt, die unter dem Begriff **Fuzzy Multiple Criteria Decision Making (Fuzzy-MCDM)** zusammengefaßt werden. Es handelt sich dabei um Entscheidungssituationen bei mehrfacher Zielsetzung und damit um eine Situation, die in realistischen Problemstellungen der Unternehmensplanung häufig vorliegt. Innerhalb des Planungsprozesses (Stufe 2) bildet die Formulierung von Unternehmenszielen (= Wertsystem) die Grundlage für unternehmerische Planungen und Entscheidungen. Ohne deren Kenntnis ist eine Beurteilung unternehmerischer Entscheidungen nicht möglich, da Zielsetzungen als Maßstab des Erfolges benutzt werden. Bezüglich der Beziehung der Zielsetzungen zueinander können drei grundlegende Formen unterschieden werden (*Domschke, Drexl, 1995, S. 48* oder *Schneeweiß, 1991, S. 58 f.*).

- **Zielneutralität**
  Der Einsatz von Mitteln zur Erreichung eines Zieles läßt die Verfolgung anderer Ziele unberührt. Beispielsweise wird die Erfüllung des Zieles, seinen Durst zu stillen, kaum das Ziel, eine möglichst geräumige Lagerhalle zu bauen, beeinflussen.

- **Zielkomplementarität**
  Der Einsatz von Mitteln zur Erreichung eines Zieles begünstigt die Erreichung anderer Ziele. Hier kann als Beispiel aufgeführt werden, daß das Ziel der Einführung einer Just-in-time-Fertigung dem Ziel einer möglichst geringen Lagerbestandshaltung förderlich sein wird.

- **Zielkonflikt**
  Der Einsatz von Mitteln zur Erreichung eines Zieles beeinträchtigt die Verfolgung anderer Ziele. Beispielsweise wird das Ziel möglichst geringer Werbeausgaben im allgemeinen mit dem Ziel einer möglichst großen Reichweite von eingesetzten Werbemitteln konkurrieren.

Bezüglich unternehmerischer Entscheidungen kommt dem Zielkonflikt die größte Bedeutung zu, da in diesem Fall Abwägungsprobleme aufgeworfen werden und ein bestmöglicher Kompromiß gefunden werden muß. Nach *Schneeweiß (1991, S. 108 f.)* ist allerdings zunächst zu klären, wie stark der vorliegende Zielkonflikt tatsächlich ist und eventuell doch ein Problem bei einfacher Zielsetzung vorliegt. Drei Fälle sind zu unterscheiden.

- Die zu berücksichtigenden Ziele sind bis auf ein Ziel unbedeutend. Es besteht dann die Möglichkeit, dieses Hauptziel zu verfolgen und die anderen Ziele unbeachtet zu lassen.

- Der Zielkonflikt wird unterdrückt, indem man eine mögliche Zieloperationalisierung nicht durchführt. *Schneeweiß (1991, S. 108)* spricht in diesem Fall von einer Internalisierung des Zielfkonflikts.

• Durch die Vorgabe von Zielwerten, die auf jeden Fall erreicht werden müssen oder nicht unterschritten werden dürfen, kann das Problem der Mehrfachzielsetzung auf einzuhaltende Nebenbedingungen verlagert werden.

Ein Entscheidungsproblem bei mehrfacher Zielsetzung liegt demnach vor, falls konfliktäre Ziele auch nach Berücksichtigung der obengenannten Punkte vorhanden sind.

Beispiel 2.2
Welche Ziele unterschiedlicher Stakeholder eines Unternehmens verfolgt werden, erkennt man an der bei Welge, Al-Laham (1992, S. 54) aufgeführten Auflistung.

Beschäftigte	Eigentümer/Aktionäre
sicherer Arbeitsplatz	hohe Dividenden
angemessene Bezahlung	Kursanstieg der Aktien
angenehme Arbeitsatmosphäre	
Kunden	**Konkurrenten**
faires Geschäft	Gewinn
sichere und zuverlässige Produkte	Wachstum des Marktanteils
	Branchenwachstum
Lieferanten	**Einzel-/Großhändler**
regelmäßiger Auftragseingang	zeitgemäße Produkte zu vernünftigen Preisen
	Produkte, die vom Verbraucher geschätzt werden
Kreditgeber	**Staat**
pünktliche Zins- und Tilgungszahlungen	Steuerzahlungen
	wirtschaftliche Entwicklung
Gemeinden	**Medien**
Beschäftigung ansässiger Arbeitnehmer	Informationsbereitstellung
Schutz der Umwelt	Kontrolle der Firmentätigkeit
Infrastruktur	
Wohlfahrtsverbände	**Ausländische Regierungen**
Überwachung der Firmentätigkeit und -politik	wirtschaftliche Entwicklung
	soziale Verbesserungen
Unternehmerverbände	**Öffentlichkeit**
Unterstützung bei Anpassung an eine veränderte Umwelt	Schutz sozialer Werte
	Risikominderung
	Wohlstandsmaximierung

In der Literatur wird bei Entscheidungen unter mehrfacher Zielsetzung zwischen den sogenannten „multiple objective decision making" -Verfahren (MODM-Verfahren) und „multiple attribute decision making" -Verfahren (MADM-Verfahren) unterschieden.

Bei MODM-Problemen wird in einem stetigen Lösungsraum und damit unendlich vielen möglichen Alternativen mit Hilfe quantifizierbarer Zielfunktionen eine beste Lösung errechnet. Oft werden diese Problemstellungen aufgrund ihrer Struktur als **Vektoroptimierungsprobleme** bezeichnet. Demgegenüber existieren bei MADM-Problemen nur endlich viele mögliche Handlungsalternativen und die Lösung besteht darin, eine Rangfolge dieser Alternativen in einem diskreten Lösungsraum zu bilden. Auf Basis dieser Rangfolge wird dann die beste Alternative ausgewählt.

Entsprechend dieser Unterteilung werden auch bei unscharfen Modellen und Methoden **Fuzzy-MODM-** und **Fuzzy-MADM**-Ansätze unterschieden. Neben fuzzifizierten Formen der konventionellen Modelle und Methoden existieren in diesen Bereichen auch einige eigenständige Fuzzy-Modelle und -Methoden.

Ausgangspunkt für die Darstellung bei Fuzzy-MODM sind Methoden zur Lösung **unscharfer linearer Optimierungsprobleme bei einfacher Zielsetzung**, die im folgenden Kapitel behandelt werden. Die lineare Optimierung behandelt Entscheidungssituationen unter Sicherheit bei nur einer Zielsetzung ohne die Berücksichtigung zeitlicher Entwicklungen. Bei diskretem Aktionenraum verkümmert die Ergebnismatrix in Figur 2.1 zu einer einzigen Spalte, wobei die Bewertung der Ergebnisse durch eine Zielfunktion erfolgt. In diesem Fall ist die Alternative mit dem „besten Ergebnis" zu wählen und stellt damit aus entscheidungstheoretischer Sicht kein größeres Problem dar. In der Praxis handelt es sich dabei um Optimierungsaufgaben mit einer linearen Zielfunktion, wobei ein stetiger Aktionenraum durch linear formulierte Nebenbedingungen beschrieben wird. Da innerhalb der Fuzzy-Methoden die Lösungstechnik bei einfacher Zielsetzung auch bei Mehrfachzielsetzung benutzt wird, bilden die Methoden der unscharfen linearen Optimierung bei einfacher Zielsetzung die Basis für MODM-Methoden.

Neben diesen aus dem Bereich der harten Modelle der Entscheidungstheorie bekannten Methodenklassen MODM und MADM, die auf den Bereich der weichen Modelle übertragen werden können, bildet sich in der Literatur zu Fuzzy-Anwendungen eine weitere Methodenklasse heraus. Sie wird in dieser Arbeit als „**fuzzy hierarchical evaluation and decision making**" (**Fuzzy-HEDM**) bezeichnet. Dieser Methodenklasse liegt eine Zielhierarchie zugrunde, die innerhalb von standardisierten Anwendungssituationen oder auch zur Bewertung von strategischen Entscheidungen und Planungsaktivitäten benutzt werden kann. Auch der Portfolio-Analyse als spezielle Methode aus dem Bereich der strategischen Planung liegt eine Zielhierarchie zugrunde. Die fuzzifizierte Form dieser Methode stellt ein wesentlich verbessertes Planungsinstrument dar und wird ebenfalls dem Fuzzy-HEDM-Bereich zugeordnet. Insgesamt ergibt sich damit für den Bereich Fuzzy-MCDM eine Dreiteilung, die in Figur 2.2 zusammenfassend dargestellt ist.

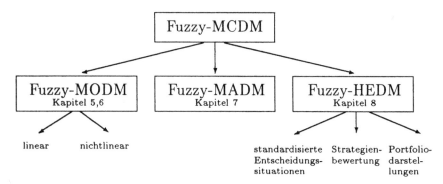

Figur 2.2: Übersicht zu MCDM-Ansätzen

Vor der Darstellung einzelner Fuzzy-Methoden und -Modelle in den Kapiteln 5 bis 8 werden zunächst die grundlegenden Begriffe der Fuzzy Set-Theorie (Kapitel 3) und die Grundlagen zu unscharfen Entscheidungsmodellen eingeführt (Kapitel 4).

3. Unschärfenmodellierung durch Fuzzy Sets

Die erste Veröffentlichung und damit die Begründung der Theorie unscharfer Mengen („fuzzy set theory") stammt von *Zadeh (1965)*. Dieser Schlüsselartikel wurde im Herbst 1964 bei der Zeitschrift „Information and Control" eingereicht, deren Mitherausgeber Zadeh war. Dies erscheint ungewöhnlich, da in dieser Zeitschrift für Ingenieure nur sehr selten Arbeiten über Mengenlehre zu finden sind. *McNeill, Freiberger (1996, S. 62)* berichten darüber in ihrer aus vielen Interviews zusammengetragenen Geschichte zur Entstehung und Entwicklung von Fuzzy Logic: „27 Jahre später, 1991, berichtete Zadeh anläßlich eines Vortrages in Tokio, er habe unlängst mit Murray Eden gesprochen, einem seiner damaligen Herausgeberkollegen: ‚Er bestätigte, was ich mir dachte, nämlich, daß mein Artikel nur deswegen veröffentlicht worden war, weil ich ein Mitglied des Herausgeberkomitees war.' "

Kosko (1993, S. 171) geht noch einen Schritt weiter: „Zadeh war ordentlicher Professor an der University of California in Berkeley und arbeitete in der Fachgruppe für Elektrotechnik und Computerwissenschaft. Berkeley gehörte darin zur Spitze der Universitäten, und Zadeh war der Leiter der Fachgruppe. Auch das war für die Veröffentlichung seiner Arbeit ganz hilfreich." Dies deutet auf die anfänglichen Akzeptanzschwierigkeiten hin, welcher diese neue Sichtweise ausgesetzt war. Dazu hat auch die von Zadeh gewählte Bezeichnung „fuzzy" bzw. die deutsche Übersetzung „unscharf" beigetragen, da diese Begriffe innerhalb der Wissenschaft teilweise negativ besetzt sind. Die Theorie der unscharfen Mengen war lange Zeit nur im akademischen Bereich, und zwar als heftig umstrittene Theorie bekannt, „die vielen Wissenschaftlern in den USA, in Europa und im Fernen Osten zunächst als Stein des Anstoßes galt; außerhalb der Hochschulen wurde sie praktisch nicht zur Kenntnis genommen. Seit Beginn der siebziger Jahre setzte dann auf internationalem Niveau eine enge Zusammenarbeit zwischen Wissenschaftlern der verschiedensten Disziplinen auf dem Gebiet der Fuzzy Sets ein." (*McNeill, Freiberger, 1996, S. 7*)

Zu den Wegbereitern der Theorie unscharfer Mengen in Europa zählen in Rumänien Constantin Negoita und Daniel Ralescu (z.B. *Negoita, Ralescu, 1975*), in Frankreich Arnold Kaufmann (z.B. *Kaufmann, 1975*) und in Deutschland Hans-Jürgen Zimmermann (z.B. *Zimmermann, 1978*). Letztgenannter gehört auch zu den Mitbegründern der auf dem Gebiet unscharfer Mengen führenden Zeitschrift „Fuzzy Sets and Systems", die das offizielle Publikationsorgan der 1984 gegründeten „International Fuzzy Systems Association" (IFSA) darstellt. In China wurde 1981 die „Chinese Mathematics und Fuzzy Systems Association" von Pei-Zhuang Wang gegründet und damit die Forschung in diesem Bereich vorangetrieben. Schon sehr frühzeitig faßte die Fuzzy-Set-Theorie in Japan Fuß. Ende der sechziger Jahre wurde sie von Kokichi Tanaka an der Universität Osaka eingeführt und in zahlreichen Veröffentlichungen verbreitet. Eine aktuelle, über 150 Seiten lange Bibliographie zu unscharfen Mengen ist in *Lowen (1996)* enthalten.

3.1 Grundlegende Definitionen

Der Zugang zur Theorie unscharfer Mengen kann sowohl über eine Verallgemeinerung der klassischen Mengenlehre als auch über eine Verallgemeinerung der zweiwertigen (dualen) Logik erfolgen. Wie in den meisten Veröffentlichungen wird hier der mengentheoretische Zugang gewählt. Ausgangspunkt ist deshalb der Begriff der Menge aus der konventionellen Mengenlehre.

Definition 3.1
Unter einer **Universalmenge** *X wird eine Gesamtheit von bestimmten, unterscheidbaren Objekten x verstanden, man nennt sie* **Elemente** *der Menge. Für jedes Objekt x kann entschieden werden, ob es Element einer* **Menge** *A ist oder nicht, d.h., genau eine der beiden folgenden Aussagen ist wahr:*

$$x \in A \quad bzw. \quad x \notin A$$

Es handelt sich dabei nicht um eine streng formale mathematische Definition, da die Begriffe Objekt und Element selbst nicht definiert sind. Trotzdem ist diese Formulierung geeignet, um eine intuitive Vorstellung vom Begriff „Menge" zu erhalten. Eine Verallgemeinerung dieses Mengenbegriffes wurde von *Zadeh (1965)* durch den Begriff der „unscharfen Menge" eingeführt.

Definition 3.2
Sei X eine Universalmenge mit den Elementen x und $\mu : X \to [0,1]$ eine Abbildung, die als **Zugehörigkeitsfunktion** *bezeichnet wird. Eine* **unscharfe Menge** *$\widetilde{U}$ in X ist eine Menge von Paaren*

$$\widetilde{U} = \{(x,y) \in X \times [0,1] : y = \mu(x)\} \, .$$

Ist X eine endliche oder abzählbar unendliche Menge, so wird $\widetilde{U}$ als **diskrete unscharfe Menge** *bezeichnet. Andernfalls spricht man von einer* **stetigen unscharfen Menge**.

Eine unscharfe Menge $\tilde{U}$ wird damit eindeutig durch die Zugehörigkeitsfunktion μ repräsentiert. Einige Autoren wie beispielsweise *Kruse u.a. (1993)*
oder *Lowen (1996)* definieren eine unscharfe Menge direkt durch die Zugehörigkeitsfunktion.

Die Funktionswerte $\mu(x)$ der Zugehörigkeitsfunktion werden als **Zugehörigkeitsgrade** bezeichnet. Sie geben an, inwieweit ein Element $x \in X$ die
Eigenschaften des durch $\tilde{U}$ zu beschreibenden Sachverhaltes besitzt. Üblicherweise wird der Wertebereich der Zugehörigkeitsfunktion μ auf das Intervall
$[0, 1]$ normiert. μ kann als Verallgemeinerung der bei konventionellen Mengen
üblichen **charakteristischen Funktion**

$$\lambda : X \to \{0, 1\} \quad \text{mit} \quad \lambda(x) = \begin{cases} 1, \text{ falls } x \in A \\ 0, \text{ falls } x \notin A \end{cases}$$

aufgefaßt werden. Damit wird die Zugehörigkeit bzw. Nichtzugehörigkeit
durch das Konstrukt eines Zugehörigkeitsgrades in Form von Funktionswer-
ten der Zugehörigkeitsfunktion ersetzt.

Besteht der Bildbereich der Zugehörigkeitsfunktion μ nur aus den Werten
0 und 1, so ist die unscharfe Menge als konventionelle Menge interpretierbar. Damit ist klar, daß die Theorie unscharfer Mengen die konventionelle
Mengenlehre beinhaltet. In der englischsprachigen Literatur hat sich der Begriff „**crisp set**" für konventionelle Mengen und „**fuzzy set**" für unscharfe
Mengen eingebürgert.

Mit der Einführung unscharfer Mengen wird es möglich, die im Bereich der
Unternehmensplanung häufig vorkommenden unscharfen Begriffe und Formulierungen wie beispielsweise „stabiles Preisniveau" oder „zahlungsfähige Unternehmen" zu modellieren. Durch die eindeutige Repräsentation einer unscharfen Menge mit Hilfe der Zugehörigkeitsfunktion wird eine graphische
Darstellung ermöglicht. In Figur 3.1 gibt jedes Symbol × innerhalb der Darstellung für „zahlungsfähige Unternehmen" den Grad der Zugehörigkeit eines Unternehmens zu dieser diskreten unscharfen Menge an. Entsprechend

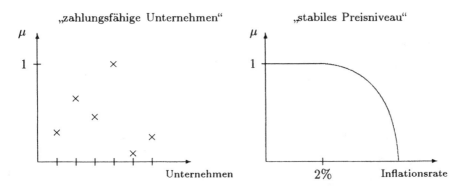

Figur 3.1: Beispiele für diskrete und stetige unscharfe Mengen

zeigt die zweite Abbildung die Zugehörigkeitsfunktion der stetigen unscharfen Menge „stabiles Preisniveau", die auf der (konventionellen) Menge der
möglichen Inflationsraten definiert ist. Anhand dieser Beispiele ist auch deutlich zu sehen, daß die Festlegung der Zugehörigkeitsfunktion und damit der
unscharfen Menge meist subjektiv erfolgen muß.

Durch die folgenden Definitionen werden Begriffe aus dem Bereich der
konventionellen Mengenlehre auf unscharfe Mengen übertragen.

Definition 3.3
Seien $\tilde{U}_1, \tilde{U}_2$ unscharfe Mengen in X mit den Zugehörigkeitsfunktionen
$\mu_1, \mu_2 : X \longrightarrow [0,1]$.

a) *Die unscharfen Mengen $\tilde{U}_1$ und $\tilde{U}_2$ heißen **gleich** oder **identisch**, kurz
$\tilde{U}_1 = \tilde{U}_2$, wenn ihre Zugehörigkeitsfunktionen identisch sind, d.h.:*

$$\tilde{U}_1 = \tilde{U}_2 \iff \mu_1(x) = \mu_2(x) \quad \forall\, x \in X$$

b) *Die unscharfe Menge $\tilde{U}_1$ ist genau dann in der unscharfen Menge $\tilde{U}_2$
enthalten, kurz $\tilde{U}_1 \subseteq \tilde{U}_2$, wenn für die Zugehörigkeitsfunktionen gilt:*

$$\mu_1(x) \leqq \mu_2(x) \quad \forall\, x \in X$$

*$\tilde{U}_1$ ist **echt enthalten** in $\tilde{U}_2$, kurz $\tilde{U}_1 \subset \tilde{U}_2$, falls gilt:*

$$\mu_1(x) < \mu_2(x) \quad \forall\, x \in X$$

Definition 3.4
*Sei $\tilde{U}$ eine unscharfe Menge in X mit der Zugehörigkeitsfunktion
$\mu : X \to [0,1]$. Die unscharfe Menge*

$$\overline{\tilde{U}} = \{(x,y) \in X \times [0,1] : y = 1 - \mu(x)\}$$

*heißt **Komplement** von $\tilde{U}$.*

Definition 3.5
*Eine unscharfe Menge $\tilde{U}$ in X heißt **leer**, wenn für die zugrundeliegende
Zugehörigkeitsfunktion μ gilt:*

$$\mu(x) = 0 \quad \forall\, x \in X$$

Man schreibt in diesem Fall $\tilde{U} = \tilde{\emptyset}$.

Definition 3.6
*Eine unscharfe Menge $\tilde{U}$ in X heißt **normiert**, falls ein $x \in X$ mit $\mu(x) = 1$
existiert.*

In Anwendungen werden bei der Ergebnisdarstellung und -interpretation oft nicht die gesamten Zugehörigkeitsfunktionen benötigt, sondern nur „Ausschnitte" dieser Funktionen, die sogenannten α-Niveaumengen. Diese stellen wiederum konventionelle Mengen dar und beinhalten all diejenigen Elemente, die mindestens einen Zugehörigkeitsgrad α besitzen.

Definition 3.7

Sei $\mu : X \to [0,1]$ *die Zugehörigkeitsfunktion einer unscharfen Menge* $\tilde{U}$ *in* X *und* $\alpha \in [0,1]$. *Dann wird die konventionelle Menge*

$$X_{\geq \alpha} := \{x \in X : \mu(x) \geq \alpha\}$$

als **α-Niveaumenge** *und*

$$X_{> \alpha} := \{x \in X : \mu(x) > \alpha\}$$

als **strenge α-Niveaumenge** *bezeichnet. Die strenge 0-Niveaumenge* $X_{>0}$ *wird auch als* **Trägermenge** *oder* **stützende Menge** *von* $\tilde{U}$ *bezeichnet.*

Eine weitere, in Anwendungen häufig benötigte Eigenschaft unscharfer Mengen, ist deren Konvexität.

Definition 3.8

$X \subset \mathbb{R}^n$ *sei eine konvexe konventionelle Menge. Eine unscharfe Menge* $\tilde{U}$ *in* X *heißt* **konvex**, *falls die ihr zugrundeliegende Zugehörigkeitsfunktion* μ *quasikonkav ist, d.h.* $\forall\, \mathbf{x}_1, \mathbf{x}_2 \in X$ *und* $\lambda \in [0,1]$ *gilt*

$$\mu\left(\lambda \mathbf{x}_1 + (1-\lambda)\,\mathbf{x}_2\right) \geq \min\{\mu(\mathbf{x}_1); \mu(\mathbf{x}_2)\}\,.$$

In Figur 3.2 werden die drei zuletzt eingeführten Begriffe Normiertheit, α-Niveaumenge und Konvexität veranschaulicht. Die Konvexität einer unscharfen Menge impliziert nicht die Konvexität der zugrundeliegenden Zugehörigkeitsfunktion. Es gelten jedoch die beiden folgenden Aussagen.

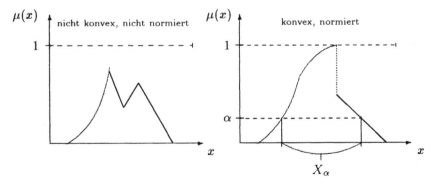

Figur 3.2: Normiertheit, α-Niveaumenge und Konvexität

- Eine unscharfe Menge ist genau dann konvex, wenn alle ihr zugrunde-liegenden α-Niveaumengen konvex sind (zum Beweis siehe *Zadeh, 1965, S. 346 ff.*).

- Unscharfe Mengen, deren Zugehörigkeitsfunktionen ausschließlich die Werte 0 und 1 annehmen, sind als konventionelle Mengen interpretierbar. In diesem Fall entspricht die Definition der Konvexität unscharfer Mengen der Definition der Konvexität konventioneller Mengen, denn mit $\mu(\mathbf{x}_1) = \mu(\mathbf{x}_2) = 1$ gilt nach Definition 3.8

$$\mu(\lambda \mathbf{x}_1 + (1 - \lambda)\mathbf{x}_2) \geqq \min\{\mu(\mathbf{x}_1), \mu(\mathbf{x}_2)\} = 1 \ .$$

Ein weiteres grundlegendes Tool innerhalb der Theorie der unscharfen Mengen ist das Konzept der sogenannten linguistischen Variablen, das von *Zadeh (1975a, 1975b)* eingeführt wurde. Zur Begründung dieses Konzepts schreibt *Werners (1994, S. 250)*: „Charakteristisches Merkmal menschlichen Problemlösungsverhaltens ist unter anderem die Fähigkeit des Umgangs mit vagen, verbalen Beschreibungen und das Ableiten entsprechender Konsequenzen. Empirische Untersuchungen haben gezeigt, daß Personen komplexe Abhängigkeiten sogar eher zu berücksichtigen vermögen, falls es ihnen gestattet ist, verbale Beschreibungen statt numerischer Werte anzugeben."

Die mathematische Modellierung derartiger verbaler Beschreibungen wird innerhalb der Theorie unscharfer Mengen mit dem Konzept der linguistischen Variablen durchgeführt. Deren Werte sind nicht – wie bei den üblichen numerischen Variablen – Zahlen, sondern Wörter und Ausdrücke (Terme) einer natürlichen Sprache. Da Terme nicht die Exaktheit von Zahlen besitzen, werden diese durch unscharfe Mengen repräsentiert. Beispielsweise kann die Variable „Alter " als konventionelle Variable mit dem ganzzahligen Wertebereich $0, \ldots, 100$ aufgefaßt werden oder als linguistische Variable mit den Werten „sehr alt", „alt", „mittelalt", „jung", „sehr jung". Ein weiteres Beispiel stellt die linguistische Variable „Produktqualität" mit den Termen „sehr hoch", „hoch", „mittel", „gering", „sehr gering" dar. Formal wird eine linguistische Variable durch die folgende Definition festgelegt.

Definition 3.9
*Eine **linguistische Variable** ist ein Quadrupel (B, T, D, S) mit den folgenden Bezeichnungen der einzelnen Bestandteile:*

B = *Name der Variable, auch **Basisvariable** genannt*

T = *linguistische Ausdrücke (Terme) zur Beschreibung der Basisvariable, auch **Termmenge** genannt*

D = *konventionelle Menge, auf der die Terme aus T als unscharfe Mengen definiert werden, auch **Definitionsbereich** der Basisvariable genannt*

$S = \mathbf{Semantik}$ *in Form von unscharfen Mengen für die Terme mit Zugehörigkeitsfunktionen, die die Bedeutung der Terme auf dem Definitionsbereich D der Basisvariable beschreiben, d.h.:*

$$S = \{\widetilde{U}_t : t \in T\} \quad mit$$

$$\widetilde{U}_t = \{(x,y) \in D \times [0,1] : y = \mu_t(x)\}; \quad t \in T$$

Bei allen in dieser Arbeit vorgestellten Problemstellungen der Unternehmensplanung, die unter Zuhilfenahme linguistischer Variablen unscharf modelliert werden, können die dabei benutzten Terme vollständig geordnet werden. Dies liegt daran, daß zur Beurteilung von Objekten meist Gegensatzpaare, wie beispielsweise niedrig–hoch, oder entsprechende erweiterte Termmengen, wie beispielsweise sehr niedrig–niedrig–mittel–hoch–sehr hoch, benutzt werden, die eine natürliche Ordnung beinhalten. Zudem ist der Definitionsbereich der Basisvariablen in allen Anwendungen eine Teilmenge der reellen Zahlen und die Semantik besteht ausschließlich aus konvexen, normierten unscharfen Mengen mit stetiger Zugehörigkeitsfunktion. Um eine sinnvolle Modellierung von Problemstellungen mittels linguistischer Variablen zu erreichen, sind folgende Punkte zu beachten.

- Die Semantik sollte so festgelegt werden, daß die Bereiche eines Termes mit einem Zugehörigkeitsgrad von 1, bei den restlichen Termen der linguistischen Variable einen Zugehörigkeitsgrad von 0 aufweisen. Eine Überschneidung kann nicht sinnvoll interpretiert werden. Mit der Bezeichnung $D^t_{\geq\alpha}$ für die α-Niveaumengen der den Term $t \in T$ beschreibenden unscharfen Menge $\widetilde{U}_t$ bedeutet dies, daß für jeden Term $t \in T$

$$D^t_{\geq 1} \cap D^{t'}_{>0} = \emptyset \quad \forall\, t' \in T \setminus \{t\}$$

erfüllt sein muß.

- Für jeden Wert des Definitionsbereiches D sollte mindestens ein Term mit einem positiven Zugehörigkeitsgrad existieren, d.h.,

$$\bigcup_{t\in T} D^t_{>0} = D\,.$$

- Die natürliche Ordnung der Terme wird bei Festlegung der Semantik dadurch zum Ausdruck gebracht, daß zusätzlich zu den ersten beiden Punkten die 1-Niveaumengen entsprechend angeordnet sind, d.h., es muß

$$\sup D^t_{\geq 1} < \inf D^{t+1}_{\geq 1}$$

gelten, wobei der Term $t + 1$ in der natürlichen Ordnung der Terme direkt auf den Term t folgt.

Das folgende Beispiel dient der weiteren Verdeutlichung des Konzepts der
linguistischen Variablen.

Beispiel 3.10

a) *Die Beurteilung bzw. Bewertung der* **Dividendenrendite** *wird durch
das Planungsgremium eines Unternehmens mit Hilfe der Begriffe „gering", „mittel", „hoch" vorgenommen. Dies wird durch die folgende Festlegung einer linguistischen Variablen modelliert:*

$$B = Dividendenrendite$$
$$T = \{gering,\ mittel,\ hoch\}$$
$$D = Rendite\ in\ \% = \mathbb{R}_+$$
$$S = \{\widetilde{U}_{gering}, \widetilde{U}_{mittel}, \widetilde{U}_{hoch}\}$$

Die Semantik S wird durch die Bildung von Zugehörigkeitsfunktionen

$$\mu_t : \mathbb{R}_+ \longrightarrow [0,1];\ t \in T$$

für die unscharfen Mengen $\widetilde{U}_t$; $t \in T$ festgelegt (Figur 3.3):

$$\mu_{gering}(x) = \begin{cases} 1 & \text{für } 0 \leq x \leq 1 \\ -x+2 & \text{für } 1 < x \leq 2 \\ 0 & \text{für } x > 2 \end{cases}$$

$$\mu_{mittel}(x) = \begin{cases} 0 & \text{für } 0 \leq x \leq 1.5 \\ x-1.5 & \text{für } 1.5 < x \leq 2.5 \\ -x+3.5 & \text{für } 2.5 < x \leq 3.5 \\ 0 & \text{für } x > 3.5 \end{cases}$$

$$\mu_{hoch}(x) = \begin{cases} 0 & \text{für } 0 \leq x \leq 3 \\ x-3 & \text{für } 3 < x \leq 4 \\ 1 & \text{für } x > 4 \end{cases}$$

*Die Dividendenrendite in % stellt eine natürliche Basis für eine quan-
titative Erfassung des Definitionsbereichs der Basisvariablen dar.*

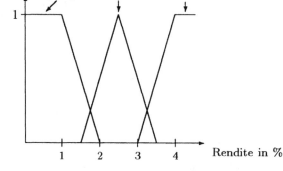

Figur 3.3: Semantik der linguistischen Variable „Dividendenrendite"

*b) Im Gegensatz zur Dividendenrendite in a) besitzt das Merkmal **Produktqualität** keine natürliche Basis zur Angabe des Definitionsbereichs einer linguistischen Variable. In diesem Fall besteht eine Möglichkeit zur modellmäßigen Erfassung verbaler Bewertungen darin, einen „künstlichen" Definitionsbereich zu konstruieren. Häufig werden dazu die abgeschlossenen Intervalle [0, 1] oder [0, 100] gewählt, die „subjektive Werte des Zutreffens des Merkmals" (Werners, 1993, S. 145) darstellen.*

Eine Modellierung von verbalen Bewertungen der Produktqualität als linguistische Variable kann dann wie folgt durchgeführt werden.

$$
\begin{aligned}
B &= \text{Produktqualität} \\
T &= \{\text{sehr gering, gering, mittel, hoch, sehr hoch}\} \\
D &= \text{„künstlicher" Definitionsbereich} = [0, 100] \\
S &= \{\widetilde{U}_{\text{sehr gering}}, \widetilde{U}_{\text{gering}}, \widetilde{U}_{\text{mittel}}, \widetilde{U}_{\text{hoch}}, \widetilde{U}_{\text{sehr hoch}}\}
\end{aligned}
$$

Die Semantik S wird durch die Bildung von Zugehörigkeitsfunktionen

$$\mu_t : [0, 100] \to [0, 1]; \ t \in T$$

für die unscharfen Mengen $\widetilde{U}_t$; $t \in T$ festgelegt (Figur 3.4):

$$
\mu_{\text{sehr gering}}(x) = \begin{cases} 1 & \text{für } 0 \leq x \leq 10 \\ -0.1x + 2 & \text{für } 10 < x \leq 20 \\ 0 & \text{für } 20 < x \leq 100 \end{cases}
$$

$$
\mu_{\text{gering}}(x) = \begin{cases} 0 & \text{für } 0 \leq x \leq 15 \\ 0.2x - 3 & \text{für } 15 < x \leq 20 \\ 1 & \text{für } 20 < x \leq 35 \\ -0.1x + 4.5 & \text{für } 35 < x \leq 45 \\ 0 & \text{für } 45 < x \leq 100 \end{cases}
$$

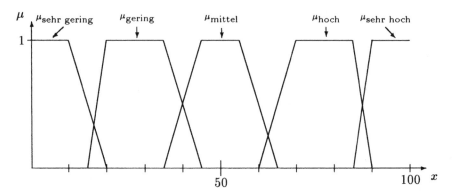

Figur 3.4: Semantik der linguistischen Variable „Produktqualität"

$$\mu_{mittel}(x) = \begin{cases} 0 & \text{für } 0 \leqq x \leqq 35 \\ 0.1x - 3.5 & \text{für } 35 < x \leqq 45 \\ 1 & \text{für } 45 < x \leqq 55 \\ -0.1x + 6.5 & \text{für } 55 < x \leqq 65 \\ 0 & \text{für } 65 < x \leqq 100 \end{cases}$$

$$\mu_{hoch}(x) = \begin{cases} 0 & \text{für } 0 \leqq x \leqq 60 \\ 0.1x - 6 & \text{für } 60 < x \leqq 70 \\ 1 & \text{für } 70 < x \leqq 85 \\ -0.2x + 18 & \text{für } 85 < x \leqq 90 \\ 0 & \text{für } 90 < x \leqq 100 \end{cases}$$

$$\mu_{sehr\ hoch}(x) = \begin{cases} 0 & \text{für } 0 \leqq x \leqq 85 \\ 0.2x - 17 & \text{für } 85 < x \leqq 90 \\ 1 & \text{für } 90 < x \leqq 100 \end{cases}$$

Damit ist die Beurteilung der Produktqualität als linguistische Variable vollständig definiert.

Grundsätzlich ist bei der Bildung von linguistischen Variablen zu beachten, daß gleiche verbale Begriffe in unterschiedlichen Zusammenhängen auch unterschiedliche Bedeutung haben können. So wird beispielsweise das Alter eines Baumes, eines Managers, eines Politikers, eines Fußballspielers oder eines Studenten auf Basis einer Messung in Jahren durchaus unterschiedlich zu beurteilen sein. Auch die Beurteilung des Begriffes Produktqualität durch ein Unternehmen wird in Abhängigkeit von der Branche, in der das Unternehmen arbeitet, unterschiedlich repräsentiert werden.

Das vorgestellte Konzept der linguistischen Variable kann als Verallgemeinerung einer konventionellen Vorgehensweise aufgefaßt werden, bei der eine Zerlegung des Definitionsbereichs in disjunkte Klassen und eine Zuweisung von verbalen Ausdrücken zu den Klassen vorgenommen wird. Dieser Fall kann durch eine spezielle Wahl der Zugehörigkeitsfunktionen $\mu_t, t \in T$ innerhalb der Semantik erreicht werden. Der Bildbereich von $\mu_t, t \in T$ wird auf $\{0, 1\}$ eingeschränkt.

Beispiel 3.11
Für die in Beispiel 3.10.a eingeführte linguistische Variable „Dividendenrendite" wird die Semantik geändert:

$$\mu_{gering}(x) = \begin{cases} 1 & \text{für } 0 \leqq x \leqq 1.5 \\ 0 & \text{sonst} \end{cases}$$

$$\mu_{mittel}(x) = \begin{cases} 1 & \text{für } 1.5 < x \leqq 2.5 \\ 0 & \text{sonst} \end{cases}$$

$$\mu_{hoch}(x) = \begin{cases} 1 & \text{für } x > 2.5 \\ 0 & \text{sonst} \end{cases}$$

Dadurch erhält man eine Zerlegung der Menge aller Dividendenrenditen in die Mengen geringe, mittlere und hohe Dividendenrendite. Dies würde beispielsweise bedeuten, daß eine Rendite von 1.51% vollkommen anders bewertet wird als eine Rendite von 1.50%.

Man erkennt an diesem Beispiel, daß das Konzept der linguistischen Variable sehr allgemein formuliert ist. Allerdings wird auch klar, daß eine konventionelle Vorgehensweise im Sinne einer Zerlegung zu Modellierungen führen kann, die aufgrund der „harten" Übergänge kaum sinnvoll erscheinen.

3.2 Quantifizierung von Unschärfe

3.2.1 Modellierung von Zugehörigkeitsfunktionen

In den bisherigen Ausführungen wurde dargelegt, daß es im Hinblick auf eine adäquate Modellierung realer Problemstellungen sinnvoll erscheint, unscharfe Mengen einzuführen. *Zimmer (1983)* konnte dazu zeigen, daß Entscheidungsträger in komplexen Entscheidungssituationen zu besseren Ergebnissen gelangen, wenn mit verbalen Ausdrücken anstelle von numerischen Werten gearbeitet werden konnte. Empirische Untersuchungen von *Zwick (1988)* und *Zwick, Wallsten (1989)* ergaben, daß verbale Begriffe, die Wahrscheinlichkeiten ausdrücken (beispielsweise „wahrscheinlich", „unwahrscheinlich", „zweifelhaft") adäquat durch unscharfe Mengen modelliert werden können. Andererseits fehlt außer den in *Turksen (1991)* zusammengefaßten ersten Arbeiten eine ausführliche maßtheoretische Fundierung für Zugehörigkeit. *Spies (1993, S. 218)* stellt in diesem Zusammenhang die Frage: „Ist die Definition unscharfer Mengen vielleicht nur logisch sinnvoll, praktisch aber schwer umsetzbar?"

In diesem Abschnitt werden zur Beantwortung dieser Frage Methoden zur Aufstellung von Zugehörigkeitsfunktionen für konkrete Anwendungsfälle dargestellt. Einige Autoren versuchen die bestehenden Ansätze zur Aufstellung von Zugehörigkeitsfunktionen auf sehr unterschiedliche Art und Weise zu kategorisieren (*Dubois, Prade, 1980, S. 255 ff.; Chaudhuri, Majumder, 1982; Cunha, 1989, S. 95 ff.; Turksen, 1991; Lai, Hwang, 1992; Spies, 1993, S. 218 ff.; Bosch 1993, S. 115 ff.*). In der folgenden Darstellung wird die von *Smithson (1986, S. 78)* gewählte Unterteilung der Ansätze zur Aufstellung von Zugehörigkeitsfunktionen in vier Kategorien benutzt, da auch neuere Ansätze in dieses Schema eingeordnet werden können und prägnante Bezeichnungen für die einzelnen Kategorien vorhanden sind.

Axiomatische Ansätze – „the formalists"

Ausgangspunkt dieser Ansätze ist die Forderung nach bestimmten mathematischen Eigenschaften der Zugehörigkeitsfunktionen. Stellvertretend für diesen Bereich werden die Arbeiten von *Kochen, Badre (1974)*, *Zysno (1981)* und *Schwab (1983)* dargestellt.

Ausgangspunkt für die **Methode von *Kochen, Badre (1974)*** ist die Annahme einer stetigen, differenzierbaren und s-förmigen Zugehörigkeitsfunktion $\mu : X \to [0,1]$ einer unscharfen Menge $\widetilde{U}$ in X mit

$$\frac{\mathrm{d}\mu(x)}{\mathrm{d}x} = b \cdot \mu(x) \cdot (1 - \mu(x)) \ .$$

Als Begründung für diese Differentialgleichung wird angeführt, daß die marginale Zunahme des Zugehörigkeitsgrades zur unscharfen Menge $\widetilde{U}$ proportional zum Zugehörigkeitsgrad $\mu(x)$ und zum Zugehörigkeitsgrad des Komplements $1 - \mu(x)$ ist. Die Lösung der Differentialgleichung lautet

$$\mu(x) = \frac{1}{1 + e^{a-bx}} \ ,$$

beziehungsweise in logarithmierter Form

$$\ln\left(\frac{1}{\mu(x)} - 1\right) = a - bx \ .$$

Die zur Festlegung der Zugehörigkeitsfunktion μ notwendigen Parameter a und b können aus empirisch erhobenen Daten mittels einer gewöhnlichen Regression geschätzt werden. Wie *Dubois, Prade (1980, S. 258)* anmerken, handelt es sich bei diesem Ansatz um die Schätzung der Parameter eines Funktionstyps und nicht um eine Methode zur Festlegung von Zugehörigkeitsfunktionen.

Zu einer ähnlichen Form der Zugehörigkeitsfunktion kommt *Zysno (1981)*, der jedoch einen anderen Ausgangspunkt wählt. Die Angabe eines Zugehörigkeitsgrades resultiert aus dem Vergleich des zu beurteilenden Objektes x mit einem „idealen Objekt", wodurch eine Distanzfunktion $d : X \to \mathrm{I\!R}_+$ festgelegt wird. Die Zugehörigkeitsfunktion wird dann durch

$$\mu(x) = \frac{1}{1 + d(x)}$$

definiert. $d(x) = 0$ bedeutet, daß das zu beurteilende Objekt bezüglich seiner Eigenschaften identisch mit dem idealen Objekt ist und damit $\mu(x) = 1$ gilt. $d(x) \to \infty$ bedeutet, daß das zu beurteilende Objekt grundsätzlich verschieden ist zum idealen Objekt und man erhält einen Zugehörigkeitswert $\mu(x) = 0$. *Zysno (1981, S. 353)* schlägt als Distanzfunktion

$$d(x) = \frac{1}{e^{a(x-b)}} \ , \ b > 0$$

vor,[1] die wiederum zu einer s-förmigen Zugehörigkeitsfunktion

---

[1] Die Distanzfunktion im zitierten Artikel von Zysno enthält einen Vorzeichenfehler, der von anderen Autoren (z.B. *Smithson, 1986, S. 79*) übernommen wurde, obwohl dieser Fehler in späteren Veröffentlichungen von Zysno (z.B. *Zimmermann, Zysno, 1985*) berichtigt wurde.

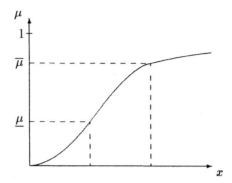

Figur 3.5: Transformation der Zugehörigkeitsfunktion

$$\mu(x) = \frac{1}{1 + e^{-a(x-b)}}$$

führt. Der Parameter b bestimmt den Wendepunkt der Zugehörigkeitsfunktion und das Vorzeichen von a legt das Monotonieverhalten ($a > 0$ bedeutet monoton steigend, $a < 0$ bedeutet monoton fallend) fest.

Häufig wird nur ein Teil dieser logistischen Funktion benötigt, d.h., es wird nur ein Teil der zugrundeliegenden Universalmenge X auf das offene Intervall $\langle 0, 1 \rangle$ abgebildet und die über diesen Teil hinausgehenden Werte auf 0 bzw. 1 gesetzt. Damit wird eine Transformation der oben definierten Zugehörigkeitsfunktion μ notwendig (vgl. Figur 3.5). Der relevante Wertebereich wird nach oben durch $\overline{\mu}$ und nach unten durch $\underline{\mu}$ beschränkt. Die transformierte Zugehörigkeitsfunktion μ^t wird dann durch

$$\mu^t(x) = \begin{cases} 0 & \text{für } x \text{ mit } \mu(x) \leq \underline{\mu} \\ \dfrac{\mu(x) - \underline{\mu}}{\overline{\mu} - \underline{\mu}} & \text{für } x \text{ mit } \mu(x) \in \langle \underline{\mu}, \overline{\mu} \rangle \\ 1 & \text{für } x \text{ mit } \mu(x) \geq \overline{\mu} \end{cases}$$

mit

$$\mu(x) = \frac{1}{1 + e^{-a(x-b)}}$$

festgelegt. Durch diese Transformation wurde die ursprüngliche Funktion μ im relevanten Bereich derart „gestreckt", daß die resultierende Zugehörigkeitsfunktion μ^t wiederum den Wertebereich $[0, 1]$ besitzt. Insgesamt sind zur Festlegung der transformierten Funktion μ^t die vier Parameter $a, b, \underline{\mu}, \overline{\mu}$ aus empirischen Daten zu schätzen. a und b können wiederum durch einen gewöhnlichen Regressionsansatz gewonnen werden. Für die Parameter $\underline{\mu}$ und $\overline{\mu}$ wird in *Zimmermann, Zysno (1985)* ein iterativer Ansatz vorgeschlagen. Dieser soll hier jedoch nicht näher ausgeführt werden, da er rein technischer Natur ist und damit keine weiteren inhaltlichen Voraussetzungen an die Zu-

gehörigkeitsfunktion beinhaltet. Zudem kann dieser Ansatz auch für glocken-
förmige einmodale Zugehörigkeitsfunktionen benutzt werden. Eine derartige
Funktion gewinnt man dabei durch die Verbindung einer monoton steigenden
und einer monoton fallenden logistischen Funktion (*Zysno, 1981, S. 356*).

Ein **weiterer axiomatischer Ansatz** wird von *Schwab (1983)* dargestellt. Ausgangspunkt für die Aufstellung einer monoton steigenden[2] Zugehörigkeitsfunktion $\mu : X \to [0, 1]$ sind dabei drei Werte, die von einem mit
dem zu modellierenden Entscheidungsproblem befaßten Entscheidungsträger
eingebracht werden müssen:

- $\underline{x}$ stellt den Wert für die Grenze dar, an der die Zugehörigkeitsfunktion
  gerade 0 ist, d.h. es gilt

$$\mu(\underline{x}) = 0 \quad \text{für} \quad x \leqq \underline{x}.$$

- $\overline{x}$ stellt den Wert für die Grenze dar, an der die Zugehörigkeitsfunktion
  gerade 1 ist, d.h. es gilt

$$\mu(\overline{x}) = 1 \quad \text{für} \quad x \geqq \overline{x}.$$

- x_m stellt den mittleren Wert dar, bei dem die Zugehörigkeitsfunktion
  gerade 0.5 ist, d.h. es gilt

$$\mu(x_m) = 0.5.$$

Schwab (1983, S. 29 ff.) stellt nun weitere formale Anforderungen an die
zu bildende Zugehörigkeitsfunktion, die zu einer eindeutigen Festlegung von
$\mu : X \to [0, 1]$ führen:

- μ ist zweimal stetig differenzierbar.
  Diese Forderung beinhaltet die Stetigkeit von μ, d.h., kleine Änderungen von $x \in X$ führen nicht zu sprunghaften Veränderungen der Zugehörigkeitsgrade $\mu(x)$. Zudem muß μ stetig differenzierbar sein, d.h.,
  kleine Änderungen von $x \in X$ führen auch beim marginalen Zuwachs
  der Zugehörigkeitsgrade nicht zu Sprüngen.

- μ soll möglichst glatt verlaufen.
  Diese Forderung bedeutet, daß μ so gewählt werden soll, daß die Veränderung des marginalen Zuwachses $\mu''(x)$ für alle $x \in X$ minimal ist,
  ohne die erstgenannte Forderung bezüglich der Differenzierbarkeit zu
  verletzen.

Schwab (1983, S. 31 ff.) beweist, daß durch die Wahl der drei Zugehörig-
keitsgrade $\mu(\underline{x}) = 0, \mu(\overline{x}) = 1, \mu(x_m) = 0.5$ sowie den beiden obengenannten

---

[2]Alle weiteren Ausführungen können entsprechend für monoton fallende Zugehörigkeitsfunktionen formuliert werden (*Schwab, 1983, S. 33 ff.*).

Forderungen die Zugehörigkeitsfunktion μ eindeutig festgelegt ist. Insbesondere wird durch die Forderung eines möglichst glatten Verlaufs aus der Menge der die übrigen Anforderungen erfüllenden Funktionen die Form einer kubischen Spline-Funktion für μ festgelegt. Damit ist $\mu : X \to [0,1]$ mit acht, zunächst unbekannten Koeffizienten $a, \ldots, h$ festgelegt:

$$\mu(x) = \begin{cases} 0 & \text{für } x \leqq \underline{x} \\ ax^3 + bx^2 + cx + d & \text{für } \underline{x} < x \leqq x_m \\ ex^3 + fx^2 + gx + h & \text{für } x_m < x \leqq \overline{x} \\ 1 & \text{für } \overline{x} < x \end{cases}$$

Die Festlegung der Koeffizienten erfolgt dann über die Lösung eines Gleichungssystems, das die von den Entscheidungsträgern gegebenen Informationen $(\underline{x}, x_m, \overline{x})$ im Zusammenhang mit den an die Funktion gestellten Forderungen nutzt. Über die Forderung der Stetigkeit von μ erhält man die vier Gleichungen:

$$\begin{aligned} a\underline{x}^3 + b\underline{x}^2 + c\underline{x} + d &= 0 \\ ax_m^3 + bx_m^2 + cx_m + d &= 0.5 \\ ex_m^3 + fx_m^2 + gx_m + h &= 0.5 \\ e\overline{x}^3 + f\overline{x}^2 + g\overline{x} + h &= 1 \end{aligned}$$

Die Forderung nach Differenzierbarkeit ergibt drei weitere Gleichungen:

$$\begin{aligned} 3a\underline{x}^2 + 2b\underline{x} + c &= 0 \\ 3ax_m^2 + 2bx_m + c - 3ex_m^2 - 2fx_m - g &= 0 \\ 3e\overline{x}^2 + 2f\overline{x} + g &= 0 \end{aligned}$$

Aus der zweimaligen stetigen Differenzierbarkeit folgt schließlich die Gleichung

$$6ax_m + 2b - 6ex_m - 2f = 0 \ .$$

Aus der Theorie der Spline-Funktionen (z.B. *Böhmer, 1974*) ist bekannt, daß dieses Gleichungssystem eine eindeutige Lösung für die Koeffizienten $a, \ldots, h$ ergibt und damit die Zugehörigkeitsfunktion festgelegt ist. Um die gewünschte Monotonie der Zugehörigkeitsfunktion gewährleisten zu können, muß allerdings zusätzlich die Bedingung

$$-1 + \sqrt{2} \leqq \frac{\overline{x} - x_m}{\overline{x} - \underline{x}} \leqq 1 + \sqrt{2}$$

erfüllt sein (Beweis siehe *Schwab, 1983, S. 38 f.*). Diese Einschränkung stellt jedoch in Anwendungssituationen nur sehr selten ein Problem dar. Mit Hilfe dieser Vorgehensweise entwickelt *Schwab (1983, S. 73 ff.)* die fuzzifizierte Form eines Fundamentalansatzes bei der Wertpapieranalyse.

Die hier skizzierten formalen Ansätze zur Generierung von Zugehörigkeitsfunktionen sind von den jeweiligen Autoren in Anwendungssituationen erfolgreich benutzt worden. Ein Vorteil der von Schwab benutzten kubischen Spline-Funktionen besteht darin, daß nur drei Werte zur Festlegung der funktionalen Form angegeben werden müssen. Allerdings bleibt kritisch anzumerken, daß die Annahme einer s-förmigen Funktion und die formalen Anforderungen an die Funktion in gewisser Weise willkürlich erscheinen. Dadurch erscheint es nicht sinnvoll, in diesen Ansätzen ein für alle Problemstellungen relevantes Vorgehen zu sehen. *Smithson (1986, S. 80)* stellt zudem fest, daß das Problem einer direkten Angabe von Zugehörigkeitswerten bzw. -funktionen im Rahmen der formalen Ansätze nur auf die Schätzung von Parametern verlagert wird.

Schätzungen aus statistischen Erhebungen – „the pollsters"

Bei diesen Ansätzen werden Zugehörigkeitswerte bzw. -funktionen aus vorliegenden Statistiken generiert. Damit weichen diese Ansätze von einer subjektiven Interpretation der Zugehörigkeitsfunktionen ab. Das dabei benutzte Datenmaterial stammt meist aus Erhebungen, die nicht ursächlich zur Aufstellung von Zugehörigkeitsfunktionen durchgeführt wurden. Deshalb unterscheiden sich die Methoden nach benutzter Datenquelle. Um die Vorgehensweise zu verdeutlichen, werden im folgenden zwei Beispiele aus dieser Kategorie vorgestellt.

Lütz (1996) benutzt eine derartige Methode in Verbindung mit einem **Fuzzy-Ansatz zur Armutsmessung.** Auch hier besteht eine Verbindung zu den „formalists" vorgestellten Ansätzen, da wieder Parameter für kubische Spline-Funktionen festgelegt werden (vgl. den auf Seite 30 ff. dargestellten Ansatz von Schwab). Auch hier sind die Werte $\underline{x}, \overline{x}$ und x_m, für die $\mu(\underline{x}) = 0, \mu(\overline{x}) = 1$ und $\mu(x_m) = 0.5$ gilt, festzulegen. Allerdings werden diese Werte nicht wie bei Schwab vom Entscheidungsträger abgefragt, sondern Lütz generiert diese Werte aus statistischem Datenmaterial.

Grundlage sind Daten aus dem „Deutschen Sozioökonomischen Panel" des Deutschen Instituts für Wirtschaftsforschung[3]. Dieses Panel beinhaltet unter anderem Angaben zum monatlichen Netto-Einkommen (einschließlich Sozialtransfers) und auch zur Zufriedenheit mit diesem Einkommen. Die Zufriedenheit wird auf einer Skala von 0 bis 10 abgefragt. Nach Durchführung notwendiger Datenanpassungen (*Lütz, 1996, S. 108 ff.*) liegen für neun auf Grundlage dieser Skala gebildete „Zufriedenheitsklassen" die dazugehörigen Einkommenswerte (Minimum, Maximum, arithmetisches Mittel, Median) vor. Während die Medianwerte der Extremklassen die Werte $\underline{x}$ und $\overline{x}$ darstellen, wird als Wert für x_m der Median des Einkommens über alle Klassen benutzt.

Eine weitere Methode zur Festlegung von Zugehörigkeitsfunktionen aus statistischen Erhebungen stellt *Scheffels (1996)* im Rahmen der Entwicklung eines **wissensbasierten Systems** auf der Basis unscharfer Mengen **zur Jahresabschlußprüfung** vor. Zur Bewertung von Bilanzkennzahlen

---

[3]Ausführliche Informationen dazu werden von der Projektgruppe „Das Sozio-ökonomische Panel" im Internet unter der Adresse
                    `http://www.diw-berlin.de/soep/welcome.html`
bereitgestellt.

werden Zugehörigkeitsfunktionen für die Terme linguistischer Variablen aus Branchen-Vergleichsdaten[4] festgelegt. *Scheffels (1996, S. 70)* begründet diesen Ansatz wie folgt: „Zwar ist in der Prüfungspraxis das Kriterium der ‚Wesentlichkeit' weitgehend anerkannt, nach dem eine Kennzahlenausprägung dann als ‚hoch' bzw. ‚niedrig' gilt, wenn sie ‚wesentlich' oder auch ‚unplausibel' von einem ‚durchschnittlichen', ‚plausiblen' Wert abweicht; aber weder über die Höhe einer ‚durchschnittlichen' Kennzahlenausprägung noch über das Ausmaß einer ‚wesentlichen' Abweichung von diesem Referenzwert existieren konkrete Vorstellungen."

Die von Scheffels benutzte Vorgehensweise soll im folgenden an einem Beispiel verdeutlicht werden. Die zu beurteilende Kennzahl sei

$$\text{Vorratsintensität} \quad = \quad \frac{\text{Vorräte}}{\text{Gesamtvermögen}} \quad .$$

Für diese Kennzahl liegt bezüglich der betrachteten Branche eine Häufigkeitsverteilung vor. Daraus wird die linguistische Variable „Vorratsintensität" abgeleitet (siehe Definition 3.9, S. 22):

Basisvariable B	=	Vorratsintensität
Termmenge T	=	{niedrig, durchschnittlich, hoch}
Definitionsbereich D	=	Kennzahlenwerte in %
Semantik S	=	$\{\widetilde{U}_{\text{niedrig}}, \widetilde{U}_{\text{durchschnittlich}}, \widetilde{U}_{\text{hoch}}\}$

Die Semantik S wird dabei im einzelnen wie folgt festgelegt. Der Term „durchschnittlich" trifft vollständig zu, d.h. $\mu_{\text{durchschnittlich}} = 1$, falls die Kennzahlenausprägung im Intervall für die mittleren 25% der Unternehmen der betrachteten Branche liegt. Ist die Ausprägung innerhalb der unteren (oberen) 25% der Häufigkeitsverteilung, trifft der Term „niedrig" („hoch") vollständig zu. Der Zugehörigkeitswert 0 für einen Term wird genau dann erreicht, wenn der benachbarte Term den Zugehörigkeitsgrad 1 erstmals erreicht. Die Übergänge vom Zugehörigkeitsgrad 1 zum Zugehörigkeitsgrad 0 und umgekehrt werden über einen s-förmigen Kurvenverlauf modelliert.

Figur 3.6 verdeutlicht dieses Konstruktionsprinzip, wobei die Häufigkeitsverteilung der Kennzahl „Vorratsintensität" durch einen Box-Plot (*Bausch, Opitz, 1993, S. 39 f.*) dargestellt wird. Allerdings werden anstelle der in Box-Plots üblicherweise benutzten α-Quantile mit $\alpha \in \{0.1, 0.25, 0.5, 0.75, 0.9\}$ die im hier vorgestellten Zusammenhang relevanten α-Werte mit $\alpha \in \{0.25, 0.375, 0.625, 0.75\}$ benutzt.

Scheffels (1996, S. 76 ff.) führt neben dieser Vorgehensweise für „Standardkennzahlen" modifizierte Vorgehensweisen für Sonderfälle an. Gilt beispielsweise eine Kennzahl beim Entscheidungsträger - in diesem Fall beim Wirtschaftsprüfer - als Risikoindikator, werden die zur Konstruktion der linguistischen Variable benutzten Quantile im jeweiligen Risikobereich angeglichen. Gilt eine niedrige Ausprägung einer Risikokennzahl als bedenklich, ist

---

[4]Scheffels benutzt dazu die Bilanzdatenbank vom Verlag Hoppenstedt.

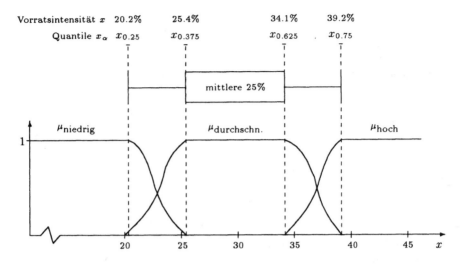

Figur 3.6: Bildung linguistischer Variablen aus Häufigkeitsverteilungen

eine Erweiterung des Bereiches mit vollständiger Zugehörigkeit für den Term „niedrig" sinnvoll. *Scheffels (1996, S. 77)* schlägt die α-Quantile $x_{0.375}$, $x_{0.4375}$, $x_{0.625}$, $x_{0.75}$ für das oben beschreibende Konstruktionsprinzip vor (Figur 3.7).

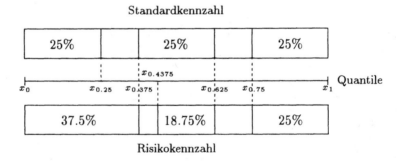

Figur 3.7: Quantile für Standard- und Risikokennzahlen

Dies entspricht neben einer Vergrößerung des Bereiches für den Term „niedrig" einer Halbierung des Abstandes der Bereiche vollständiger Zugehörigkeit zwischen den Termen „niedrig" und „durchschnittlich". Insgesamt stellt die Festlegung von Zugehörigkeitsfunktionen auf Basis von statistischen Erhebungen ein flexibles Instrument zur Quantifizierung von Unschärfe dar. Die Methoden können relativ leicht an die jeweilige Problemstellung angepaßt werden und bieten auch den notwendigen Spielraum für subjektive Festlegungen in einzelnen Bereichen.

Direkte Schätzungen – „the scalers"

In dieser Methodenklasse werden die Zugehörigkeitswerte bzw. -funktionen direkt durch subjektive Einschätzungen angegeben bzw. aus derartigen Einschätzungen konstruiert.

In gewisser Weise ergeben sich Überschneidungen mit den axiomatischen Ansätzen, da dort für die Schätzung von Parametern der festgelegten funktionalen Form Zugehörigkeitsgrade direkt abgefragt werden müssen. Beispielsweise werden in einem von *Zysno (1981)* durchgeführten Experiment die Parameter $a, b, \underline{\mu}$ und $\overline{\mu}$ der Zugehörigkeitsfunktion μ^t (siehe S. 29) geschätzt. Dazu wurden von Versuchspersonen Werte für vorgegebene Altersangaben bezüglich deren Zugehörigkeit zu den verbalen Beschreibungen „sehr alter Mann", „alter Mann", „junger Mann" und „sehr junger Mann" direkt abgefragt. Mit diesem Datenmaterial können dann die entsprechenden Parameter berechnet und damit die Zugehörigkeitsfunktionen für die genannten verbalen Altersangaben festgelegt werden. Eine detaillierte Beschreibung dieser Rechenprozedur findet man bei *Zysno (1981, S. 359 ff.)*.

Eine direkte Methode zur Festlegung von Zugehörigkeitsfunktionen, die nicht axiomatisch fundiert sind, schlagen **Hersh, Caramazza (1976)** vor. Im Rahmen einer empirischen Untersuchung benötigten sie Zugehörigkeitsfunktionen für unscharfe Mengen, die Begriffe wie beispielsweise „klein", „groß", „sehr groß" oder „sehr klein" darstellen. Zur Bestimmung der Zugehörigkeitsfunktionen führten sie Experimente durch, deren prinzipielle Vorgehensweise wie folgt beschrieben werden kann. Den Versuchspersonen werden Beispiele für die zu modellierenden Begriffe vorgelegt. Beispielsweise können zur Modellierung von „groß", „klein" etc. schwarze Quadrate auf weißem Hintergrund in unterschiedlicher Größe vorgelegt werden. In einem Durchlauf des Experiments wird von den Versuchspersonen ein Begriff beurteilt. Sie ordnen den Beispielen ein „ja" zu, falls der Begriff das Beispiel zutreffend beschreibt und ein „nein", falls dies nicht der Fall ist. Dieses Vorgehen wird mehrmals wiederholt, wobei die Begriffe zufällig in ihrer Reihenfolge vertauscht werden. Der Anteil der „ja"-Antworten für ein spezielles Beispiel in Kombination mit einem Begriff wird dann als Zugehörigkeitsgrad für die unscharfe Menge, die den jeweiligen Begriff darstellt, aufgefaßt. Um die Resultate zu untermauern, führen Hersh und Caramazza ein zweites Experiment durch, bei dem die oben beschriebene Prozedur innerhalb einiger Tage wiederholt wird und die Zugehörigkeitsfunktion als Anteil von „ja"-Antworten für eine bestimmte Person über diesen Zeitraum hinweg berechnet wird.

Ein weiteres Experiment, bei dem Zugehörigkeitsfunktionen direkt aus den angegebenen Werten konstruiert werden, stellen **Norwich, Turksen (1982a,b,c, 1984)** vor. Dort werden die Zugehörigkeitsfunktionen wie beim zweiten Experiment von Hersh und Caramazza für die einzelnen Versuchspersonen gebildet. *Norwich, Turksen (1984, S. 11)* begründen diese Vorgehensweise damit, daß „fuzziness of a subjective attribute should yield different interpretations by different individuals". Darin kommt die Sichtweise zum

Ausdruck, daß **unterschiedliche Personen den gleichen Sachverhalt subjektiv** – basierend auf unterschiedlichem Informationsniveau, Einstellungen, etc. – **beurteilen.** In den Experimenten werden die Begriffe „groß", „klein", „sehr groß", „sehr klein", „nicht groß" und „nicht klein" bezüglich Körpergröße und „ästhetisch" bezüglich der Größenverhältnisse von Dach und Mauern bei Häusern unscharf modelliert. Die Angabe des Zugehörigkeitsgrades erfolgt über einen horizontal stufenlos beweglichen Zeiger. Die zu beurteilenden Objekte werden im ersten Fall durch eine lebensgroße, in der Höhe anzupassende Holzfigur und im zweiten Fall durch ein in der Höhe anzupassendes Modell eines Hauses dargestellt, in zufälliger Reihenfolge vorgelegt und von den Versuchspersonen beurteilt. Anschließend wird für die Objekte pro Person jeweils ein arithmetisches Mittel der erhobenen Werte gebildet. Neben der von Norwich und Turksen als **„direct rating"** bezeichneten Prozedur, bei der die vorgelegten Objekte von den Versuchspersonen direkt über die Positionierung des Zeigers beurteilt werden, wurde auch ein **„reverse rating"** durchgeführt. Dabei wird der Zeiger zufällig gesetzt und ein Objekt solange verändert bis die Versuchsperson angibt, daß die Position des Zeigers das Objekt beschreibt. Beide Prozeduren ergaben für die Versuchspersonen die gleichen Zugehörigkeitsfunktionen, was in *Norwich, Turksen (1984)* auch einem statistischen Test unterworfen wird.

Eine Möglichkeit zur Festlegung von Zugehörigkeitsfunktionen der Terme linguistischer Variablen (Definition 3.9) über eine **direkte Schätzmethode** zeigt *Freksa (1982)* auf. Er beschreibt dazu ein fünfstufiges Vorgehen.

Stufe 1: Zunächst sind die verbalen Werte der linguistischen Variable, also die Termmenge, festzulegen. Dabei ist darauf zu achten, daß alle möglichen Werte des Definitionsbereichs durch die Termmenge abgedeckt werden können.

Stufe 2: Die Termmenge wird entsprechend ihrer natürlichen Ordnungsstruktur, d.h. der relativen Bedeutung der Terme auf dem zugrundeliegenden Definitionsbereich, angeordnet.

Stufe 3: Eine Testperson wird mit Objekten konfrontiert, die ein repräsentatives Spektrum von Werten des Definitionsbereichs der linguistischen Variable abdecken. Trifft ein Term der Termmenge vollständig auf ein Beispielobjekt zu, kennzeichnet die Testperson diesen Term mit „ja", trifft ein Term der Termmenge definitiv nicht zu, wird der entsprechende Term mit „nein" gekennzeichnet. Die Terme zwischen diesen Extremen treffen in einem geringeren Maße zu als die mit „ja" gekennzeichneten Terme.

Stufe 4: Die Beispielobjekte werden nach dem Ordnungsprinzip, das auch bei den Termen verwendet wurde, angeordnet. Die zu den Objekten gehörenden Ausprägungen des Definitionsbereichs bilden dann die Basis für die Zuordnung von Zugehörigkeitswerten.

Stufe 5:   Schließlich wird für jeden Term die Zugehörigkeitsfunktion in folgender Weise konstruiert. Allen mit „ja" gekennzeichneten Beispielobjekten wird der Zugehörigkeitswert 1 zugeordnet, während den mit „nein" gekennzeichneten Objekten der Wert 0 zugeordnet wird. Die Grenzen zwischen „ja"- und „nein"-Werten werden durch stetige, monotone Funktionen verbunden, innerhalb der „ja"- bzw. „nein"-Werte bleibt der Zugehörigkeitswert 1 bzw. 0 erhalten (Figur 3.8).

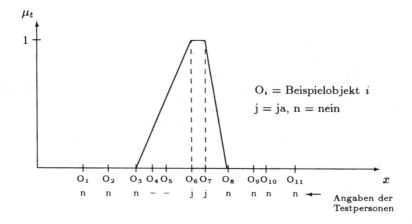

Figur 3.8: Konstruktion von Zugehörigkeitsfunktionen nach *Freksa (1982)*

Im einfachsten Fall erhält man damit stückweise lineare Zugehörigkeitsfunktionen, wie sie bei der Einführung linguistischer Variablen in Beispiel 3.10 benutzt wurden.

Die direkten Schätzungen von Zugehörigkeitsfunktionen stellen trotz des notwendigen Aufwandes praktikable Verfahren zur Quantifizierung von Unschärfe dar. Als Nachteil erweist sich jedoch, daß die erhobenen Zugehörigkeitsfunktionen nicht an unterschiedliche Problemstellungen angepaßt werden können, sondern jeweils neu erhoben werden müssen.

Ähnlichkeitsansätze − „the comparators"

Diese Ansätze zeichnen sich dadurch aus, daß Zugehörigkeitswerte auf Basis von Ähnlichkeitsurteilen geschätzt werden. Einen **Überblick** zu den Interpretationen von derartigem Ausgangsdatenmaterial im Zusammenhang mit unscharfen Mengen geben *Oden, Lopes (1982)* und *Oden (1984)*. Da diese

Möglichkeit zur Generierung von Zugehörigkeitsfunktionen im Zusammenhang mit den behandelten Unternehmensplanungsmodellen nicht relevant ist, wird die Beschreibung und Würdigung dieser Verfahren sehr kurz gehalten. Gegenüber einer direkten Abfrage von Zugehörigkeitswerten setzen Ähnlichkeitsansätze schwächere Annahmen voraus, da meist ordinale Urteile bei der Abfrage von Ähnlichkeiten genügen (*Zimmermann, 1991, S. 345*). Ein Nachteil dieser Erhebungsmethode besteht darin, daß aufgrund des relativ geringen Informationsgehalts der ordinalen Angaben viele Beurteilungen notwendig sind, um die notwendige Skalierung durchführen zu können. Ausgangspunkt der Ähnlichkeitsansätze ist die These, daß Zugehörigkeit als Ähnlichkeit

- zwischen beliebigen Objekten oder

- zwischen einem Objekt und einem Referenzobjekt

aufgefaßt werden kann. Insbesondere die erstgenannte These erscheint problematisch. Eine Standardmethode zur Verarbeitung von Ähnlichkeitsurteilen zwischen Objekten in Form von Paarvergleichen, stellt die Multidimensionale Skalierung dar (vgl. beispielsweise *Opitz, 1980*). Dabei werden Ähnlichkeiten als Distanzen in einem mehrdimensionalen Raum dargestellt: je ähnlicher die Objekte, desto näher liegen die sie darstellenden Punkte beieinander. Diese Distanzen ändern sich nicht, wenn der Ursprung des zur Darstellung benutzten Koordinatensystems verändert wird oder die Achsen rotiert werden. Eine Herleitung von Zugehörigkeitsgraden auf Basis dieser Methodik ist deshalb nicht geeignet, da sich nicht ableiten läßt, auf welche Basisskala bzw. Universalmenge die Distanzen zu beziehen sind.

Die zweite Alternative, Ähnlichkeit als Distanz zu einem Referenzobjekt („idealen Objekt") anzusehen, ist von *Thole u.a. (1979)* (siehe dazu auch die detaillierten Ausführungen in *Zimmermann, Zysno, 1985*) und von *Zwick (1987)* benutzt worden. Beide Ansätze gründen auf der von *Diederich u.a. (1957)* vorgestellten Skalierungsmethode, die wiederum auf Thurstone´s „law of categorical judgement" (*Thurstone, 1927*) basiert. In diesem Fall existiert eine natürliche Interpretation eines Zugehörigkeitsgrades von 1. Sie liegt vor, falls ein Objekt nahe beim Referenzobjekt liegt. Um die gesamte Zugehörigkeitsfunktion zu erhalten, werden die Distanzen in Zugehörigkeitswerte transformiert. Dabei muß festgelegt werden, bis zu welcher Distanz der Zugehörigkeitsgrad 1 zugeordnet wird und ab welcher Distanz der Zugehörigkeitsgrad 0 festgelegt wird. Die dazwischenliegenden Distanzen werden dann auf das Intervall $[0, 1]$ normiert.

Smithson (1986, S. 81) gibt bei der Benutzung dieser Methoden zu Bedenken: „... the exact nature of the relationship between similarity judgements and degree of membership in categories is not known". Etwas differenzierter fällt die Kritik von *Spies (1993, S. 224)* aus. Bezüglich der Generierung von Zugehörigkeitsfunktionen auf Basis von Ähnlichkeitsurteilen zwischen beliebigen Objekten merkt er folgendes an: „Mit der Ähnlichkeitsskalierung läßt sich zwar so etwas wie Zugehörigkeit messen, aber man kann vorab nicht sagen, wozu diese Zugehörigkeit bestimmt wird. ... Eine Herleitung von Zugehörigkeiten aus Ähnlichkeiten hat dann Sinn, wenn man Ähnlichkeiten als Distanzen zu einem Referenzobjekt modelliert. "

Aus der Darstellung der in vier Kategorien unterteilten Ansätze zur Aufstellung von Zugehörigkeitsfunktionen wird ersichtlich, daß eine Vielzahl von Möglichkeiten zur Festlegung von unscharfen Mengen existiert. Aufgrund der in die jeweiligen Ansätze eingehenden Anforderungen bezüglich des notwendigen Datenmaterials muß im konkreten Anwendungsfall entschieden werden, welche dieser Möglichkeiten bevorzugt wird. Die Ansätze sind subjektiv gestaltet, was einer realistischen Modellierung unscharfer Problemstellungen innerhalb der Unternehmensplanung durchaus entspricht.

3.2.2 Spezielle Repräsentationsformen für unscharfe Mengen

Bei nahezu allen im vorangegangenen Abschnitt beschriebenen Konstruktionsprinzipien für Zugehörigkeitsfunktionen gehen mehr oder weniger subjektive Einschätzungen in die Modellbildung ein. Gerade wegen der zu berücksichtigenden Unschärfe werden dabei nur einige charakteristische Punkte abgefragt, die dann einer Aufstellung der vollständigen Zugehörigkeitsfunktion zugrunde gelegt werden. Verwendet werden dabei meist relativ einfache Funktionsformen, die bezüglich der mathematischen Handhabbarkeit vorteilhaft sind. Aus diesem Grund werden im folgenden spezielle Repräsentationsformen für Zugehörigkeitsfunktionen vorgestellt. Diese Repräsentationsformen stellen eine **allgemeine Schreibweise** für Zugehörigkeitsfunktionen zur Verfügung.

Ausgangspunkt sind die Begriffe unscharfe Zahl und unscharfes Intervall, die unscharfe Mengen in den reellen Zahlen darstellen und sich durch bestimmte Eigenschaften auszeichnen (*Dubois, Prade, 1980, 1986*).

Definition 3.12
Eine konvexe unscharfe Menge $\widetilde{U}$ in $\mathbb{R}$ mit der Zugehörigkeitsfunktion
$\mu : \mathbb{R} \longrightarrow [0, 1]$ *und den Eigenschaften*

a) es existiert genau ein $x \in \mathbb{R}$ mit $\mu(x) = 1$ und

b) μ ist stückweise stetig

heißt **unscharfe Zahl** *(„fuzzy number").*
Wird die Eigenschaft a) erweitert auf ein Intervall, d.h.,

a') es existiert ein Intervall $[\underline{m}, \overline{m}] \subset \mathbb{R}$ mit $\mu(x) = 1, \forall x \in [\underline{m}, \overline{m}]$,

spricht man von einem **unscharfen Intervall** *(„fuzzy interval").*
Falls $\mu(x) = 0, \forall x \leqq 0$ ist, liegt eine **positive unscharfe Zahl** *bzw. ein* **positives unscharfes Intervall** *vor. Man schreibt $\widetilde{U} > 0$.*
Falls $\mu(x) = 0, \forall x \geqq 0$ ist, liegt eine **negative unscharfe Zahl** *bzw. ein* **negatives unscharfes Intervall** *vor. Man schreibt $\widetilde{U} < 0$.*

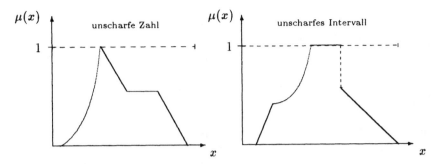

Figur 3.9: Zugehörigkeitsfunktion für unscharfe Zahl/unscharfes Intervall

Beispiele für unscharfe Zahlen und Intervalle werden durch deren Zugehörigkeitsfunktionen in Figur 3.9 gezeigt. Durch weitere Einschränkungen bezüglich dieser Zugehörigkeitsfunktion kommt man zur Darstellung unscharfer Zahlen bzw. Intervalle mit Hilfe sogenannter Gestaltfunktionen. Dazu muß zunächst der Begriff „Gestaltfunktion" geklärt werden, um anschließend die Verbindung zu unscharfen Zahlen bzw. Intervallen aufzeigen zu können.

Definition 3.13
Eine Abbildung $g : \mathbb{R}_+ \longrightarrow [0,1]$ mit den Eigenschaften

a) *$g(0) = 1$,*

b) *g ist monoton fallend in $\mathbb{R}_+$ und*

c) *$\lim\limits_{u \to \infty} g(u) = 0$*

heißt **Gestaltfunktion** *(„shape function")*[5].

Beispiel 3.14
Häufig verwendete Gestaltfunktionen $g : \mathbb{R}_+ \to [0,1]$

$$g(u) = \max\{0, 1 - u^c\}, \quad c > 0$$
$$g(u) = \frac{1}{1 + u^c}, \quad c > 0$$
$$g(u) = e^{-u^c}, \quad c > 0$$

Figur 3.10 zeigt die graphische Darstellung dieser Funktionen für vorgegebene c-Werte.

Auf diesen Gestaltfunktionen basieren die sogenannten *lr*-Fuzzy-Zahlen und -Intervalle, die bezüglich Operationen auf unscharfen Mengen rechentechnisch relativ einfach zu verarbeiten sind.

---

[5] In einigen deutschsprachigen Veröffentlichungen (z.B. *Rommelfanger, 1994, S. 40*) wird diese Funktion auch als Referenzfunktion bezeichnet. Der Begriff „Gestaltfunktion" beschreibt jedoch den Zusammenhang zu unscharfen Mengen besser.

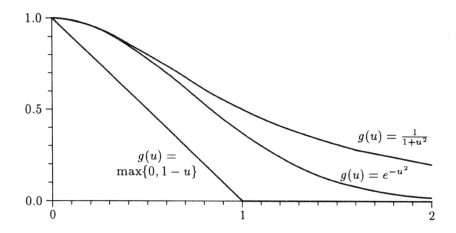

Figur 3.10: Beispiele für Gestaltfunktionen

Definition 3.15

Eine unscharfe Zahl $\widetilde{U}$ mit $a, b > 0, m \in \mathbb{R}$ und

$$\mu(x) = \begin{cases} l\left(\frac{m-x}{a}\right) & \text{für } x \leqq m \\ r\left(\frac{x-m}{b}\right) & \text{für } x > m \end{cases},$$

wobei $l : \mathbb{R}_+ \to [0,1]$ („linke") und $r : \mathbb{R}_+ \to [0,1]$ („rechte") Gestaltfunktionen darstellen, heißt **lr-Fuzzy-Zahl**. Aufgrund der Form der Argumente in den Gestaltfunktionen wird erreicht, daß μ für $x \leqq m$ monoton steigend und für $x \geqq m$ monoton fallend ist. Der Wert m mit $\mu(m) = 1$ wird als **Gipfelpunkt**, a bzw. b als **linke** bzw. **rechte Dehnung** der lr-Fuzzy-Zahl bezeichnet.

Über die Erweiterung des Gipfelpunktes auf ein Intervall $[\underline{m}, \overline{m}]$ erhält man die entsprechenden lr-Fuzzy-Intervalle.

Definition 3.16

Ein unscharfes Intervall $\widetilde{U}$ mit $a, b > 0$, $\underline{m} < \overline{m}$ und

$$\mu(x) = \begin{cases} l\left(\frac{\underline{m}-x}{a}\right)) & \text{für } \quad x \leqq \underline{m} \\ 1 & \text{für } \underline{m} < x \leqq \overline{m} \\ r\left(\frac{x-\overline{m}}{b}\right)) & \text{für } \quad x > \overline{m} \end{cases},$$

wobei $l : \mathbb{R}_+ \to [0,1]$ und $r : \mathbb{R}_+ \to [0,1]$ Gestaltfunktionen darstellen, heißt **lr-Fuzzy-Intervall**. Das Intervall $[\underline{m}, \overline{m}]$ wird als **Gipfelbereich**, a bzw. b als **linke** bzw. **rechte Dehnung** des lr-Fuzzy-Intervalls bezeichnet.

Eine lr-Fuzzy-Zahl bzw. ein lr-Fuzzy-Intervall wird durch die Festlegung der Gestaltfunktionen l und r mit den dazugehörigen Parametern a, b und m bzw. $[\underline{m}, \overline{m}]$ eindeutig bestimmt. Aus diesem Grund wird für die weitere Darstellung folgende **Schreibweise** eingeführt:

$$lr\text{-Fuzzy-Zahl:} \quad \widetilde{U} = (m, a, b)_{lr}$$
$$lr\text{-Fuzzy-Intervall:} \quad \widetilde{U} = (\underline{m}, \overline{m}, a, b)_{lr}$$

Zusätzlich wird bezüglich dieser lr-Schreibweise vereinbart:

- Eine reelle Zahl $m \in \mathbb{R}$ wird in lr-Schreibweise durch

$$(m, m, 0, 0)_{lr} \text{ bzw. } (m, 0, 0)_{lr} \quad \text{für alle Gestaltfunktionen } l, r$$

  dargestellt.

- Ein Intervall $[\underline{m}, \overline{m}]$ mit $\underline{m}, \overline{m} \in \mathbb{R}$ und $\underline{m} < \overline{m}$ wird durch die lr-Schreibweise

$$(\underline{m}, \overline{m}, 0, 0)_{lr} \quad \text{für alle Gestaltfunktionen } l, r$$

  dargestellt.

- Eine lr-Fuzzy-Zahl kann auch als lr-Fuzzy-Intervall dargestellt werden:

$$(m, a, b)_{lr} = (\underline{m}, \overline{m}, a, b)_{lr} \quad \text{mit } \underline{m} = \overline{m} = m$$

- Neben dem „Normalfall" einer zunächst bis $\underline{m}$ monoton steigenden und ab $\overline{m}$ monoton fallenden Zugehörigkeitsfunktion, erhält man für $\underline{m} \to -\infty (\overline{m} \to +\infty)$ im gesamten Definitionsbereich monoton fallende (monoton steigende) Zugehörigkeitsfunktionen.

Für wachsende Dehnungen a bzw. b nimmt auch der Unschärfebereich der dadurch festgelegten lr-Fuzzy-Zahlen bzw. -Intervalle zu.

Beispiel 3.17
a) *Das lr-Fuzzy-Intervall $\widetilde{U} = (3, 4, 2, 1)_{lr}$ mit*

$$l(u) = \max\{0, 1 - u\} \quad und$$
$$r(u) = e^{-u^2}$$

(Figur 3.10) besitzt die Zugehörigkeitsfunktion $\mu : \mathbb{R} \to [0, 1]$ mit

$$\mu(x) = \begin{cases} l\left(\frac{3-x}{2}\right) & \text{für} \quad x \leq 3 \\ 1 & \text{für } 3 < x \leq 4 \\ r\left(\frac{x-4}{1}\right) & \text{für} \quad x > 4 \end{cases}$$
$$= \begin{cases} \max\{0, -\frac{1}{2} + \frac{1}{2}x\} & \text{für} \quad x \leq 3 \\ 1 & \text{für } 3 < x \leq 4 \\ e^{-(x-4)^2} & \text{für} \quad x > 4 \end{cases}$$

(Figur 3.11).

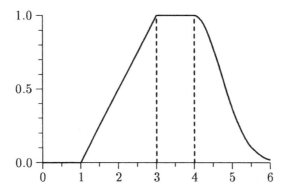

Figur 3.11: Zugehörigkeitsfunktion für *lr*-Fuzzy-Intervall aus Beispiel 3.17a

b) Wählt man $l(u) = r(u) = \max\{0, 1 - u\}$, erhält man mit

$$\mu(x) = \begin{cases} \max\{0, 1 - \frac{m-x}{a}\} & \text{für } x \leqq m \\[2mm] \max\{0, 1 - \frac{x-m}{b}\} & \text{für } x \geqq m \end{cases}$$

aufgrund der Linearität der Gestaltfunktionen eine dreiecksförmige unscharfe Zahl (Figur 3.12). Mit einer entsprechenden Erweiterung im mittleren Bereich ergeben diese Referenzfunktionen trapezförmige unscharfe Intervalle (Figur 3.12 und 3.4).

Die hier eingeführte spezielle Repräsentationsform für unscharfe Mengen wird bei der Behandlung der Fuzzy-Arithmetik in Abschnitt 4.3 wieder aufgegriffen. Dort werden die sich aus dieser Darstellung ergebenden Vorteile bezüglich der Rechenoperationen mit unscharfen Mengen ersichtlich.

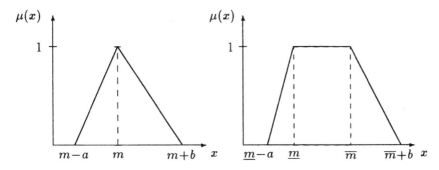

Figur 3.12: Dreiecks- bzw. trapezförmige unscharfe Zahlen bzw. Intervalle

4. Grundlagen unscharfer Entscheidungsmodelle

Die im vorangegangenen Kapitel eingeführten allgemeinen Begriffe und Möglichkeiten der Unschärfenmodellierung werden nun in Zusammenhang mit unscharfen Entscheidungsmodellen gebracht. Von zentraler Bedeutung ist dabei der Begriff der unscharfen Entscheidung, der auf vagen Formulierungen des Entscheidungsträgers innerhalb von Planungs- und Entscheidungssituationen basiert.

4.1 Unscharfe Entscheidungen

Zielvorstellungen werden beispielsweise durch Angaben wie „hoher Marktanteil", „gutes finanzielles Ergebnis" oder „geringe Umweltbeslastung" beschrieben. Beschränkungen bezüglich der zur Verfügung stehenden Handlungsalternativen kommen durch Ausdrucksweisen wie beispielsweise „die Liquiditätslage sollte nicht zu angespannt sein" oder „das Budget sollte nicht wesentlich überschritten werden" zum Ausdruck. Folgende **Gründe** können für derartige unscharfe Beschreibungen vorliegen:

- Bei der Formulierung mehrerer Ziele, deren gleichzeitige Verfolgung Konflikte auslöst, führen unscharfe Beschreibungen dazu, daß der Lösungsraum nicht von vorneherein zu sehr eingeengt wird.

- Entscheidungsträger reagieren auf die Komplexität eines Problems oft nicht nur durch die Bildung von Wahrscheinlichkeiten, sondern adaptieren die damit zusammenhängende Unbestimmtheit auch sprachlich.

Soll diese Unschärfe bei der Modellierung und Lösung berücksichtigt werden, stehen dem Entscheidungsträger nach *Mechler (1994, S. 34)* drei Möglichkeiten offen:

- Das unscharf formulierte Problem kann durch ein konventionelles „scharfes" Modell approximiert werden. Dabei besteht die Gefahr, daß durch eine zu enge Modellformulierung nicht mehr das eigentliche Problem gelöst wird.

- Der Entscheidungsträger kann sich damit begnügen, das Problem verbal zu formulieren, muß aber dadurch auch eine wenig informative Lösung in Kauf nehmen.

- Sowohl bei der Formulierung eines Entscheidungsmodelles als auch bei der Bestimmung der entsprechenden Lösung kann die Theorie der unscharfen Mengen herangezogen werden.

Das Konzept der unscharfen Mengen versucht gerade die in den obenstehenden Beispielen zum Ausdruck kommenden subjektiven Beschreibungen und die ihnen zugrundeliegende Unschärfe zu erfassen und in die Modellierung mit aufzunehmen. Deshalb wird der letztgenannte Punkt als Ausgangspunkt für die in dieser Arbeit vorgestellten Modelle benutzt und es wird gezeigt, inwieweit unscharfe Entscheidungen aus entsprechenden Modellformulierungen abgeleitet werden können.

In konventionellen Entscheidungsmodellen werden zulässige und unzulässige Handlungsalternativen scharf voneinander abgegrenzt, obwohl derartige Festlegungen in vielen Entscheidungssituationen nicht realistisch erscheinen. Zudem werden auch die die Zulässigkeit beschreibenden Restriktionen und die Ziele streng voneinander getrennt, obwohl beobachtet werden kann, daß Entscheidungsträger bei ihren Problembeschreibungen oft nur sehr schwer zwischen Restriktionen und Zielen unterscheiden können.

Diesen Problemen kann man begegnen, indem eine veränderte Sichtweise bei der Festlegung von optimalen Handlungsalternativen eingenommen wird. Der scharfen Abgrenzung zwischen Zulässigkeit und Unzulässigkeit kann dadurch begegnet werden, daß die Restriktionen als unscharfe Mengen modelliert werden. Sind Ziele und Restriktionen nicht klar voneinander zu trennen, sollten konsequenterweise auch die Ziele unscharf modelliert werden. Benutzt man **Anforderung als Oberbegriff** für die in ein Entscheidungsproblem zu berücksichtigenden r Ziele und p Restriktionen und verknüpft dies mit dem **umgangssprachlichen Begriff „und"**, kann die Festlegung optimaler Handlungsalternativen durch folgende Formulierung beschrieben werden:

> „Gesucht werden die Alternativen a^*, welche Anforderung 1 und Anforderung 2 und ... Anforderung $(r+p)$ bestmöglich erfüllen."

In dieser Formulierung werden Ziele und Restriktionen völlig gleichwertig behandelt, wobei das in obenstehender Formulierung benutzte umgangssprachliche „und" nicht eindeutig festgelegt ist. Aus diesem Grund wird in der folgenden Definition einer unscharfen Entscheidung allgemein von einer Zusammenfassung unscharfer Restriktionen und Ziele gesprochen, die einerseits noch spezifiziert werden muß, andererseits aber das Grundprinzip unscharfer Entscheidungsmodelle klar zum Ausdruck bringt.

Definition 4.1
Sind in einem Entscheidungsmodell sowohl die Ziele $g_1, \ldots, g_r$ als auch die den Aktionenraum A beschreibenden Restriktionen $r_1, \ldots, r_p$ durch unscharfe Mengen $\widetilde{G}_1, \ldots, \widetilde{G}_r$ bzw. $\widetilde{R}_1, \ldots, \widetilde{R}_p$ in A darstellbar, dann wird eine **unscharfe Entscheidung** *durch eine unscharfe Menge $\widetilde{D}$ dargestellt, die aus*

einer **Zusammenfassung** der unscharfen Mengen $\widetilde{G}_1, \ldots, \widetilde{G}_r, \widetilde{R}_1, \ldots, \widetilde{R}_p$ resultiert. *Die Zugehörigkeitsfunktion $\mu_{\widetilde{D}} : A \to [0,1]$ beschreibt, zu welchem
Grad $\mu_{\widetilde{D}}(a)$ ein Element $a \in A$ den gestellten Anforderungen an die Entscheidung genügt.*
Aktionen a^*, die bezüglich der unscharfen Entscheidung $\widetilde{D}$ den höchsten Zugehörigkeitsgrad besitzen, also

$$\mu_{\widetilde{D}}(a^*) = \max_{a_i \in A} \mu_{\widetilde{D}}(a_i) \,,$$

werden als **optimale Entscheidung** bezeichnet.

Die Zusammenfassung von unscharfen Restriktionen $\widetilde{R}_1, \ldots, \widetilde{R}_p$ und unscharfen Zielen $\widetilde{G}_1, \ldots, \widetilde{G}_r$ wird durch eine **Verknüpfung** der ihnen zugrundelie-
genden Zugehörigkeitsfunktionen $\mu_{\widetilde{R}_1}, \ldots, \mu_{\widetilde{R}_p}, \mu_{\widetilde{G}_1}, \ldots, \mu_{\widetilde{G}_r}$ erklärt. Im folgenden Beispiel wird eine einfache Verknüpfungsmöglichkeit ausgewählt, um
das Konstrukt der unscharfen Entscheidung zu verdeutlichen, bevor im nächsten Abschnitt auf die Vielfalt der Verknüpfungsmöglichkeiten eingegangen
wird.

Beispiel 4.2
*Für ein Warenlager soll der optimale Bestand für ein Produkt bestimmt wer-
den. Ziel ist es, einen Bestand zu halten, der eine ungestörte Lieferbereitschaft
aufrechterhält. Dieses Ziel sei als unscharfe Menge „ungestörte Lieferbereit-
schaft" $\widetilde{G}$ in $\mathbb{R}_+$ mit $x \in \mathbb{R}_+$ als Lagerbestand[1] und der Zugehörigkeitsfunktion*

$$\mu_{\widetilde{G}}(x) = \begin{cases} \max\left\{0, -\dfrac{1}{4} + \dfrac{1}{200}x\right\} & \text{für } 0 \leqq x \leqq 250 \\ 1 & \text{für } x > 250 \end{cases}$$

*gegeben. Andererseits soll der Lagerbestand für das Produkt aufgrund be-
grenzter Kapazitäten nicht allzu hoch sein. Diese Restriktion wird durch die
unscharfe Menge „akzeptable Kapazitätsauslastung" $\widetilde{R}$ in $\mathbb{R}_+$ mit der Zugehörigkeitsfunktion*

$$\mu_{\widetilde{R}}(x) = \begin{cases} 1 & \text{für } 0 \leqq x \leqq 100 \\ \max\left\{0, 2 - \dfrac{1}{100}x\right\} & \text{für } x > 100 \end{cases}$$

*zum Ausdruck gebracht. Damit können die Zugehörigkeitsgrade auch als Er-
füllungsgrade interpretiert werden.*

*Eine Möglichkeit der Zusammenfassung des unscharfen Zieles $\widetilde{G}$ und der
unscharfen Restriktion $\widetilde{R}$ ist die elementweise Bestimmung des Minimums der
Zugehörigkeitsfunktionen $\mu_{\widetilde{G}}$ und $\mu_{\widetilde{R}}$. Man erhält die unscharfe Entscheidung
$\widetilde{D}_1$ in $\mathbb{R}_+$ mit der Zugehörigkeitsfunktion (Figur 4.1)*

---

[1]Wie in der entscheidungstheoretischen Literatur üblich, werden im folgenden die Elemente eines stetigen Aktionenraums mit x und die Elemente eines diskreten Aktionenraums
mit a_i bezeichnet.

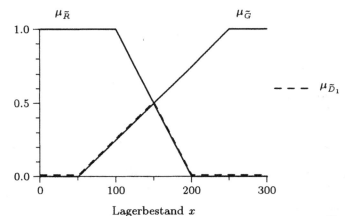

Figur 4.1: Darstellung der unscharfen Entscheidung $\tilde{D}_1$

$$\mu_{\tilde{D}_1}(x) = \min\{\mu_{\tilde{G}}(x), \mu_{\tilde{R}}(x)\} = \begin{cases} \mu_{\tilde{G}}(x) & \text{für } 0 \leqq x \leqq 150 \\ \mu_{\tilde{R}}(x) & \text{für } x > 150 \end{cases},$$

deren Zugehörigkeitsgrade zum Ausdruck bringen, inwieweit ein Lagerbestand gleichzeitig eine ungestörte Lieferbereitschaft und eine akzeptable Kapazitätsauslastung erfüllt.
Der optimale Lagerbestand ist demnach $x_1^* = 150$ mit

$$\mu_{\tilde{D}_1}(x_1^*) = \max_{x \in \mathbb{R}_+} \min\{\mu_{\tilde{G}}(x), \mu_{\tilde{R}}(x)\} = \frac{1}{2} \ .$$

Damit kommt durch die Verwendung des Minimum-Operators eine vorsichtige Grundhaltung des Entscheidungsträgers zum Ausdruck. Der optimale Lagerbestand wird so gewählt, daß das Minimum der Erfüllungsgrade von ungestörter Lieferbereitschaft und aktzeptabler Kapazitätsauslastung maximal ist.

Die optimale Entscheidung entspricht der strikten Auswahl einer Handlungsalternative, wie sie auch bei konventionellen Entscheidungsmodellen durchgeführt wird, während die unscharfe Entscheidung Informationen zu jeder Handlungsalternative enthält. Deshalb kann auch die unscharfe Entscheidung $\tilde{D}$ dem Entscheidungsträger als entscheidungsunterstützendes Element im Planungsprozeß in entsprechend aufbereiteter Form vorgelegt werden. Die Struktur dieser unscharfen Menge zeigt, inwieweit höhere Zugehörigkeitswerte bei den Zielen auf Kosten geringerer Werte bei den Restriktionen bzw. höhere Werte bei den Restriktionen auf Kosten geringerer Zugehörigkeitswerte bei den Zielen erreicht werden können.
    Eine allgemeine Darstellung und Kategorisierung der möglichen Operatoren zur Zusammenfassung unscharfer Restriktionen und unscharfer Ziele oder allgemein unscharfer Mengen sind Gegenstand des folgenden Abschnitts.

Welcher der Operatoren letztendlich eingesetzt wird, ist innerhalb konkreter Entscheidungssituationen vom Entscheidungsträger festzulegen. Allgemeine Hinweise, die bei der Auswahl zu berücksichtigen sind, werden nach der Vorstellung der einzelnen Operatoren angeführt.

4.2 Operatoren zur Zusammenfassung unscharfer Mengen

Zur Festlegung unscharfer Entscheidungen nach Definition 4.1 ist eine Zusammenfassung unscharfer Mengen notwendig. In der konventionellen Mengenlehre existieren zur Zusammenfassung von Mengen der Durchschnitt, der dem logischen UND (Konjunktion) entspricht und die Vereinigung, die aus dem logischen ODER (Disjunktion) der zweiwertigen Aussagenlogik abzuleiten ist (*Opitz, 1995, S. 96*). Die **Bedeutung des Begriffes „und"** im Zusammenhang mit der Beschreibung einer optimalen Handlungsalternative auf Seite 46 kann jedoch stark von seiner Bedeutung in der klassischen zweiwertigen Logik abweichen. Empirische Untersuchungen von *Hersh, Caramazza (1976)*, *Thole u.a. (1979)*, *Dyckhoff, Pedrycz (1983)* und *Zimmermann, Zysno (1983)* haben aufgezeigt, daß die umgangssprachliche Verwendung von „und" einen Mangel an begrifflicher Schärfe aufweist und vom jeweiligen Kontext abhängt.

In der bisher erschienenen Literatur zu diesem Themengebiet wird deshalb eine Vielzahl von Möglichkeiten zur Zusammenfassung unscharfer Mengen angeboten (z.B. *Czogala, Zimmermann, 1984; Dubois, Prade, 1983a; Bonissone, Decker, 1986; Lowen, 1996*). Übereinstimmung herrscht darin, daß in die Abbildungsvorschrift für die Zugehörigkeitsfunktionen der zusammengefaßten Menge die Zugehörigkeitsfunktionen der zu aggregierenden unscharfen Mengen eingehen sollen und eine elementweise Berechnung zugrundegelegt werden soll.

Für die weiteren Ausführungen wird eine **allgemeine Schreibweise** für die Zugehörigkeitsfunktion μ_* einer unscharfen Menge $\widetilde{U}_*$ in X, die aus einer Zusammenfassung von unscharfen Mengen $\widetilde{U}_1, \widetilde{U}_2$ in X entsteht, eingeführt. μ_* wird dabei als Komposition von den Abbildungen

$$h : X \longrightarrow [0,1] \times [0,1] \quad \text{mit } h(x) = \begin{pmatrix} \mu_1(x) \\ \mu_2(x) \end{pmatrix} \quad \text{und}$$

$$* : [0,1] \times [0,1] \longrightarrow [0,1]$$

dargestellt, d.h.

$$\mu_* = * \circ h : X \longrightarrow [0,1] \quad \text{mit}$$

$$\mu_*(x) = *(h(x)) = * \begin{pmatrix} \mu_1(x) \\ \mu_2(x) \end{pmatrix}.$$

Die Abbildung $*$ legt damit die Verknüpfungsregel für die Zugehörigkeitsgrade $\mu_1(x)$ und $\mu_2(x)$ fest, beispielsweise ergibt sich mit (vgl. Beispiel 4.2)

$$* \begin{pmatrix} a \\ b \end{pmatrix} = \min\{a, b\}, \quad a, b \in [0, 1]$$

die Zugehörigkeitsfunktion[2]

$$\mu_{\min} = * \circ h : X \longrightarrow [0, 1] \quad \text{mit}$$

$$\mu_{\min}(x) = \min\{\mu_1(x), \mu_2(x)\} .$$

Die Zugehörigkeitsfunktion der zusammengefaßten unscharfen Menge wird damit durch die Abbildungsvorschrift $* \begin{pmatrix} a \\ b \end{pmatrix}$ - im weiteren Operator genannt - eindeutig festgelegt.

Das als Beispiel aufgeführte Minimum wurde von *Zadeh (1965)* als eine Möglichkeit zur Festlegung eines Durchschnitts unscharfer Mengen eingeführt. Für die Vereinigung wählte er das Maximum, d.h.

$$* \begin{pmatrix} a \\ b \end{pmatrix} = \max\{a, b\} .$$

Dies führt zur Zugehörigkeitsfunktion

$$\mu_{\max} = * \circ h : X \longrightarrow [0, 1] \quad \text{mit}$$

$$\mu_{\max}(x) = \max\{\mu_1(x), \mu_2(x)\} .$$

Wird der Wertebereich der Zugehörigkeitsfunktionen auf die Menge $\{0, 1\}$ reduziert, entsprechen die Minimum- bzw. Maximumbildung dem Durchschnitt bzw. der Vereinigung bei konventionellen Mengen. Diese Festlegungen erscheinen plausibel, sie sind aber nicht die einzig denkbaren. Stellt man die Forderung auf, daß andere Festlegungen ebenfalls eine Übertragung der konventionellen Durchschnitts- und Vereinigungsbildung darstellen sollen, gelangt man zu Operatoren, die als t-Normen (Durchschnitt) und t-Conormen (Vereinigung) in der Literatur eingeführt wurden (siehe beispielsweise *Weber, 1983*).

Definition 4.3
Ein Operator $* : [0, 1] \times [0, 1] \rightarrow [0, 1]$ *wird als **t-Norm** bezeichnet, wenn folgende Bedingungen erfüllt sind:*

- $*$ *ist monoton steigend, d.h.*

$$\forall a, b, c, d \in [0, 1] : a \leq c \wedge b \leq d \implies *(a, b) \leq *(c, d) .$$

- $*$ *ist kommutativ, d.h.*

$$\forall a, b \in [0, 1] : *(a, b) = *(b, a) .$$

[2]Um die unterschiedlichen Definitionen des Durchschnitts bzw. der Vereinigung unscharfer Mengen durch das Funktionssymbol für die Zugehörigkeitsfunktion unterscheiden zu können, wird in den weiteren Ausführungen anstelle des Index $*$ eine andere Bezeichnung, die in Bezug zur jeweiligen Festlegung von $*$ steht, verwendet.

- ∗ *ist assoziativ, d.h.*

$$\forall a, b, c \in [0,1] : *(a, *(b,c)) = *(*(a,b),c) \ .$$

- ∗ *besitzt als neutrales Element die 1, d.h.*

$$\forall a \in [0,1] : *(1,a) = *(a,1) = a \ .$$

Übertragen auf die Zusammenfassung unscharfer Mengen, besagt die Forderung der Assoziativität, daß die Reihenfolge, in der jeweils zwei unscharfe Mengen zusammengefaßt werden, nicht von Belang ist. Deshalb kann man sich bei der expliziten Angabe der Abbildungsvorschrift von t-Normen auf zwei unscharfe Mengen beschränken und die Einbeziehung von mehr als zwei Mengen rekursiv ableiten.

In der Literatur wurde eine Reihe von t-Normen zur Zusammenfassung unscharfer Mengen vorgeschlagen. Die Reihenfolge der in Tabelle 4.1 zusammengestellten t-Normen ist so gewählt, daß die erstgenannten parameterfreien Operatoren zu den niedrigsten Aggregationsergebnissen und die letztgenannten parameterfreien Operatoren zu den größtmöglichen Aggregationsergebnissen führen. Eine Ausnahme stellt das algebraische Produkt dar, das auch zu Werten führen kann, die größer als beim Minimum-Operator sind. Für die parametrischen Operatoren werden zusätzlich Bereiche für die Aggregationsergebnisse in Abhängigkeit vom jeweiligen Parameter angegeben.

Beispiel 4.4

In Beispiel 4.2 wurde der Minimum-Operator und damit eine spezielle t-Norm zur Berechnung der unscharfen Entscheidung benutzt. Eine weitere Möglichkeit ist die Zusammenfassung der unscharfen Menge $\widetilde{G}$ (= ungestörte Lieferbereitschaft) und $\widetilde{R}$ (= akzeptable Kapazitätsauslastung) über das **algebraische Produkt.** *Dadurch ergibt sich die unscharfe Entscheidung $\widetilde{D}_2$ mit (Figur 4.2)*

$$\mu_{\widetilde{D}_2}(x) = \mu_{\widetilde{G}}(x) \cdot \mu_{\widetilde{R}}(x) = \begin{cases} 0 & \text{für } 0 \leq x \leq 50 \\ -\dfrac{1}{2} + \dfrac{1}{80}x - \dfrac{1}{20000}x^2 & \text{für } 50 < x \leq 200 \\ 0 & \text{für } x > 200 \end{cases} \ ,$$

die entsprechend zur Verwendung des Minimums eine vorsichtige Grundhaltung ausdrückt. Der optimale Lagerbestand ist in diesem Fall $x_2^* = 125$ mit

$$\mu_{\widetilde{D}_2}(x_2^*) = \max_{x \in \mathbb{R}_+} \{\mu_{\widetilde{G}}(x) \cdot \mu_{\widetilde{R}}(x)\} = 0.28125 \ .$$

Yager's t-Norm mit $p = 1$ bzw. die **beschränkte Differenz** *führt zur unscharfen Entscheidung $\widetilde{D}_3$ mit (Figur 4.2)*

Bezeichnung	Operator $*\binom{a}{b} =$
Parameterfreie Operatoren	
Drastisches Produkt	$\begin{cases} a \text{ für } b = 1 \\ b \text{ für } a = 1 \\ 0 \text{ sonst} \end{cases}$
Beschränkte Differenz	$\max\{0, a + b - 1\}$
Algebraisches Produkt	$a \cdot b$
Hamacher Produkt	$\dfrac{ab}{a + b - ab}$
Minimum	$\min\{a, b\}$
Parametrische Operatoren	
Hamachers t-Normen	$\dfrac{ab}{\gamma + (1 - \gamma)(a + b - ab)}, \quad \gamma \in \mathbb{R}_+$
	$\gamma = 0$: Hamacher Produkt
	$\gamma \to \infty$: drastisches Produkt
Dubois-Prades t-Normen	$\dfrac{ab}{\max\{a, b, \gamma\}}, \quad \gamma \in \langle 0, 1 \rangle$
	$\gamma \to 0$: Minimum
	$\gamma \to 1$: algebraisches Produkt
Yagers t-Normen	$\max\left\{0, (1 - (1 - a)^p + (1 - b)^p)^{\frac{1}{p}}\right\}$
	$p \in [1, +\infty\rangle$
	$p = 1$: beschränkte Differenz
	$p \to \infty$: Minimum

Tabelle 4.1: Zusammenstellung einiger t-Normen

$$\mu_{\tilde{D}_3}(x) = \max\{0; \mu_{\tilde{G}}(x) + \mu_{\tilde{R}}(x) - 1\} = \begin{cases} 0 & \text{für } 0 \leq x \leq 50 \\ -\dfrac{1}{4} + \dfrac{1}{200}x & \text{für } 50 < x \leq 100 \\ \dfrac{3}{4} - \dfrac{1}{200}x & \text{für } 100 < x \leq 150 \\ 0 & \text{für } x > 150 \end{cases}$$

Der optimale Lagerbestand liegt in diesem Fall bei $x_3^* = 100$ mit

$$\mu_{\tilde{D}_3}(x_3^*) = \max_{x \in \mathbf{R}_+} \max\{\mu_{\tilde{G}}(x) + \mu_{\tilde{R}}(x) - 1\} = 0.25 \ .$$

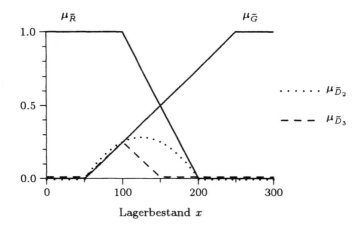

Figur 4.2: Darstellung der unscharfen Entscheidungen $\widetilde{D}_2$, $\widetilde{D}_3$

In entsprechender Weise stellen t-Conormen Operatoren dar, die als Übertragung der Vereinigung konventioneller Mengen auf unscharfe Mengen interpretiert werden können. Diese Operatoren werden aus Gründen der Vollständigkeit aufgeführt. Sie kommen im Zusammenhang mit unscharfen Entscheidungen nicht zum Einsatz, da sie eine Zusammenfassung unscharfer Mengen im Sinne einer „oder"-Verknüpfung modellieren würden.

Definition 4.5
Ein Operator $* : [0,1] \times [0,1] \rightarrow [0,1]$ *wird als* t-**Conorm** *bezeichnet, wenn folgende Bedingungen erfüllt sind:*

- $*$ *ist monoton steigend, d.h.*

$$\forall a,b,c,d \in [0,1] : a \leqq c \wedge b \leqq d \implies *(a,b) \leqq *(c,d) \ .$$

- $*$ *ist kommutativ, d.h.*

$$\forall a,b \in [0,1] : *(a,b) = *(b,a) \ .$$

- $*$ *ist assoziativ, d.h.*

$$\forall a,b,c \in [0,1] : *(a,*(b,c)) = *(*(a,b),c) \ .$$

- $*$ *besitzt als neutrales Element die 0, d.h.*

$$\forall a \in [0,1] : *(0,a) = *(a,0) = a \ .$$

Einziger Unterschied zur t-Norm ist damit das neutrale Element. Jede t-Conorm $*_{\text{Conorm}}$ hängt mit einer t-Norm $*_{\text{Norm}}$ gemäß

$$*_{\text{Conorm}}(a, b) = 1 - *_{\text{Norm}}(1 - a, 1 - b)$$

zusammen. Damit ergeben sich die in Tabelle 4.2 aufgeführten Vertreter dieser Operatoren aus den t-Normen der Tabelle 4.1.

Bezeichnung	Operator $*\binom{a}{b} =$
Parameterfreie Operatoren	
Drastische Summe	$\begin{cases} a \text{ für } b = 0 \\ b \text{ für } a = 0 \\ 1 \text{ sonst} \end{cases}$
Beschränkte Summe	$\min\{1, a + b\}$
Algebraische Summe	$a + b - ab = 1 - (1 - a)(1 - b)$
Hamacher Summe	$\dfrac{a + b - 2ab}{1 - ab}$
Maximum	$\max\{a, b\}$
Parametrische Operatoren	
Hamachers t-Conormen	$\dfrac{a + b - (2 - \gamma)ab}{1 - (1 - \gamma)ab}, \quad \gamma \in \mathbb{R}_+$ $\gamma = 0$: Hamacher Summe $\gamma \to \infty$: drastische Summe
Dubois-Prades t-Conormen	$\dfrac{a + b - ab - \min\{a, b, 1 - \gamma)}{\max\{1 - a, 1 - b, \gamma\}}, \quad \gamma \in \langle 0, 1 \rangle$ $\gamma \to 0$: Maximum $\gamma \to 1$: algebraische Summe
Yagers t-Conormen	$\min\left\{1, (a^p + b^p)^{\frac{1}{p}}\right\}$ $p \in [1, +\infty\rangle$ $p = 1$: beschränkte Summe $p \to \infty$: Maximum

Tabelle 4.2: Zusammenstellung einiger t-Conormen

Die Reihenfolge der parameterfreien Operatoren ist so gewählt, daß die erstgenannten Operatoren zu den höchsten Aggregationsergebnissen und die letztgenannten zu den niedrigsten Aggregationsergebnissen innerhalb der t-Conormen führen. Eine Ausnahme stellt hier die algebraische Summe dar, die zu höheren Ergebnissen führen kann, als sie beim Maximum-Operator erreicht werden. Für die parameterfreien Operatoren sind Bereiche für die Aggregationsergebnisse angegeben, die in Abhängigkeit vom Parameter erreicht werden können.

Eine ausführliche Darstellung von insgesamt 50 t-Normen und t-Conormen und deren Eigenschaften findet man in *Lowen (1996, S. 65-114)*. In vielen Anwendungen, unter anderem auch bei Modellen aus der Unternehmensplanung, sind weitere Verknüpfungsmöglichkeiten unscharfer Mengen von Interesse.

Empirische Untersuchungen (beispielsweise bei *Zimmermann, Zysno, 1983*) ergaben, daß das umgangssprachliche „und" nicht in allen Fällen durch t-Normen modelliert werden kann (Figur 4.3).

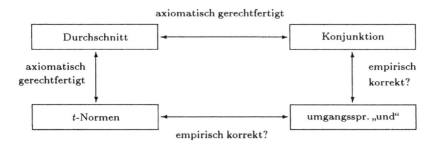

Figur 4.3: Verhältnis des umgangssprachlichen „und" zum Durchschnitt

Es konnte gezeigt werden, daß **mittelnde Operatoren** in diesen Fällen besser geeignet sind. Sie tragen der Tatsache Rechnung, daß Vor- und Nachteile oft miteinander aufgerechnet werden können. Da nicht alle mittelnden Operatoren die Eigenschaft der Assoziativität besitzen, müssen die Abbildungsvorschriften für die Zusammenfassung von n unscharfen Mengen angegeben werden. Dies bedeutet, daß die Zugehörigkeitsfunktion $\mu_{*'}$ einer unscharfen Menge $\widetilde{U}_{*'}$ in X aus einer Zusammenfassung von n unscharfen Mengen $\widetilde{U}_1, \ldots, \widetilde{U}_n$ in X mit den Zugehörigkeitsfunktionen $\mu_1, \ldots, \mu_n$ entsteht, wobei $\mu_{*'}$ als Komposition der Abbildungen

$$h' : X \longrightarrow [0,1]^n \quad \text{mit } h'(x) = \begin{pmatrix} \mu_1(x) \\ \vdots \\ \mu_n(x) \end{pmatrix} \quad \text{und} \quad *' : [0,1]^n \longrightarrow [0,1]$$

aufgefaßt werden kann, d.h.

$$\mu_{*'} = *' \circ h' : X \longrightarrow [0,1] \quad \text{mit}$$

$$\mu_{*'}(x) = *'(h'(x)) = *' \begin{pmatrix} \mu_1(x) \\ \vdots \\ \mu_n(x) \end{pmatrix} .$$

Beispiele für mittelnde Operatoren, die Werte zwischen den Ergebnissen der t-Normen und t-Conormen liefern, sind in Tabelle 4.3 zusammengestellt. Innerhalb der parametrischen Operatoren nimmt der **σ-Operator** eine Aus-

Bezeichnung	Operator $*'(a_1, \ldots, a_n) =$
Parameterfreie Operatoren	
Arithmetisches Mittel	$\dfrac{1}{n}\sum_{i=1}^{n} a_i$
Gewichtetes arithm. Mittel	$\sum_{i=1}^{n} \alpha_i a_i$ mit $\sum_{i=1}^{n} \alpha_i = 1$
Geometrisches Mittel	$\prod_{i=1}^{n} a_i^{\frac{1}{n}}$
Gewichtetes geom. Mittel	$\left(\prod_{i=1}^{n} a_i^{\beta_i}\right)^{\frac{1}{n}}$ mit $\sum_{i=1}^{n} \beta_i = n$
Parametrische Operatoren	
γ-Operator mit $\gamma \in [0,1]$	$\left(\prod_{i=1}^{n} a_i\right)^{1-\gamma} \cdot \left(1 - \prod_{i=1}^{n}(1 - a_i)\right)^{\gamma}$ $\gamma = 0$: algebraisches Produkt $\gamma = 1$: algebraische Summe
ϵ-Operator mit $\epsilon \in [0,1]$	$(1 - \epsilon) \cdot \min\{a_1, \ldots, a_n\}+$ $+\epsilon \cdot \max\{a_1, \ldots, a_n\}$ $\epsilon = 0$: Minimum $\epsilon = 1$: Maximum
Fuzzy-und mit $\lambda \in [0,1]$	$\lambda \cdot \min\{a_1, \ldots, a_n\} + (1 - \lambda) \cdot \dfrac{1}{n}\sum_{i=1}^{n} a_i$ $\lambda = 0$: arithmetisches Mittel $\lambda = 1$: Minimum
Fuzzy-oder mit $\lambda \in [0,1]$	$\lambda \cdot \max\{a_1, \ldots, a_n\} + (1 - \lambda) \cdot \dfrac{1}{n}\sum_{i=1}^{n} a_i$ $\lambda = 0$: arithmetisches Mittel $\lambda = 1$: Maximum
σ-Operator	$\sigma a_1 + \dfrac{1 - \sigma}{n - 1}\sum_{i=1}^{n} a_i$

Tabelle 4.3: Zusammenstellung einiger mittelnder Operatoren

nahmestellung ein, da auch für die Wahl des Parameters σ einige Anhalts-
punkte gegeben werden können. In seiner Grundform lautet er:

$$*'(a_1, \ldots, a_n) = \sigma a_1 + \frac{1-\sigma}{n-1} \sum_{i=2}^{n} a_i \quad \text{bzw.}$$

$$\mu_{*'}(x) = *'(h'(x)) = \sigma \mu_1(x) + \frac{1-\sigma}{n-1} \sum_{i=2}^{n} \mu_i(x)$$

Diesem Operator liegt die empirische Beobachtung zugrunde, daß bei der Bildung unscharfer Entscheidungen oft die Notwendigkeit besteht, die Dominanz
einer in die Zusammenfassung eingehenden unscharfen Menge in Abhängigkeit von den Werten der ihr zugrundeliegenden Zugehörigkeitsfunktion μ_1 zu
beschreiben. Durch geeignete Wahl von σ kann dies erreicht werden:

- $\sigma = \max\{\frac{1}{n}, \mu_1\}$
  Solange $\mu_1 \leq \frac{1}{n}$ ist, entspricht der σ-Operator dem arithmetischen Mittel. Ist $\mu_1 > \frac{1}{n}$, steigt σ und damit der Einfluß von μ_1 auf das Ergebnis. Will man diesen Einfluß begrenzen und den restlichen Werten
  $\mu_2, \ldots, \mu_n$ ein Mindestgewicht v zukommen lassen, wird dies durch

- $\sigma = \min\{1 - v, \max\{\frac{1}{n}, \mu_1\}\}$
  erreicht. Umgekehrt erreicht man mit

- $\sigma = \max\{\frac{1}{n}, 1 - \mu_1\}$,
  daß geringe Werte für μ_1 hohes Gewicht im Ergebnis erhalten.

Beispiel 4.6
*Bezogen auf das Lagerhaltungsbeispiel 4.2 ist auch der Einsatz mitteln-
der Operatoren zur Festlegung einer unscharfen Entscheidung denkbar. Das
arithmetische Mittel führt zur unscharfen Entscheidung $\widetilde{D}_4$ mit
(Figur 4.4)*

$$\mu_{\widetilde{D}_4}(x) = \begin{cases} 0.5 & \text{für } 0 \leq x \leq 50 \\ \dfrac{3}{8} + \dfrac{1}{400}x & \text{für } 50 < x \leq 100 \\ \dfrac{7}{8} - \dfrac{1}{400}x & \text{für } 100 < x \leq 200 \\ -\dfrac{1}{8} + \dfrac{1}{400}x & \text{für } 200 < x \leq 250 \\ 0 & \text{für } x > 250 \end{cases} \quad .$$

Der optimale Lagerbestand ist $x_4^* = 100$ mit

$$\mu_{\widetilde{D}_4}(x_2^*) = \max_{x \in \mathbb{R}_+} \{\frac{1}{2}(\mu_{\widetilde{G}}(x) + \mu_{\widetilde{R}}(x))\} = 0.625 \quad .$$

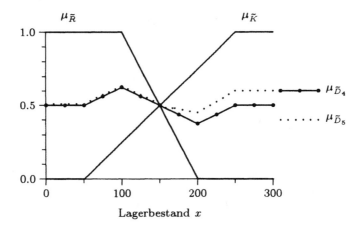

Figur 4.4: Darstellung der unscharfen Entscheidungen $\widetilde{D}_4, \widetilde{D}_5$

Verwendet man den **σ-Operator** mit der Eigenschaft, daß die Bedeutung der ungestörten Lieferbereitschaft $\widetilde{G}$ mit steigenden Erfüllungsgraden $\mu_{\widetilde{D}_5}(x)$ bezüglich der unscharfen Entscheidung $\widetilde{D}_5$ ebenfalls steigt und der akzeptablen Kapazitätsauslastung ein Mindestgewicht von 0.6 zukommt, ist σ wie folgt zu wählen:

$$\sigma = \min\left\{0.6, \max\left\{0.5, \mu_{\widetilde{G}}(x)\right\}\right\}$$

Damit ist σ festgelegt durch

$$\begin{aligned}
\sigma &= 0.5 && \text{für } x \leqq 150 \\
\sigma &= \mu_{\widetilde{G}}(x) && \text{für } 150 < x \leqq 170 \\
\sigma &= 0.6 && \text{für } x > 170
\end{aligned}$$

und der σ-Operator führt zur unscharfen Entscheidung $\widetilde{D}_5$ mit (Figur 4.4)

$$\mu_{\widetilde{D}_5}(x) = \sigma\mu_{\widetilde{G}}(x) + (1-\sigma)\mu_{\widetilde{R}}(x) = \begin{cases}
\mu_{\widetilde{D}_4}(x) & \text{für } 0 \leqq x \leqq 150 \\
\dfrac{41}{16} - \dfrac{1}{40}x + \dfrac{3}{40000}x^2 & \text{für } 150 < x \leqq 170 \\
\dfrac{13}{20} - \dfrac{1}{1000}x & \text{für } 170 < x \leqq 200 \\
-\dfrac{3}{20} + \dfrac{3}{1000}x & \text{für } 200 < x \leqq 250 \\
0.6 & \text{für } x > 250
\end{cases}$$

Der optimale Lagerbestand ist wie beim arithmetischen Mittel $x_5^* = 100$ mit

$$\mu_{\widetilde{D}_5}(x_5^*) = \max_{x \in \mathbf{R}_+}\left\{\sigma\mu_{\widetilde{G}}(x) + (1-\sigma)\mu_{\widetilde{R}}(x)\right\} = 0.625\ .$$

Figur 4.5 zeigt zusammenfassend die vorgestellten Operatoren, angeordnet auf einem Zahlenstrahl der aggregierten Werte.[3]

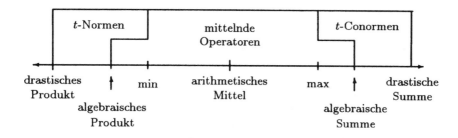

Figur 4.5: Anordnung unscharfer Mengenoperatoren

Es stellt sich die Frage, welcher Operator innerhalb einer bestimmten Anwendung zur Modellierung benutzt werden sollte. Da diese Frage nicht eindeutig beantwortet werden kann, stellen *Werners (1984, S. 157 ff.), Zimmermann (1991, S. 39 ff.)* und *Dyckhoff (1994, S. 227 f.)* Anforderungen an die Operatoren, die eine Hilfestellung bei der Auswahl geben.

- **Stärke der axiomatischen Begründung**
  Für t-Normen und t-Conormen wurden verschiedene Axiomensysteme (z.B. *Bellman, Giertz, 1973; Hamacher, 1978; Silvert, 1979; Dombi, 1982*) aufgestellt, die jedoch nicht unumstritten sind (*Rommelfanger, 1994, S. 21 f.*). Grundsätzlich sollte bei sonst gleicher Erfüllung der im folgenden genannten Eigenschaften der Operator mit dem am wenigsten restringierenden Axiomensystem benutzt werden.

- **Anpaßbarkeit an den jeweiligen Kontext**
  Wünschenswert ist ein Operatortyp, der an die jeweils spezifische Situation angepaßt werden kann. Hier besitzen die parametrischen Operatoren Vorteile. Sie können durch die Wahl der jeweiligen Parameter an den vorliegenden Sachverhalt angepaßt werden.

- **Rechnerische Effizienz**
  Bei umfangreichen Problemen spielt der Rechenaufwand eine nicht zu unterschätzende Rolle. Bezüglich dieses Kriteriums besitzen die „einfachen" Operatoren, wie beispielsweise Minimum oder Maximum, Vorteile.

- **Kompensation**
  Kompensation bedeutet bei Operatoren $*$ mit $*\binom{a}{b} = k$, $k \in [0, 1]$, daß

---

[3]Dabei ist der Fall unterstellt, daß das algebraische Produkt zu kleineren Werten als das Minimum und die algebraische Summe zu größeren Werten als das Maximum führt. Im anderen Fall sind die Grenzen entsprechend zu verändern.

bei Veränderung eines Wertes - beispielsweise a - der gleiche Funktionswert k durch eine Veränderung des anderen Wertes - also b - erreicht werden kann. Damit stellen Minimum und Maximum Beispiele für Operatoren dar, die nicht kompensatorisch sind, während der γ-Operator und das algebraische Produkt Kompensation zulassen.

Zu beachten ist, daß bei einigen Operatoren, die grundsätzlich Kompensation zulassen, nicht jeder Wert zwischen 0 und 1 ausgeglichen werden kann. Beispielsweise kann beim γ-Operator der Wert $a = 0$ durch keinen b-Wert ausgeglichen werden, um ein Ergebnis $k > 0$ zu erhalten. *Zimmermann, Gutsche (1991, S. 43)* spricht in diesem Zusammenhang vom Begriff der Kompensationsbreite, der beim γ-Operator gleich dem halboffenen Intervall $\langle 0, 1]$ ist. Allgemein gilt: je größer die Kompensationsbreite, desto besser ist der Operator.

- **Aggregationsverhalten**
  Der Zugehörigkeitsgrad der aggregierten Menge kann von der Anzahl der durch den speziellen Operator zusammengefaßten Mengen abhängen. Beispielsweise wird das Ergebnis beim algebraischen Produkt mit jeder hinzugenommenen unscharfen Menge kleiner. Diese Eigenschaft ist nicht in jeder zu modellierenden Situation sinnvoll.

Die aufgeführten Beurteilungskriterien dienen als Anhaltspunkt für die Auswahl eines geeigneten Operators auf dem Hintergrund der vorliegenden Anwendungssituation, denn „no operators are general enough for all contexts" (*Chen, Hwang, 1992, S. 62*).

4.3 Erweiterungsprinzip und Fuzzy-Arithmetik

4.3.1 Motivation des Erweiterungsprinzips

In Abschnitt 4.2 wurden Operatoren zur Zusammenfassung unscharfer Mengen dargestellt und diskutiert. Die weiteren Ausführungen behandeln ein weiteres grundlegendes Konzept der Theorie unscharfer Mengen, mit dessen Hilfe eine „Fuzzifizierung" von Abbildungen ermöglicht wird. Dieses sogenannte Erweiterungsprinzip bietet dadurch eine allgemeine **Verfahrensweise zur Übertragung von Konzepten der klassischen Mathematik auf unscharfe Mengen** an und wird von einigen entscheidungsunterstützenden Fuzzy-Methoden benutzt.

Die ursprüngliche Form dieses Prinzips wurde in den Arbeiten von *Zadeh (1965, 1975a,b)* formuliert. Bezeichnet man mit $F(X_i)$, $i = 1, \ldots, n$ die (konventionelle) Menge aller unscharfen Mengen $\widetilde{U}_i$ in X_i, $i = 1, \ldots, n$, so gibt das Erweiterungsprinzip an, in welcher Weise aus Abbildungen der Form

$$g : X_1 \times \ldots \times X_n \longrightarrow Y \quad \text{mit } g(x_1, \ldots, x_n) = y$$

Abbildungen der Form

$$\tilde{g} : F(X_1) \times \ldots \times F(X_n) \longrightarrow F(Y) \quad \text{mit } \tilde{g}(\tilde{U}_1, \ldots, \tilde{U}_n) = \tilde{U}_Y$$

konstruiert werden. Das Erweiterungsprinzip muß also festlegen, in welcher Weise aus gegebenen Größen $g, X_1, \ldots, X_n, \tilde{U}_1, \ldots, \tilde{U}_n$ die unscharfe Menge $\tilde{U}_Y$ festgelegt werden kann. Es genügt demnach, die Zugehörigkeitsfunktion $\mu_Y : Y \to [0, 1]$ auf Basis der vorgegebenen Größen zu definieren.

Zunächst wird die Vorgehensweise des Erweiterungsprinzips mit Hife eines Beispieles motiviert und anschließend die allgemeine Form angegeben. Die hier nicht weiter dargestellte formal exakte Herleitung (*Kruse u.a., 1993*) des Erweiterungsprinzips basiert auf einer mehrwertigen Logik, d.h., einer Aussage können nicht ausschließlich die Wahrheitswerte „wahr" oder „falsch" zugeordnet werden, sondern es sind auch Zwischenwerte möglich.

Beispiel 4.7
Gegeben seien die unscharfen Mengen „ungefähr 2" und „ungefähr 5", die durch unscharfe Zahlen, d.h. durch konvexe unscharfe Mengen $\tilde{U}_1$ und $\tilde{U}_2$ in $\mathbb{R}$, dargestellt werden. Es sei $\tilde{U}_1 = (2,1,1)_{lr}$ und $\tilde{U}_2 = (5,1,1)_{lr}$ mit den Gestaltfunktionen $l(u) = r(u) = \max\{0, 1 - u\}$. Die entsprechenden Zugehörigkeitsfunktionen $\mu_1, \mu_2 : \mathbb{R} \to [0,1]$ sind dann (Figur 4.6)

$$\mu_1(x) = \begin{cases} \max\{0, -1 + x\} & \text{für } x \leq 2 \\ \max\{0, 3 - x\} & \text{für } x > 2 \end{cases} ,$$

$$\mu_2(x) = \begin{cases} \max\{0, -4 + x\} & \text{für } x \leq 5 \\ \max\{0, 6 - x\} & \text{für } x > 5 \end{cases} .$$

Im folgenden sei eine „und"-Verknüpfung zweier unscharfer Mengen durch das Minimum, sowie eine „oder"-Verknüpfung durch das Maximum der Zugehörigkeitsfunktionen festgelegt. Dies wird nun benutzt, um anhand der Summation zweier reeller Zahlen, die durch die Abbildung

$$g : \mathbb{R} \times \mathbb{R} \longrightarrow \mathbb{R} \quad \text{mit } g(x_1, x_2) = y = x_1 + x_2$$

definiert ist, eine Abbildung

$$\tilde{g} : F(\mathbb{R}) \times F(\mathbb{R}) \longrightarrow F(\mathbb{R}) \quad \text{mit } \tilde{g}(\tilde{U}_1, \tilde{U}_2) = \tilde{U}_\oplus = \tilde{U}_1 \oplus \tilde{U}_2$$

auf unscharfen Mengen zu induzieren. $\tilde{U}_\oplus$ in $\mathbb{R}$ ist die unscharfe Menge, die das Bild von $(\tilde{U}_1, \tilde{U}_2)$ bezüglich der Abbildung $\tilde{g}$ beschreibt. Mit anderen Worten: $\tilde{U}_\oplus$ ist die unscharfe Menge „Summe von ungefähr 2 und ungefähr 5" und beschreibt damit die Summe unscharfer Mengen, die durch $\oplus$ symbolisiert wird. Die diese unscharfe Menge repräsentierende Zugehörigkeitsfunktion $\mu_\oplus : \mathbb{R} \to [0,1]$ ist noch festzulegen.

Fall 1:
Für vorgegebenes $y \in \mathbb{R}$ existieren keine Werte $x_1, x_2 \in \mathbb{R}$ mit $y = g(x_1, x_2) = x_1 + x_2$. Dann ist der Zugehörigkeitsgrad von y zu $\tilde{U}_\oplus$ und damit zur „Summe von ungefähr 2 **und** ungefähr 5" gleich 0, d.h. $\mu_\oplus(y) = 0$.

Fall 2:
Für vorgegebenes $y \in \mathbb{R}$ existiert genau eine Kombination von $x_1, x_2 \in \mathbb{R}$ mit $y = g(x_1, x_2) = x_1 + x_2$. Dann ist der Zugehörigkeitsgrad $\mu_\oplus(y)$ bezüglich $\tilde{U}_\oplus$, d.h. der Zugehörigkeitsgrad von y zur „Summe von ungefähr 2 **und** ungefähr 5", zu errechnen aus

$$\mu_\oplus(y) = \min\{\mu_1(x_1), \mu_2(x_2)\} .$$

Im Unterschied zu den in Abschnitt 4.2 eingeführten Mengenoperatoren findet mit der Berücksichtigung der Funktion g keine elementweise Berechnung statt, sondern der Vektor $(x_1, x_2)^T$ aus dem Definitionsbereich $\mathbb{R} \times \mathbb{R}$ der Abbildung g geht in die Minimumbildung ein.

Fall 3:
Für vorgegebenes $y \in \mathbb{R}$ existieren mehrere Kombinationen von $x_1, x_2 \in \mathbb{R}$ mit $y = g(x_1, x_2) = x_1 + x_2$. Dann ist der Zugehörigkeitsgrad von y zu $\tilde{U}_\oplus$ und damit zur „Summe von ungefähr 2 **und** ungefähr 5" zu errechnen aus

$$\mu_\oplus(y) = \max\{\min\{\mu_1(x_1), \mu_2(x_2)\} : x_1, x_2 \in \mathbb{R} \wedge y = x_1 + x_2\} .$$

Dies entspricht einer „oder"-Verknüpfung der Kombinationsmöglichkeiten von x_1, x_2.

Im vorliegenden Beispiel treten die Fälle 1 und 2 nicht auf, so daß die Zugehörigkeitsfunktion $\mu_\oplus$ für alle $y \in \mathbb{R}$ gemäß Fall 3 berechnet wird. Man erhält (siehe auch Figur 4.6)

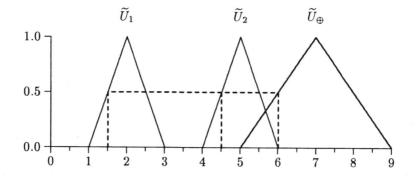

Figur 4.6: Summe zweier unscharfer Zahlen

$$\mu_\oplus : \mathbb{R} \longrightarrow [0,1] \quad mit$$

$$\mu_\oplus(y) = \begin{cases} \max\{0, -\dfrac{5}{2} + \dfrac{1}{2}y\} & für\ y \leqq 7 \\ \max\{0, \dfrac{9}{2} - \dfrac{1}{2}y\} & für\ y > 7 \end{cases}$$

bzw. $\widetilde{U}_\oplus = (7,2,2)_{lr}$ *mit* $l(u) = r(u) = \max\{0, 1-u\}.$

4.3.2 Fuzzy-Arithmetik auf Basis des Erweiterungsprinzips

Das in Beispiel 4.7 zum Ausdruck gebrachte Prinzip wird in der nun folgenden Definition allgemein formuliert. Es handelt sich dabei um die ursprüngliche Form des Erweiterungsprinzips von Zadeh, das in diesem Abschnitt noch weiter verallgemeinert wird.

Definition 4.8
Gegeben seien die (klassischen) Mengen $X_1, \ldots, X_n$ *sowie* Y, n *unscharfe Mengen* $\widetilde{U}_1, \ldots, \widetilde{U}_n$ *in* $X_1, \ldots, X_n$ *mit den Zugehörigkeitsfunktionen* $\mu_i : X_i \to [0,1]$, $i = 1, \ldots, n$ *und eine Abbildung* $g : X_1 \times \ldots \times X_n \longrightarrow Y$. *Nach dem* **Erweiterungsprinzip von Zadeh** *wird durch die Abbildung* g *eine unscharfe Menge* $\widetilde{U}$ *auf* Y *mit der Zugehörigkeitsfunktion*

$$\mu(y) = \sup\{\min\{\mu_1(x_1), \ldots, \mu_n(x_n)\} :$$
$$(x_1, \ldots, x_n) \in X_1 \times \ldots \times X_n \wedge y = g(x_1, \ldots, x_n)\}$$

induziert, wobei $\sup \emptyset = 0$ *vereinbart wird.*

Mit Hilfe des Erweiterungsprinzips können beliebige funktionale Zusammenhänge fuzzifiziert werden. Es besagt, daß dem Funktionswert $y = g(x_1, \ldots, x_n)$ jeweils der höchste Zugehörigkeitsgrad zugewiesen wird, der unter allen Minima $\min\{\mu_1(x_1), \ldots, \mu_n(x_n)\}$ mit $y = g(x_1, \ldots, x_n)$ auftritt.

Beispiel 4.9
$\widetilde{U}_1$ *und* $\widetilde{U}_2$ *seien zwei unscharfe Zahlen mit den Zugehörigkeitsfunktionen* $\mu_1, \mu_2 : \mathbb{R} \to [0,1]$ *mit*

$$\mu_1(x_1) = e^{-(x_1-m)^2} \quad und \quad \mu_2(x_2) = e^{-(x_2-n)^2}$$

und $g : \mathbb{R}^2 \to \mathbb{R}$ *mit* $g(x_1, x_2) = x_1 + x_2$ *die Abbildungsvorschrift für die Summe von reellen Zahlen. Nach dem Erweiterungsprinzip erhält man die erweiterte Form der Addition* $\widetilde{U}_1 \oplus \widetilde{U}_2$ *in Form einer unscharfen Menge* $\widetilde{U}_\oplus$ *in* $\mathbb{R}$ *mit der Zugehörigkeitsfunktion* $\mu_\oplus$, *wobei*

$$\mu_\oplus(y) = \sup_{y = x_1 + x_2} \min\left\{ e^{-(x_1-m)^2}, e^{-(x_2-n)^2} \right\}$$
$$= \sup_{x_1 \in \mathbb{R}} \min\left\{ e^{-(x_1-m)^2}, e^{-(y-x_1-n)^2} \right\}.$$

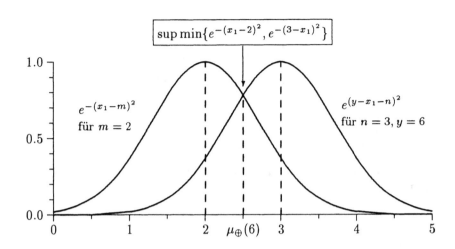

Figur 4.7: Zugehörigkeitsfunktionen zur Bestimmung von $\mu_\oplus$

Mit Hilfe der Funktionsgraphen in Figur 4.7 erkennt man, daß das Ergebnis $\mu_\oplus(y)$ für $x_1 = \frac{y-n+m}{2}$ erreicht wird, d.h., x_1 liegt in der Mitte der Gipfelpunkte der jeweils in die Berechnung eingehenden Funktionen. Damit ist

$$\mu_\oplus(y) = e^{-\frac{(y-m-n)^2}{4}}.$$

Wie man schon an dem Beispiel mit relativ einfach zu handhabenden Funktionen erkennt, ist die exakte Berechnung der Zugehörigkeitsfunktion der Erweiterung im allgemeinen sehr umfangreich, falls keine Einschränkungen an die unscharfen Mengen gestellt werden. Aus diesem Grund beschränkt man sich in vielen Anwendungen auf *lr*-Fuzzy-Zahlen (Definition 3.15, S. 41) und *lr*-Fuzzy-Intervalle (Definition 3.16, S. 41), da in diesen Fällen relativ einfache Formeln für die erweiterten Formen der Addition, Subtraktion, Multiplikation und Division aus der Anwendung des Erweiterungsprinzips resultieren.

Um diese spezielle Fuzzy-Arithmetik rechtfertigen zu können, ist ein von *Dubois, Prade (1980, S. 42 ff.)* auf Grundlage des Erweiterungsprinzips bewiesener Satz hilfreich, der in einer speziellen, für den hier vorliegenden Zusammenhang relevanten Form wiedergegeben wird.

Satz 4.10

Seien $\tilde{U}_1 = (\underline{m}_1, \overline{m}_1, a_1, b_1)_{lr}$ und $\tilde{U}_2 = (\underline{m}_2, \overline{m}_2, a_2, b_2)_{lr}$ zwei unscharfe Intervalle in lr-Darstellung. Dann gilt für die erweiterte Addition $\oplus$ und die erweiterte Multiplikation $\odot$:

$$\mu_1(x_1) = \mu_2(x_2) = w, \forall x_1 \leqq \underline{m}_1, x_2 \leqq \underline{m}_2 \Rightarrow \begin{cases} \mu_\oplus(y) = w, \forall y = x_1 + x_2 \\ \mu_\odot(y) = w, \forall y = x_1 \cdot x_2 \end{cases}$$

$$\mu_1(x_1) = \mu_2(x_2) = w, \forall x_1 \geqq \overline{m}_1, x_2 \geqq \overline{m}_2 \Rightarrow \begin{cases} \mu_\oplus(y) = w, \forall y = x_1 + x_2 \\ \mu_\odot(y) = w, \forall y = x_1 \cdot x_2 \end{cases}$$

Diese Aussage wird zur praktischen Berechnung der erweiterten Addition und Multiplikation von unscharfen Intervallen in *lr*-Darstellung benutzt. Demnach können die monoton steigenden und monoton fallenden Teile der Zugehörigkeitsfunktionen getrennt voneinander untersucht werden, wobei das im Satz formulierte Rechenverfahren benutzt wird. Für die *lr*-Fuzzy-Intervalle $\tilde{U}_1 = (\underline{m}_1, \overline{m}_1, a_1, b_1)_{lr}$ und $\tilde{U}_2 = (\underline{m}_2, \overline{m}_2, a_2, b_2)_{lr}$ mit gleichen Gestaltfunktionen ergeben sich dann die im folgenden aufgeführten Formeln, die bezüglich der Addition und Multiplikation genauer begründet werden.[4]

Erweiterte Addition $\oplus$

$$\boxed{\tilde{U}_1 \oplus \tilde{U}_2 = (\underline{m}_1 + \underline{m}_2, \overline{m}_1 + \overline{m}_2, a_1 + a_2, b_1 + b_2)_{lr}}$$

Beweisskizze:
Existieren zu $w \in [0,1]$ eindeutig bestimmte reelle Zahlen x_1 und x_2 mit

$$\mu_1(x_1) = l\left(\frac{\underline{m}_1 - x_1}{a_1}\right) = w = l\left(\frac{\underline{m}_2 - x_2}{a_2}\right) = \mu_2(x_2),$$

so existiert die Umkehrfunktion l^{-1} im Punkt w. Damit ist

$$x_1 = \underline{m}_1 - a_1 l^{-1}(w) \quad \text{und} \quad x_2 = \underline{m}_2 - a_2 l^{-1}(w)$$

bzw.

$$y = x_1 + x_2 = \underline{m}_1 + \underline{m}_2 - (a_1 + a_2) l^{-1}(w).$$

Nach Satz 4.10 gilt nun $\forall y = x_1 + x_2$:

$$\mu_\oplus(y) = w = l\left(\frac{\underline{m}_1 + \underline{m}_2 - y}{a_1 + a_2}\right)$$

In entsprechender Weise kann für die monoton fallenden Teile der Zugehörigkeitsfunktionen gefolgert werden, daß

$$\mu_\oplus(y) = w = r\left(\frac{y - \overline{m}_1 + \overline{m}_2}{b_1 + b_2}\right).$$

---

[4]Detaillierte Beschreibungen mit Beweisen und weiteren Eigenschaften findet man beispielsweise bei *Dubois, Prade, 1979, 1986.*

Der Nachweis für die konstanten Teile der Gestaltfunktionen l bzw. r gelingt ebenfalls mit Hilfe von Satz 4.10. Damit ist der Nachweis für die obenstehende Formel der erweiterten Addition erbracht.   ∎

Erweiterte Multiplikation ⊙
Für $\widetilde{U}_1 > 0, \widetilde{U}_2 > 0$ gilt die Näherung:

$$\widetilde{U}_1 \odot \widetilde{U}_2 \approx (\underline{m}_1\underline{m}_2, \overline{m}_1\overline{m}_2, \underline{m}_1 a_2 + \underline{m}_2 a_1, \overline{m}_1 b_2 + \overline{m}_2 b_1)_{lr}$$

Beweisskizze:
Aus

$$x_1 = \underline{m}_1 - a_1 l^{-1}(w) \quad \text{und} \quad x_2 = \underline{m}_2 - a_2 l^{-1}(w)$$

folgt

$$y = x_1 \cdot x_2 = \underline{m}_1\underline{m}_2 - (\underline{m}_1 a_2 + \underline{m}_2 a_1) l^{-1}(w) + a_1 a_2 \left(l^{-1}(w)\right)^2.$$

Die Auflösung dieser Gleichung nach w führt im allgemeinen nicht zur vorgegebenen Gestaltfunktion l. Sind die Dehnungen a_1 und a_2 im Verhältnis zu $\underline{m}_1$ und $\underline{m}_2$ relativ klein und/oder ist w nahe bei 1, so kann der quadratische Term vernachlässigt werden. Bei entsprechender Vorgehensweise für die monoton fallenden Teile erhält man die obenstehende Näherungsformel.   ∎

Sind die Dehnungen im Verhältnis zu den Gipfelpunkten nicht genügend klein, kann der quadratische Teil durch den entsprechenden linearen Ausdruck ersetzt werden (vgl. *Dubois, Prade, 1980, S. 55*). Dies führt dann zur Näherungsformel:

$$\widetilde{U}_1 \odot \widetilde{U}_2 \approx (\underline{m}_1\underline{m}_2, \overline{m}_1\overline{m}_2, \underline{m}_1 a_2 + \underline{m}_2 a_1 - a_1 a_2, \overline{m}_1 b_2 + \overline{m}_2 b_1 - b_1 b_2)_{lr}$$

Neben den vorgestellten Formeln sind in Tabelle 4.1 einige weitere Möglichkeiten zur Verknüpfung unscharfer Intervalle zusammengestellt. Sie basieren auf Ergebnissen in *Dubois, Prade (1979)* und *Bonissone, Decker (1986)*.

α-Niveaumengen für erweiterte Addition und Multiplikation
In vielen Anwendungen genügt es, bei der Verknüpfung von unscharfen Intervallen die Ergebnisse für die entsprechenden α-Niveaumengen darzustellen. Der folgende in *Nguyen (1978)* in noch allgemeinerer Form bewiesene Satz stellt dar, unter welchen Voraussetzungen eine exakte Berechnung dieser Niveaumengen auf relativ einfache Weise erfolgen kann.

Satz 4.11
Seien $\widetilde{U}_1$ und $\widetilde{U}_2$ zwei lr-Fuzzy-Intervalle mit den Zugehörigkeitsfunktionen μ_1 und μ_2. Die zugehörigen α-Niveaumengen sind damit für $\alpha \in \langle 0, 1]$ die abgeschlossenen Intervalle

$$\begin{aligned} \mathbb{R}_{1,\alpha} &= \{x \in \mathbb{R} : \mu_1(x) \geqq \alpha\} = [\underline{x}_{1,\alpha}, \overline{x}_{1,\alpha}] \\ \mathbb{R}_{2,\alpha} &= \{x \in \mathbb{R} : \mu_2(x) \geqq \alpha\} = [\underline{x}_{2,\alpha}, \overline{x}_{2,\alpha}] \end{aligned}.$$

$$\widetilde{U}_1 = (\underline{m}_1, \overline{m}_1, a_1, b_1)_{lr} \quad \widetilde{U}_2 = (\underline{m}_2, \overline{m}_2, a_2, b_2)_{lr}$$

Operation	Ergebnis für erweiterte Operation[5]
Summe	für $\widetilde{U}_1, \widetilde{U}_2$ allgemein: $$\widetilde{U}_1 \oplus \widetilde{U}_2 = (\underline{m}_1 + \underline{m}_2, \overline{m}_1 + \overline{m}_2, a_1 + a_2, b_1 + b_2)_{lr}$$
Differenz	für $\widetilde{U}_1, \widetilde{U}_2$ allgemein, wobei $\widetilde{U}_2$ rl-Intervall: $$\widetilde{U}_1 \ominus \widetilde{U}_2 = (\underline{m}_1 - \underline{m}_2, \overline{m}_1 - \overline{m}_2, a_1 + a_2, b_1 + b_2)_{lr}$$
Multiplikation	für $\widetilde{U}_1 > 0$: $$k \odot \widetilde{U}_1 \approx (k\underline{m}_1, k\overline{m}_1, ka_1, kb_1)_{lr}$$ für $\widetilde{U}_1, \widetilde{U}_2 > 0$: $$\widetilde{U}_1 \odot \widetilde{U}_2 \approx (\underline{m}_1\underline{m}_2, \overline{m}_1\overline{m}_2, \overline{m}_1 a_2 + \overline{m}_2 a_1, \underline{m}_1 b_2 + \underline{m}_2 b_1)_{lr}$$
Inversion	für $\widetilde{U}_1 > 0$: $$U_1^{-1} = \left(\frac{1}{\overline{m}_1}, \frac{1}{\underline{m}_1}, \frac{b_1}{\overline{m}_1^2}, \frac{a_1}{\underline{m}_1^2} \right)_{lr}$$
Division	für $\widetilde{U}_1, \widetilde{U}_2 > 0$: $$\widetilde{U}_1 \oslash \widetilde{U}_2 \approx \left(\frac{\underline{m}_1}{\overline{m}_2}, \frac{\overline{m}_1}{\underline{m}_2}, \frac{\overline{m}_1 b_2 + \underline{m}_2 a_1}{\overline{m}_2^2}, \frac{\underline{m}_1 a_2 + \overline{m}_2 b_1}{\underline{m}_2^2} \right)_{lr}$$

Tabelle 4.1: Formeln für erweiterte Arithmetik

Dann gilt für die α-Niveaumengen der erweiterten Addition ($= I\!\!R_{\oplus,\alpha}$) und der erweiterten Multiplikation ($= I\!\!R_{\odot,\alpha}$):

$$I\!\!R_{\oplus,\alpha} = [\underline{x}_{1,\alpha} + \underline{x}_{2,\alpha}, \overline{x}_{1,\alpha} + \overline{x}_{2,\alpha}]$$
$$I\!\!R_{\odot,\alpha} = [\underline{x}_{1,\alpha} \cdot \underline{x}_{2,\alpha}, \overline{x}_{1,\alpha} \cdot \overline{x}_{2,\alpha}]$$

Damit können die α-Niveaumengen der erweiterten Formen der Addition bzw. Multiplikation unter den in Satz 4.11 genannten Voraussetzungen über die Addition bzw. Multiplikation von reellen Zahlen bestimmt werden. Insbesondere bei der Multiplikation erhält man im Gegensatz zu den oben aufgeführten Näherungsformeln für die gesamte unscharfe Menge exakte Ergebnisse für die α-Niveaumengen.

---

[5]Die approximativen Ergebnisse gelten, falls a_1, a_2 (b_1, b_2) relativ klein bezüglich $\underline{m}_1, \underline{m}_2$ ($\overline{m}_1, \overline{m}_2$) ist. Ist dies nicht der Fall, können entsprechend der Vorgehensweise auf Seite 66 leicht veränderte Approximationen angegeben werden (*Rommelfanger, 1994, S. 43 ff.*).

4.3.3 Fuzzy-Arithmetik auf Basis des allgemeinen Erweiterungsprinzips

Allen bisher aufgeführten Berechnungen lag das in Definition 4.8 eingeführte Erweiterungsprinzip von Zadeh zugrunde. Dabei wird der Durchschnitt bzw. das logische UND in den Bereich der unscharfen Mengen als Minimum der Zugehörigkeitsfunktionen übertragen (vgl. Beispiel 4.7). Diese Wahl stellt, wie in Abschnitt 3.3 ausgeführt, nur eine von vielen möglichen Operatoren dar. Prinzipiell kann anstelle des Minimums eine beliebige t-Norm eingesetzt werden, was zu einer allgemeineren Formulierung des Erweiterungsprinzips führt. Ansätze dazu liegen bislang ausschließlich für die parametrisierte t-Norm von Yager (siehe Tabelle 4.1, S. 52) vor. Dadurch kann der Bereich zwischen beschränkter Differenz und Minimum innerhalb der t-Normen abgedeckt werden.

Definition 4.12
Ersetzt man in Definition 4.8 das Minimum durch Yager's t-Normen, d.h.,
die unscharfe Menge $\widetilde{U}$ auf Y besitzt die Zugehörigkeitsfunktion

$$\mu(y) = \sup\left\{\max\left\{0, 1 - \left(\sum_{i=1}^{n}(1 - \mu_i(x_i))^p\right)^{\frac{1}{p}}\right\} : \right.$$
$$\left. (x_1, \ldots, x_n) \in X_1 \times \ldots \times X_n \wedge y = g(x_1, \ldots, x_n)\right\}, p \geq 1,$$

*dann erhält man das **allgemeine Erweiterungsprinzip**.*

Diese Verallgemeinerung des Erweiterungsprinzips besitzt natürlich Konsequenzen für die erweiterten Formen der Grundrechenarten. In *Keresztfalvi (1993)* werden Formeln für die Addition und Multiplikation zweier trapezförmiger unscharfer Intervalle gegeben, die in *Rommelfanger (1994, S. 48)* auf zwei *lr*-Fuzzy-Intervalle ausgedehnt werden. Danach gilt für die **Addition auf Basis des allgemeinen Erweiterungsprinzips** die exakte Formel

$$\widetilde{U}_1 \oplus \widetilde{U}_2 = (\underline{m}_1 + \underline{m}_2, \overline{m}_1 + \overline{m}_2, (a_1^q + a_2^q)^{\frac{1}{q}}, (b_1^q + b_2^q)^{\frac{1}{q}})_{lr}$$

$$\text{mit } q = \frac{p}{p-1}, p \geq 1.$$

Die Grenzen für den Parameter p ergeben einerseits die Ergebnisse für die Verwendung des Minimums im Erweiterungsprinzip und andererseits die Ergebnisse für die Verwendung der beschränkten Differenz als spezieller t-Norm:

- $q = 1$ bzw. $p \rightarrow \infty$ (Minimum)

$$\widetilde{U}_1 \oplus \widetilde{U}_2 = (\underline{m}_1 + \underline{m}_2, \overline{m}_1 + \overline{m}_2, a_1 + a_2, b_1 + b_2)_{lr}$$

- $p = 1$ bzw. $q \rightarrow \infty$ (beschränkte Differenz)

$$\widetilde{U}_1 \oplus \widetilde{U}_2 = (\underline{m}_1 + \underline{m}_2, \overline{m}_1 + \overline{m}_2, \max\{a_1, a_2\}, \max\{b_1, b_2\})_{lr}$$

Entsprechend ergibt sich für die **Multiplikation** die Näherungsformel

$$\widetilde{U}_1 \odot \widetilde{U}_2 \approx (\underline{m}_1 \cdot \underline{m}_2, \overline{m}_1 \cdot \overline{m}_2, ((\underline{m}_1 a_2)^q + (\underline{m}_2 a_1)^q)^{\frac{1}{q}}, ((\overline{m}_1 b_2)^q + (\overline{m}_2 b_1)^q)^{\frac{1}{q}})_{lr}$$

$$\text{mit} \quad q = \frac{p}{p-1}, p \geqq 1 \ .$$

Die Grenzen für den Parameter p ergeben wiederum die Ergebnisse für die Verwendung des Minimums bzw. der beschränkten Differenz als spezieller t-Norm im allgemeinen Erweiterungsprinzip:

- $q = 1$ bzw. $p \rightarrow \infty$ (Minimum)

$$\widetilde{U}_1 \odot \widetilde{U}_2 \approx (\underline{m}_1 \cdot \underline{m}_2, \overline{m}_1 \cdot \overline{m}_2, \underline{m}_1 a_2 + \underline{m}_2 a_1, \overline{m}_1 b_2 + \overline{m}_2 b_1)_{lr}$$

- $p = 1$ bzw. $q \rightarrow \infty$ (beschränkte Differenz)

$$\widetilde{U}_1 \odot \widetilde{U}_2 \approx (\underline{m}_1 \cdot \underline{m}_2, \overline{m}_1 \cdot \overline{m}_2, \max\{\underline{m}_1 a_2, \underline{m}_2 a_1\}, \max\{\overline{m}_1 b_2, \overline{m}_2 b_1\})_{lr}$$

Ein Spezialfall ist die erweiterte Multiplikation einer reellen Zahl $k \geqq 0$ mit dem lr-Fuzzy-Intervall $\widetilde{U}_1$:

$$k \odot \widetilde{U}_1 = (k \cdot \underline{m}_1, k \cdot \overline{m}_1, k \cdot a_1, k \cdot b_1)_{lr} \ .$$

Damit ist das Ergebnis dieser Multiplikation unabhängig vom Parameter p und damit auch unabhängig von der Verwendung einer speziellen t-Norm im Erweiterungsprinzip.

In vielen Anwendungen werden **mehr als zwei unscharfe Mengen** zusammengefaßt. Deshalb werden im folgenden die Formeln für die Addition und Multiplikation von n lr-Fuzzy-Intervallen $\widetilde{U}_i = (\underline{m}_i, \overline{m}_i, a_i, b_i)_{lr}$, $i = 1, \ldots, n$ angegeben (*Hauke, 1997b*). Nach der jeweiligen Formel auf Basis des allgemeinen Erweiterungsprinzips werden auch die Ergebnisse für die Grenzwerte des Parameters p angegeben. Damit erhält man gleichzeitig die Verallgemeinerung auf n unscharfe lr-Intervalle für das Erweiterungsprinzip von Zadeh unter Verwendung des Minimum-Operators.

- **Erweiterte Addition $\oplus$**

$$\widetilde{U}_1 \oplus \ldots \oplus \widetilde{U}_n = (\sum_{i=1}^{n} \underline{m}_i, \sum_{i=1}^{n} \overline{m}_i, (\sum_{i=1}^{n} a_i^q)^{\frac{1}{q}}, (\sum_{i=1}^{n} b_i^q)^{\frac{1}{q}})_{lr}$$

mit den Grenzfällen

- $q = 1$ bzw. $p \to \infty$ (Minimum):

$$\widetilde{U}_1 \oplus \ldots \oplus \widetilde{U}_n = (\sum_{i=1}^{n} \underline{m}_i, \sum_{i=1}^{n} \overline{m}_i, \sum_{i=1}^{n} a_i, \sum_{i=1}^{n} b_i)_{lr}$$

- $p = 1$ bzw. $q \to \infty$ (beschränkte Differenz):

$$\widetilde{U}_1 \oplus \ldots \oplus \widetilde{U}_n = (\sum_{i=1}^{n} \underline{m}_i, \sum_{i=1}^{n} \overline{m}_i, \max_{i \in \{1,\ldots,n\}}\{a_i\}, \max_{i \in \{1,\ldots,n\}}\{b_i\})_{lr}$$

- **Erweiterte Multiplikation $\odot$**

$$\widetilde{U}_1 \odot \ldots \odot \widetilde{U}_n = (\prod_{i=1}^{n} \underline{m}_i, \prod_{i=1}^{n} \overline{m}_i, \tilde{a}_q^{\odot}, \tilde{b}_q^{\odot})_{lr}$$

mit

$$\tilde{a}_q^{\odot} = \left(\sum_{i=1}^{n} \left(a_i \cdot \prod_{\substack{j=1 \\ j \neq i}}^{n} \underline{m}_j \right)^q \right)^{\frac{1}{q}}$$

$$\tilde{b}_q^{\odot} = \left(\sum_{i=1}^{n} \left(b_i \cdot \prod_{\substack{j=1 \\ j \neq i}}^{n} \overline{m}_j \right)^q \right)^{\frac{1}{q}}$$

und den Grenzfällen

- $q = 1$ bzw. $p \to \infty$ (Minimum):

$$\widetilde{U}_1 \odot \ldots \odot \widetilde{U}_n = (\prod_{i=1}^{n} \underline{m}_i, \prod_{i=1}^{n} \overline{m}_i, \tilde{a}_1^{\odot}, \tilde{b}_1^{\odot})_{lr}$$

mit

$$\tilde{a}_1^{\odot} = \sum_{i=1}^{n} (a_i \cdot \prod_{\substack{j=1 \\ j \neq i}}^{n} \underline{m}_j)$$

$$\tilde{b}_1^{\odot} = \sum_{i=1}^{n} (b_i \cdot \prod_{\substack{j=1 \\ j \neq i}}^{n} \overline{m}_j)$$

– $p = 1$ bzw. $q \to \infty$ (beschränkte Differenz):

$$\widetilde{U}_1 \odot \ldots \odot \widetilde{U}_n = (\prod_{i=1}^{n} \underline{m}_i, \prod_{i=1}^{n} \overline{m}_i, \tilde{a}_\infty^\odot, \tilde{b}_\infty^\odot)_{lr}$$

mit

$$\tilde{a}_\infty^\odot = \max_{i \in \{1,\ldots,n\}} \{a_i \cdot \prod_{\substack{j=1 \\ j \neq i}}^{n} \underline{m}_j\}$$

$$\tilde{b}_{\infty 2}^\odot = \max_{i \in \{1,\ldots,n\}} \{b_i \cdot \prod_{\substack{j=1 \\ j \neq i}}^{n} \overline{m}_j\}$$

Die Ergebnisse für die erweiterte Addition und Multiplikation auf Basis der Verwendung unterschiedlicher Parameterwerte p bzw. unterschiedlicher t-Normen zeigen ausschließlich bei den rechten und linken Dehnungen Unterschiede auf. Der Gipfelbereich ist unabhängig von der Wahl des Parameters. Für $p \to \infty$ bzw. $q = 1$ erhält man die größte Dehnung, für $p = 1$ bzw. $q \to \infty$ erhält man die geringste Dehnung (vgl. Figur 4.8). Mit anderen Worten: je größer p desto „unschärfer" ist das Ergebnis bei erweiterter Addition und Multiplikation. Dieser Zusammenhang wird bei den in Kapitel 7 vorgestellten Fuzzy-Methoden benutzt, um zusätzliche Informationen vom Entscheidungsträger in den Planungsprozeß einbeziehen zu können.

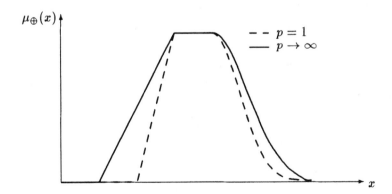

Figur 4.8: Mögliche Bereiche für erweiterte Rechenarten

4.4 Anmerkungen zum Verhältnis zwischen Wahrscheinlichkeitstheorie und Fuzzy Set-Theorie

Seit den Anfängen der Theorie unscharfer Mengen wird immer wieder die Frage nach den Unterschieden bzw. Gemeinsamkeiten bezüglich der Wahrscheinlichkeitstheorie gestellt. Da diese Abgrenzung nicht im Mittelpunkt dieser Arbeit steht, folgen zu dieser Thematik nur einige Anmerkungen und Literaturhinweise.

Zunächst gibt es die Möglichkeit, sich bei der Diskussion dieser Problematik auf eine **formale Blickrichtung** zu beschränken. Ausführlich dargestellt wird dies beispielsweise bei *Weber (1984)* oder *Rommelfanger (1994, S. 51 ff.)*. In der letztgenannten Quelle wird ein allgemeines **Fuzzy-Maß** definiert. Es läßt sich zeigen, daß ein **Wahrscheinlichkeitsmaß** stets ein Fuzzy-Maß ist und damit die an ein Wahrscheinlichkeitsmaß gestellten Bedingungen Spezialfälle der Bedingungen eines Fuzzy-Maßes darstellen. Ein weiteres Maß, das von *Zadeh (1978)* in diesem Zusammenhang eingeführt wurde, stellt das sogenannte **Möglichkeitsmaß** dar, das ebenfalls eine spezielle Ausgestaltung eines Fuzzy-Maßes ist. Durch die Definition dieses Maßes wurde eine Diskussion der Unterschiede zwischen Wahrscheinlichkeit und Möglichkeit – und damit zwischen Wahrscheinlichkeitstheorie und Theorie unscharfer Mengen – auf formaler Grundlage ermöglicht.

Entsprechend zum Begriff der Wahrscheinlichkeitsverteilung wird durch eine Möglichkeitsverteilung ein Möglichkeitsmaß erzeugt, wobei diese Möglichkeitsverteilung formal identisch ist zur Zugehörigkeitsfunktion einer unscharfen Menge.

„Vom üblichen Sprachgebrauch her ist die Möglichkeit eine schwächere Bewertung als die Wahrscheinlichkeit. Was wahrscheinlich ist, muß auch möglich sein. Die Umkehrung dieser Aussage ist nicht immer richtig. Ein unmögliches Ereignis ist aber immer auch unwahrscheinlich" (*Rommelfanger, 1994, S. 55*).

Weitere Vergleiche zwischen Wahrscheinlichkeit und Möglichkeit bzw. Zugehörigkeitsgrad auf formaler Ebene werden durch die auf *Dempster (1967)* aufbauende Evidenztheorie von *Shafer (1976)* bereitgestellt. Da dies in den weiteren Kapiteln dieser Arbeit keine Rolle spielt, wird dieser Ansatz nicht weiter verfolgt.

Neben der formalen Unterscheidung kann auch der Versuch einer **inhaltlichen Interpretation** von Wahrscheinlichkeitswerten und Zugehörigkeitsgraden vorgenommen werden. Der klassische Wahrscheinlichkeitsbegriff basiert auf einer Interpretation der Wahrscheinlichkeiten als Grenzwert relativer Häufigkeiten eines Ereignistyps (*Bamberg, Baur, 1996, S. 83*). Derart gebildete Wahrscheinlichkeiten werden oft als **objektive Wahrscheinlichkeiten** bezeichnet (*Bosch, 1993, S. 55*). Konsequenterweise verlangt diese Interpretation eine gleichbleibende, beliebig häufige Wiederholbarkeit des betrachteten Vorgangs. Damit ist nach *Bosch (1993, S. 61)* „die Interpretation von Wahrscheinlichkeit als relative Häufigkeiten ... für viele ökonomische Probleme unbrauchbar, weil die Entwicklung im Umfeld eines Unternehmens nicht als

Stichprobe aus einer homogenen Grundgesamtheit interpretiert werden kann. In einer Welt permanenten Wandels kann die Zukunft nicht durch extrapolative Fortschreibung von Vergangenheitshäufigkeiten prognostiziert werden." Interpretiert man Wahrscheinlichkeitswerte als **subjektive Wahrscheinlichkeiten,** so besteht der wesentliche Unterschied zu objektiven Wahrscheinlichkeiten darin, daß sie einen Ausdruck der Überzeugung und Erwartungen des jeweiligen Entscheidungsträgers darstellen. Subjektive Wahrscheinlichkeiten basieren damit auf zwei Voraussetzungen (*Bosch, 1993, S. 57*):

- Ein Entscheidungsträger muß über Wissen verfügen, wenn er dem Eintritt eines Ereignisses eine subjektive Wahrscheinlichkeit zuordnen soll.

- Der Entscheidungsträger muß über Regeln verfügen, gemäß denen er sein Wissen in subjektive Wahrscheinlichkeiten umsetzt.

Die Festlegung und Erhebung subjektiver Wahrscheinlichkeiten kann zu Ergebnissen führen, die nicht in Einklang mit den Axiomen der Wahrscheinlichkeitstheorie stehen. Beispiele und empirische Untersuchungen zu dieser Thematik sind in *Spies (1993, S. 58 ff.)* zusammengestellt. Derartige axiomatische Anforderungen werden an Zugehörigkeitsgrade nicht gestellt. Unscharfe Mengen sind deshalb leichter zu verarbeiten (vgl. Abschnitt 4.3 zur Fuzzy-Arithmetik).

Gemäß der kurzen Beschreibung objektiver und subjektiver Wahrscheinlichkeiten und den bisher in diesem Kapitel aufgeführten Grundlagen der Theorie unscharfer Mengen, insbesondere den Erhebungsmethoden für Zugehörigkeitsfunktionen, stellen die Probleme der Unternehmensplanung vor allem Anwendungsbereiche für subjektive Wahrscheinlichkeiten und unscharfe Mengen dar.[6] Wie in Abschnitt 2.2 ausgeführt, kommen unscharfe Mengen zum Einsatz, falls ein Mangel an begrifflicher Schärfe vorliegt.

Häufig wird argumentiert, daß mit Fuzzy-Modellen und -Methoden erzeugte Problemlösungen auch mit entsprechenden wahrscheinlichkeitstheoretischen Modellen und Methoden zu erreichen sind. Allerdings sind in diesen Fällen häufig komplizierte wahrscheinlichkeitstheoretische Modelle aufzustellen, was auch in komplizierten Lösungsmethoden zum Ausdruck kommt. *Nauck, Kruse (1997)* beurteilen diesen Sachverhalt wie folgt: „Der Vorteil bei der Verwendung von Fuzzy-Techniken liegt aus Sicht der Industrie meistens in der Kostenersparnis sowie in der Tatsache begründet, daß eine möglichst einfache Modellierung angestrebt wird. Im universitären Umfeld waren Fuzzy-Systeme aus genau diesem Grunde unpopulär, da man hier meistens an optimalen perfekten Problemlösungen interessiert ist." Dadurch wird in gewisser Weise ein **Zielkonflikt** zum Ausdruck gebracht, der im Bereich der Unternehmensplanung darin liegt, daß einerseits eine **präzise** Beschreibung einer Entscheidungssituation meist **unvollständig** ist und andererseits eine

---

[6]Vereinzelt existieren in der Literatur Ansätze, die innerhalb eines Modelles gleichzeitig Unbestimmtheiten mittels Wahrscheinlichkeiten und auch mittels unscharfer Mengen zulassen (siehe dazu *Kaufmann, 1986* und *Gardin u.a., 1995*).

vollständige Beschreibung meist nur **unscharf** zu formulieren ist. Die Entscheidung für einen bestimmten Grad an Vollständigkeit bzw. Unschärfe ist damit bei der Modellierung in Abhängigkeit von der konkret vorliegenden Problemstellung zu treffen.

Den aktuellen Stand der Diskussion zwischen Anhängern der probabilistischen Richtung und den Verfechtern der Fuzzy-Theorie geben der Artikel von *Laviolette u.a. (1995)* und die dazugehörigen Diskussionsbeiträge von *Bonissone (1995)*, *Almond (1995)*, *Zadeh (1995)*, *Kandel u.a. (1995)* und *Cheeseman (1995)* wieder.

Die in Abschnitt 2.3 gezeigte Kategorisierung ist Grundlage für die in den **weiteren Kapiteln** vorgestellten Fuzzy-Methoden und -Modelle, die die in den Kapiteln 3 und 4 diskutierten Grundlagen zu unscharfen Mengen, unscharfen Entscheidungen und unscharfer Arithmetik benutzen. Die Darstellung dieser Modelle zeigt auch die zu wahrscheinlichkeitstheoretischen Modellen bestehende Unterschiedlichkeit der Anwendungsgebiete und Ansätze auf.

5. Unscharfe lineare Optimierung

Bezugspunkt für die folgenden Ausführungen zu einer Fuzzifizierung linearer Optimierungsprobleme ist die formale Darstellung des klassischen Standardmaximumproblems.

Definition 5.1
*Das **Standardmaximumproblem** der linearen Optimierung besitzt die Form*

$$\begin{aligned} \text{Zielfunktion:} \quad & \mathbf{c}^T\mathbf{x} \to \max \\ \text{Nebenbedingungen:} \quad & \mathbf{A}\mathbf{x} \leqq \mathbf{b} \\ & \mathbf{x} \geqq \mathbf{0} \end{aligned}$$

mit dem Vektor der Planungsvariablen $\mathbf{x}^T = (x_1, \ldots, x_l)$ zur Beschreibung der Aktionen,

dem Vektor der Zielfunktionskoeffizienten $\mathbf{c}^T = (c_1, \ldots, c_l)$,

dem Beschränkungsvektor $\mathbf{b}^T = (b_1, \ldots, b_p)$,

und der Koeffizientenmatrix der Nebenbedingungen $\mathbf{A} = (a_{ij})_{p,l}$.

In diesem Modell muß der Entscheidungsträger alle eingehenden Größen $\mathbf{A}, \mathbf{b}, \mathbf{c}$ exakt vorgeben bzw. bestimmen. Beispielsweise lautet eine Nebenbedingung innerhalb einer Produktionsprogrammplanung als Standardmodell der linearen Optimierung: „Die herzustellenden Produkte dürfen **nicht mehr** als 100 Einheiten des Produktionsfaktors i verbrauchen". Damit gilt ein Verbrauch von 101 Einheiten als unzulässig bzw. eine Produktion, die zu diesem Verbrauch führen würde, kann nicht durchgeführt werden. Diese „harte" Grenzziehung bei Restriktionen erscheint im Sinne einer realistischen Modellierung vieler Planungsprobleme nicht sinnvoll. Vielmehr sollten Angaben der Form „die herzustellenden Produkte dürfen **nicht viel mehr** als 100 Einheiten des Produktionsfaktors i verbrauchen" oder ähnlich „weiche" Formulierungen im Modell abgebildet werden können.

Entsprechend verhält es sich bei der Formulierung einer Zielfunktion. Im klassischen Modell wird ein „**maximaler** Deckungsbeitrag" verlangt, eine realistische Vorstellung wird aber oftmals durch eine Formulierung wie „es soll ein **möglichst hoher** Deckungsbeitrag erreicht werden" wiedergegeben. Beide Möglichkeiten – weiche Formulierungen in den Restriktionen und weiche Formulierungen von Zielvorstellungen – können mittels unscharfer Mengen dargestellt werden. Allerdings geht der Vorteil der eindeutigen Lösung konventioneller Modelle verloren. Dort ergeben sich unabhängig davon, ob das Simplexverfahren mit seinen entsprechenden Varianten (*Dantzig, 1966*) oder beispielsweise der Algorithmus von *Karmarkar (1984)* zur Lösung eines konventionellen linearen Optimierungsproblems eingesetzt wird, identische Lösungen. Unterschiede bestehen nur im Rechenaufwand bezüglich des jeweiligen Verfahrens (*Neumann, Morlock, 1993, S. 160 ff.*).

5.1 Struktur eines unscharfen linearen Optimierungsproblems

Innerhalb der unscharfen linearen Optimierung unterscheiden sich Problemlösungen je nach eingesetztem Verfahren. Zudem ist auch die Problemformulierung, d.h. die Festlegung der Unschärfebereiche (Zielfunktion, Nebenbedingungen, Koeffizienten), die Festlegung der funktionalen Form der Zugehörigkeitsfunktionen und die explizite Festlegung des Operators zur Bildung der unscharfen Entscheidung nicht eindeutig. Diese, auf den ersten Blick als Nachteil erscheinende Mehrdeutigkeit kann auch als Vorteil gesehen werden. Indem der Entscheidungsträger in die Problemlösung mit einbezogen wird und dadurch gezwungen ist, seine Präferenzen immer wieder zu spezifizieren, ergibt sich die Möglichkeit der Formulierung interaktiver Verfahren auch im Bereich der linearen Optimierung bei einfacher Zielsetzung.

In welchen Bereichen Unschärfe auftreten kann, wird durch die folgende Definition verdeutlicht.

Definition 5.2
*Ein **unscharfes lineares Optimierungsproblem** besitzt die Form*

$$
\begin{aligned}
\textit{Zielfunktion:} \quad & \widetilde{c}^T x \to \widetilde{\max} \\
\textit{Nebenbedingungen:} \quad & \widetilde{A} x \mathrel{\widetilde{\leq}} \widetilde{b} \\
& x \mathrel{\widetilde{\geq}} 0 \; ,
\end{aligned}
$$

wobei das Zeichen $\sim$ den jeweiligen Bereich kennzeichnet, in dem Unschärfe berücksichtigt wird.

Gemäß dieser Definition können unscharfe Nebenbedingungen ($\widetilde{\leq}$), unscharfe Zielvorstellungen ($\widetilde{\max}$) und unscharfe Koeffizienten ($\widetilde{c}, \widetilde{A}, \widetilde{b}$) modelliert werden. Die dazu vorhandenen Methoden werden in den Abschnitten 5.2 bis 5.4 dargestellt, um anschließend in ein interaktives Verfahren (Abschnitt 5.5) eingebunden zu werden. Ein Beispiel am Ende dieses Kapitels verdeutlicht nochmals den interaktiven Ablauf und die einzelnen Methoden innerhalb der unscharfen linearen Optimierung.

5.2 Unschärfe in den Nebenbedingungen

Definition 5.3
*Ein **lineares Optimierungsmodell mit Unschärfe in den Nebenbedingungen** besitzt die Form*

$$\begin{aligned}
\textit{Zielfunktion:} \quad & \mathbf{c}^T\mathbf{x} \longrightarrow \max \\
\textit{Nebenbedingungen:} \quad & \mathbf{A}\mathbf{x} \mathrel{\widetilde{\leq}} \mathbf{b} \\
& \mathbf{x} \geqq 0
\end{aligned}$$

mit $\mathbf{x}, \mathbf{c} \in \mathrm{I\!R}^l, \mathbf{b} \in \mathrm{I\!R}^p, \mathbf{A} \in \mathrm{I\!R}^{p \times l}$.

Die in dieser Definition enthaltenen unscharfen Ungleichungen $\widetilde{\leq}$ trennen nicht strikt zwischen einem unzulässigen und einem zulässigen Bereich, wie dies bei konventionellen linearen Optimierungsproblemen der Fall ist. Für jede Nebenbedingung i, $i = 1, \ldots, p$ wird ein Wert $\bar{b}_i$ für $\mathbf{a}_i^T\mathbf{x}$ abgefragt, der in keinem Fall überschritten werden darf, und ein Wert $\underline{b}_i$, der die Grenze für $\mathbf{a}_i^T\mathbf{x}$ darstellt, bis zu der die Nebenbedingung vollständig erfüllt ist. Den verbleibenden Spielraum $\bar{b}_i - \underline{b}_i$, innerhalb dessen die Zugehörigkeitsfunktion zunächst linear modelliert wird, bezeichnet man als **Toleranz**. Die Zugehörigkeitsfunktion $\mu_i : \mathrm{I\!R}^l \to [0, 1]$ der unscharfen Menge $\widetilde{R}_i$ „Erfüllung der i-ten Nebenbedingung" lautet damit (Figur 5.1)

$$\mu_i(\mathbf{x}) = \begin{cases} 1 & \text{für } \mathbf{a}_i^T\mathbf{x} < \underline{b}_i \\[2mm] 1 - \dfrac{\mathbf{a}_i^T\mathbf{x} - \underline{b}_i}{\bar{b}_i - \underline{b}_i} & \text{für } \underline{b}_i \leq \mathbf{a}_i^T\mathbf{x} \leq \bar{b}_i \\[2mm] 0 & \text{für } \mathbf{a}_i^T\mathbf{x} > \bar{b}_i \end{cases}$$

Der Zugehörigkeitsgrad $\mu_i(\mathbf{x})$ kann als „Erfüllungsgrad der i-ten Restriktion" oder „Zufriedenheitsgrad bezüglich der i-ten Restriktion" interpretiert werden. Setzt man $\mathbf{b}^T = (\bar{b}_1, \ldots, \bar{b}_p)$ in Definition 5.3, können die unscharfen Relationen „$\widetilde{\leq}$" als „möglichst kleiner als" aufgefaßt werden.

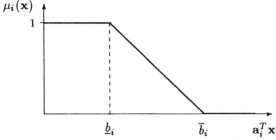

Figur 5.1: Form der Zugehörigkeitsfunktion für $\widetilde{\leq}$

5.2.1 Verfahren von Verdegay

Verdegay (1982) beschreibt einen Lösungsansatz, der das unscharfe Entscheidungsproblem nicht vollständig im Sinne von Zadeh's unscharfer Entscheidung (Definition 4.1) behandelt, da Zielfunktion und Nebenbedingungen **nicht gleichwertig** behandelt werden. Die Idee dieses Verfahrens wird
auch von anderen Algorithmen, deren Darstellung noch folgt, benutzt. Verdegay zeigt die Verwandtschaft zwischen unscharfen Modellanalysen und Sen-
sitivitätsanalysen der konventionellen Modelle in Form der parametrischen
Optimierung.

Aufgrund der Linearität der Zugehörigkeitsfunktion und der Wahl des
Minimums als Operator für die Zusammenfassung der unscharfen Nebenbedingungen kann das Optimierungsproblem aus Definition 5.3 auch mit Hilfe von α-Niveaumengen formuliert werden (*Verdegay, 1982, S. 231 f.*). Mit
$Z_\alpha = \{\mathbf{x} \in \mathbb{R}^l : \mu_i(\mathbf{x}) \geq \alpha,\ i = 1, \ldots, p\}$ ergibt sich

$$\text{Zielfunktion:} \qquad \mathbf{c}^T \mathbf{x} \longrightarrow \max$$

$$\text{Nebenbedingungen: } \mathbf{x} \in Z_\alpha$$
$$\mathbf{x} \geq \mathbf{0}, \quad \alpha \in [0, 1] \ .$$

Durch Einsetzen der linearen Zugehörigkeitsfunktionen μ_i für den relevanten
mittleren Bereich mit $\underline{b_i} \leq \mathbf{a}_i^T \mathbf{x} \leq \overline{b}_i$ erhält man mit

$$\mathbf{c}^T \mathbf{x} \longrightarrow \max$$

$$\mathbf{a}_i^T \mathbf{x} \leq \underline{b}_i + (1 - \alpha)(\overline{b}_i - \underline{b}_i), \ i = 1, \ldots, p$$

$$\mathbf{x} \geq \mathbf{0}, \quad \alpha \in [0, 1]$$

ein parametrisches Optimierungsproblem mit dem Parameter $(1 - \alpha) = \theta$,
der als „Grad der Unzufriedenheit bezüglich der Erfüllung der Restriktionen"
interpretiert werden kann und zwischen 0 und 1 variiert. Das Ergebnis eines parametrischen Optimierungsproblems wird üblicherweise als Funktion
angegeben, die die Zielfunktionswerte $\mathbf{c}^T \mathbf{x}^*$ in Abhängigkeit vom Parameter θ darstellt. Bei Maximierungsproblemen ist diese Funktion konkav und
stückweise linear (*Kistner, 1993, S. 62*). Im hier vorgestellten Zusammenhang bedeutet dies, daß dem Entscheidungsträger keine optimale unscharfe
Entscheidung durch das Verfahren geliefert wird. Vielmehr wird der Konflikt
zwischen möglichst hohem Zielfunktionswert $\mathbf{c}^T \mathbf{x}^*$ einerseits und möglichst
geringem Unzufriedenheitsgrad θ andererseits durch das Ergebnis aufgezeigt
(Figur 5.2). Der Entscheidungsträger hat nun eine ihm zusagende Kombination auszuwählen.

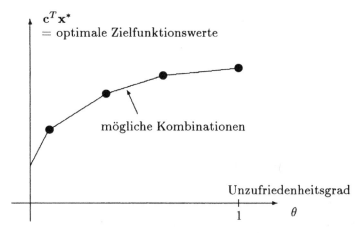

Figur 5.2: Ergebnis des parametrischen Optimierungsproblems

5.2.2 Verfahren von Werners

Im Gegensatz zu Verdegay wird im Verfahren von *Werners (1984, S. 44 ff.)* eine optimale Entscheidung im Sinne von Definition 4.1 festgelegt. Der Grundgedanke dieses Verfahrens besteht darin, daß Unschärfe in den Nebenbedingungen auch Unschärfe in der Zielfunktion bedingt. Dementsprechend wird im Ablauf des Verfahrens mit Hilfe der unscharfen Nebenbedingungen eine unscharfe Formulierung der Zielfunktion generiert und dadurch eine gleichwertige Behandlung von Zielfunktion und Nebenbedingungen zur Generierung einer unscharfen Entscheidung ermöglicht. Das Verfahren von Werners kann in vier Schritte unterteilt werden:

Schritt 1:
Ausgangspunkt ist das zu lösende lineare Optimierungsproblem mit unscharfen Nebenbedingungen (Definition 5.3), wobei die Unschärfe wiederum mittels linearer Zugehörigkeitsfunktionen festgelegt ist:

$$\mu_i(\mathbf{x}) = \begin{cases} 1 & \text{für } \mathbf{a}_i^T \mathbf{x} < \underline{b}_i \\ 1 - \dfrac{\mathbf{a}_i^T \mathbf{x} - \underline{b}_i}{\overline{b}_i - \underline{b}_i} & \text{für } \underline{b}_i \leq \mathbf{a}_i^T \mathbf{x} \leq \overline{b}_i \qquad i = 1,\dots,p \\ 0 & \text{für } \mathbf{a}_i^T \mathbf{x} > \overline{b}_i \end{cases}$$

Schritt 2:
Es werden die beiden konventionellen linearen Optimierungsprobleme

$$\mathbf{c}^T \mathbf{x} \longrightarrow \max \qquad\qquad \mathbf{c}^T \mathbf{x} \longrightarrow \max$$
$$\mathbf{a}_i^T \mathbf{x} \leqq \underline{b}_i,\ i = 1,\dots,p \quad \text{bzw.} \quad \mathbf{a}_i^T \mathbf{x} \leqq \overline{b}_i,\ i = 1,\dots,p$$
$$\mathbf{x} \geqq 0 \qquad\qquad\qquad \mathbf{x} \geqq 0$$

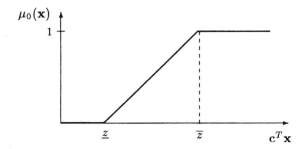

Figur 5.3: Form der Zugehörigkeitsfunktion für unscharfe Ziele

gelöst. Die optimalen Zielfunktionswerte $\underline{z}$ bzw. $\overline{z}$ entsprechen den „Randpunkten" des im Verfahren von Verdegay angegebenen parametrischen Optimierungsproblems für $\alpha = 1(\Leftrightarrow \theta = 0)$ bzw. $\alpha = 0(\Leftrightarrow \theta = 1)$. $\underline{z}$ und $\overline{z}$ geben damit Unter- und Obergrenze für mögliche Zielfunktionswerte an, die sich innerhalb der Toleranzen $\overline{b}_i - \underline{b}_i$, $i = 1,\dots,p$ bezüglich der Nebenbedingungen einstellen können.

Schritt 3:
Mit Hilfe der in Schritt 2 berechneten Werte $\underline{z}$ und $\overline{z}$ wird eine Zugehörigkeitsfunktion erstellt, die in Zusammenhang mit einer unscharfen Zielvorstellung $\widetilde{K}$ steht:

$$\mu_0(\mathbf{x}) = \begin{cases} 0 & \text{für } \mathbf{c}^T\mathbf{x} < \underline{z} \\ 1 - \dfrac{\overline{z} - \mathbf{c}^T\mathbf{x}}{\overline{z} - \underline{z}} & \text{für } \underline{z} \leqq \mathbf{c}^T\mathbf{x} \leqq \overline{z} \\ 1 & \text{für } \mathbf{c}^T\mathbf{x} > \overline{z} \end{cases}$$

Der Zugehörigkeitsgrad $\mu_0(\mathbf{x})$ kann als „Erfüllungsgrad der Zielfunktion" oder als „Zufriedenheitsgrad bezüglich der Zielfunktion" interpretiert werden. Ab der oberen Grenze $\overline{z}$ für die Zielfunktionswerte ist der Erfüllungsgrad gleich 1, d.h., es herrscht vollständige Zufriedenheit, während unterhalb von $\underline{z}$ ein Erfüllungsgrad von 0 erzielt wird, d.h., es herrscht vollständige Unzufriedenheit (Figur 5.3).

Schritt 4:
Auch bei diesem Verfahren wird der Minimum-Operator zur Zusammenfassung unscharfer Mengen benutzt. Die optimale Entscheidung $\mathbf{x}^*$ ergibt sich damit aus der unscharfen Entscheidung $\widetilde{D}$, wobei für $\mathbf{x}^*$ gilt:

$$\mu_{\widetilde{D}}(\mathbf{x}^*) = \max_{\mathbf{x} \geqq 0} \left(\min_{i=0,\dots,p} \mu_i(\mathbf{x}) \right)$$

Um die optimale Entscheidung errechnen zu können, ist der Zusammenhang zu dem von *Werners (1984, S. 24)* eingeführten, auf α-Niveaumengen basierenden Ersatzproblem von Bedeutung.

Definition 5.4

Das konventionelle Optimierungsproblem

$$\alpha \longrightarrow \max$$
$$\alpha \leq \mu_i(\mathbf{x}), \quad i = 0, ..., p$$
$$\mathbf{x} \geq \mathbf{0}, \quad \alpha \in [0,1]$$

heißt **Ersatzproblem** zu einem unscharfen linearen Optimierungsproblem, wobei μ_0 die Unschärfe des Ziels und $\mu_1, ..., \mu_p$ die Unschärfe in den Nebenbedingungen repräsentiert.

Es gilt der im folgenden Satz formulierte Zusammenhang zwischen Ersatzproblem und unscharfen Optimierungsproblemen (zum Beweis siehe *Negoita, 1979, S. 118*).

Satz 5.5

Existiert eine optimale Lösung $(\alpha^*, \mathbf{x}^*)$ des Ersatzproblems, so ist $\mathbf{x}^*$ eine optimale Entscheidung des zugrundeliegenden unscharfen linearen Optimierungsproblems mit den Zugehörigkeitsfunktionen $\mu_0, ..., \mu_m$.

Damit sind alle in das Ersatzproblem (Definition 5.4) eingehenden Größen festgelegt und die Lösung des Ersatzproblems beinhaltet die optimale Entscheidung.

Im vorgestellten Ablauf des Verfahren von Werners wurden alle in das Modell eingehenden Zugehörigkeitsfunktionen linear modelliert. Wie in Abschnitt 3.2 dargestellt, existieren auch andere Möglichkeiten der Quantifizierung von Unschärfe. *Leberling (1981, 1983)* zeigt für einen s-förmigen Verlauf der Zugehörigkeitsfunktionen $\mu_0, ..., \mu_p$ die Äquivalenz der Lösung des dadurch definierten unscharfen Optimierungsproblems mit der Lösung eines linearen Problems. Dieses Ergebnis konnte von *Werners (1984, S. 143 ff.)* noch verallgemeinert werden. Dort wird der folgende Satz bewiesen.

Satz 5.6

Seien $f_0, ..., f_p : \mathbb{R}^l \to \mathbb{R}$ Funktionen, $g : \mathbb{R} \to \mathbb{R}$ eine streng monoton steigende Funktion und $\alpha, \alpha' \in [0,1]$. Für die Optimierungsprobleme

$$\alpha \longrightarrow \max \qquad\qquad \alpha' \longrightarrow \max$$
P1: $\alpha \leq f_i(\mathbf{x}), i = 0, ..., p$ und **P2:** $\alpha' \leq g(f_i(\mathbf{x})), i = 0, ..., p$
$$\mathbf{x} \geq \mathbf{0} \qquad\qquad\qquad \mathbf{x} \geq \mathbf{0}$$

gilt dann:

$$\exists \alpha^* \in \mathbb{R} \text{ mit } (\alpha^*, \mathbf{x}^*) \text{ optimale Lösung von P1}$$
$$\Longleftrightarrow \exists \alpha'^* \in \mathbb{R} \text{ mit } (\alpha'^*, \mathbf{x}^*) \text{ optimale Lösung von P2}$$

Damit besitzen die Optimierungsprobleme P1 und P2 äquivalente Lösungen x^*, falls eine Transformation g existiert, die den Übergang von P1 nach P2 bewirkt. Übertragen auf die Lösungsmöglichkeiten unscharfer linearer Optimierungsprobleme bedeutet dies, daß das Ersatzproblem mit nichtlinearen Zugehörigkeitsfunktionen $\mu_0, \ldots, \mu_p$ durch ein lineares Optimierungsproblem gelöst werden kann, falls die Funktionen $\mu_0, \ldots, \mu_p$ über eine streng monoton wachsende Transformation g in lineare Funktionen $g \circ \mu_o, \ldots, g \circ \mu_p$ überführt werden können.

Ohne im Detail auf die möglichen **Transformationen** (siehe dazu *Sakawa, 1993, S. 76 ff.*) einzugehen, können damit neben unscharfen Problemen mit linearen und stückweise linearen Zugehörigkeitsfunktionen auch Probleme mit exponentiellen und hyperbolischen Zugehörigkeitsfunktionen auf konventionelle lineare Optimierungsprobleme zurückgeführt und innerhalb des Verfahrens von Werners gelöst werden.

Bezüglich der Zusammenfassung unscharfer Mengen, die zur Berechnung der unscharfen Entscheidung notwendig ist (siehe Definition 4.1), kann das Verfahren von Werners ebenfalls verallgemeinert werden. Bisher wurde ausschließlich der Minimumoperator benutzt. *Werners (1984, S. 197 ff.)* zeigt, daß auch die Operatoren „Fuzzy-und" und „Fuzzy-oder" zu Ersatzproblemen führen, die mit Hilfe eines konventionellen linearen Optimierungsproblems gelöst werden können. Da diese parametrisierten Operatoren das Spektrum zwischen arithmetischem Mittel und Minimum bzw. zwischen arithmetischem Mittel und Maximum abdecken, kann eine Vielzahl von Operatoren eingesetzt werden, ohne die Lösung eines nichtlinearen Problems zu erfordern (siehe auch die Übersicht bei *Brunner, 1994, S. 66*).

Das Vorgehen von Werners lehnt sich an die aus der Entscheidungstheorie bekannte Körth-Regel zur Maximierung des minimalen Zielerreichungsgrades (*Bamberg, Coenenberg, 1996, S. 51*) an. Aufgrund der durch das Verfahren induzierten Unschärfe bezüglich der Zielvorstellung stellt dieser Ansatz gleichzeitig den Übergang zu den im folgenden Abschnitt behandelten Verfahren zu Optimierungsproblemen mit Unschärfe in den Nebenbedingungen **und** Zielen dar.

5.3 Unschärfe in den Nebenbedingungen und den Zielvorstellungen

Den in diesem Abschnitt vorgestellten Verfahren liegen unscharfe Optimierungsprobleme zugrunde, die von vorneherein auch unscharfe Zielvorstellungen beinhalten.

Definition 5.7

*Ein **lineares Optimierungsproblem mit Unschärfe in der Zielfunktion und den Nebenbedingungen** besitzt die Form*

$$\begin{array}{lrl} \textit{Zielfunktion:} & \mathbf{c}^T\mathbf{x} \rightarrow & \widetilde{\max} \\ \textit{Nebenbedingungen:} & \mathbf{Ax} \; \tilde{\lessgtr} & \mathbf{b} \\ & \mathbf{x} \geqq & 0 \end{array}$$

mit $\mathbf{x}, \mathbf{c} \in \mathbb{R}^l, \mathbf{b} \in \mathbb{R}^p, \mathbf{A} \in \mathbb{R}^{p \times l}$.

In gewisser Weise könnte auch das Verfahren von Werners zu den in Definition 5.7 aufgeführten unscharfen Optimierungsproblemen zählen, da auch dort unscharfe Ziele betrachtet werden. Allerdings wird diese Unschärfe erst durch das Verfahren erzeugt und nicht bei der Modellbildung berücksichtigt.

5.3.1 Verfahren von Zimmermann

Die von *Zimmermann (1978)* vorgeschlagene Methode zur Lösung von unscharfen Optimierungsproblemen gemäß Definition 5.7 wird hier nur kurz verbal beschrieben. Er geht davon aus, daß der Entscheidungsträger neben den Grenzen $\overline{b}_i, \underline{b}_i$, $i = 1, \ldots, p$ für die unscharfen Nebenbedingungen auch entsprechende Grenzen $\underline{z}, \overline{z}$ für akzeptable Zielfunktionswerte angeben kann. Mit einer linearen Modellierung der Zugehörigkeitsfunktionen kann nun wie in Schritt 4 im Verfahren von Werners die optimale Entscheidung berechnet werden. Damit liegt der Unterschied zum Verfahren von Werners nur darin, daß die Unschärfe der Zielfunktion von vorneherein vom Entscheidungsträger festzulegen ist, während bei Werners die entsprechende Zugehörigkeitsfunktion aus dem Verfahren heraus generiert wird. Damit gelten die Aussagen bezüglich der Benutzung nichtlinearer Zugehörigkeitsfunktionen und weiterer Operatoren zur Bildung der unscharfen Entscheidung unverändert auch für das Verfahren von Zimmermann.

5.3.2 Verfahren von Chanas

Chanas (1983, 1989) kritisiert an den Methoden von Werners und Zimmermann, daß die optimale Entscheidung sofort, d.h. ohne explizite Darstellung der unscharfen Entscheidung $\widetilde{D}$ berechnet wird. Zudem erscheint die beim Zimmermann-Verfahren getroffene Annahme, daß der Entscheidungsträger in der Lage ist, von vorneherein Grenzen $\underline{z}, \overline{z}$ für die Zugehörigkeitsfunktion bezüglich der Zielfunktionswerte angeben zu können, wenig plausibel.

Deshalb wird beim Verfahren von Chanas zunächst das von Verdegay eingeführte parametrische Optimierungsproblem gelöst. Die daraus resultierenden möglichen Zielfunktionswerte in Abhängigkeit vom Parameter werden dann dem Entscheidungsträger vorgelegt, so daß dieser auf Grundlage dieser Information die Größen $\overline{z}$ und $\underline{z}$ für die Unschärfe innerhalb der Zielfunktion festlegen kann. Zusätzlich wird im Laufe des im folgenden beschriebenen Verfahrens die unscharfe Entscheidung als „Vorstufe" der optimalen Entscheidung explizit dargestellt.

Schritt 1:
Ausgangspunkt ist das unscharfe Optimierungsproblem gemäß Definition 5.3 mit den entsprechenden linear definierten Zugehörigkeitsfunktionen. Wie im Verfahren von Verdegay wird das parametrische Optimierungsproblem

$$c^T x \longrightarrow \max$$

$$a_i^T x \;\underset{\sim}{\leq}\; \underline{b}_i + (1-\alpha)(\overline{b}_i - \underline{b}_i), \; i = 1, \ldots, p$$

$$x \geq 0, \quad \alpha \in [0,1]$$

mit dem Parameter $(1 - \alpha) = \theta$ aufgestellt. Als Lösung dieses Problems erhält man die optimalen Lösungen $x^*(\theta)$ und die dazugehörigen optimalen Zielfunktionswerte $z^*(\theta) = c^T x^*(\theta)$ jeweils in Abhängigkeit vom Parameter θ.

Schritt 2:
Mit Hilfe dieser Information kann der Entscheidungsträger plausible Werte für $\overline{z}$ ($\leq z^*(\theta = 1)$) und $\underline{z}$ ($\geq z^*(\theta = 0)$) festlegen. Die Zugehörigkeitsfunktion μ_0 bezüglich der unscharfen Zielvorstellung $\widetilde{G}$ wird bei diesem Verfahren in Abhängigkeit vom Parameter θ angegeben. Damit ist $\mu_0 : [0,1] \to [0,1]$ eine stückweise lineare, konkave Funktion mit

$$\mu_0(\theta) = \begin{cases} 0 & \text{für } c^T x^*(\theta) < \underline{z} \\[2mm] 1 - \dfrac{\overline{z} - c^T x^*(\theta)}{\overline{z} - \underline{z}} & \text{für } \underline{z} \leq c^T x^*(\theta) \leq \overline{z} \\[2mm] 1 & \text{für } c^T x^*(\theta) > \overline{z} \end{cases}$$

Schritt 3:
Um auch die Zugehörigkeitsfunktionen zur Beschreibung der Unschärfe in den Nebenbedingungen in Abhängigkeit vom Parameter θ ausdrücken zu können,

werden die p Nebenbedingungen im parametrischen Optimierungsproblem aus Schritt 1 umgeformt zu

$$1 - \frac{\mathbf{a}_i^T \mathbf{x} - \underline{b}_i}{\overline{b}_i - \underline{b}_i} \geqq 1 - \theta, \quad i = 1, \dots, p \; .$$

Dies bedeutet, daß jede zulässige Lösung $\mathbf{x}(\theta)$ des parametrischen Optimierungsproblems für einen vorgegebenen Parameter θ die Ungleichung

$$\mu_i(\theta) = 1 - \frac{\mathbf{a}_i^T \mathbf{x} - \underline{b}_i}{\overline{b}_i - \underline{b}_i} \geqq 1 - \theta, \quad i = 1, \dots, p$$

erfüllt. Andererseits existiert für jede Basislösung des parametrischen Optimierungsproblems mindestens eine Restriktion mit

$$\mu_i(\theta) = 1 - \theta \; .$$

Wird die Zusammenfassung $\widetilde{R}$ der unscharfen Restriktionen $\widetilde{R}_1, \dots, \widetilde{R}_p$ über die Minimum-Verknüpfung definiert, so wird die unscharfe Menge $\widetilde{R}$ durch die Zugehörigkeitsfunktion

$$\mu_{\widetilde{R}}(\theta) = \min\{\mu_1(\theta), \dots, \mu_p(\theta)\} = 1 - \theta$$

definiert. Damit nimmt der Erfüllungsgrad für alle Nebenbedingungen mit zunehmenden θ ab.

Die unscharfe Entscheidung $\widetilde{D}$ für das gesamte unscharfe lineare Optimierungsproblem aus Definition 5.7 ist damit durch die Zusammenfassung von $\widetilde{G}, \widetilde{R}_1, \dots, \widetilde{R}_p$ gegeben und wird durch die Zugehörigkeitsfunktion $\mu_{\widetilde{D}} : [0,1] \to [0,1]$ mit

$$\mu_{\widetilde{D}}(\theta) = \min\{\mu_0(\theta), 1 - \theta\}$$

beschrieben. Die optimale Entscheidung ist dann $\mathbf{x}^*(\theta^*)$, wobei θ^* aus

$$\mu_{\widetilde{D}}(\theta^*) = \max_{\theta \in [0,1]} \min\{\mu_0(\theta), 1 - \theta\}$$

berechnet wird. θ^* erfüllt damit die Gleichung $\mu_0(\theta) = 1 - \theta$ (Figur 5.4).

Das beschriebene Verfahren kann in verschiedenen Punkten verallgemeinert werden.

- Die Zugehörigkeitsfunktion μ_0 muß nicht linear formuliert werden. Es genügt die Angabe einer monoton wachsenden Funktion (*Chanas, 1989*). Die Berechnung der unscharfen und der optimalen Entscheidung kann in entsprechender Weise durchgeführt werden.

- Die Zusammenfassung von $\widetilde{G}$ und $\widetilde{R}$ muß nicht durch den Minimum-Operator modelliert werden. Als Beispiel führt *Chanas (1983, S. 247)* das algebraische Produkt an. Auch in diesem Fall kann die grundsätzliche Vorgehensweise des Verfahrens beibehalten werden.

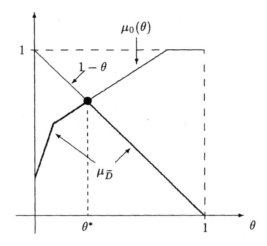

Figur 5.4: Bestimmung der optimalen Entscheidung bei Chanas

5.4 Weitere Möglichkeiten zur Berücksichtigung von Unschärfe

Ein unscharfes lineares Optimierungsproblem gemäß Definition 5.2 beinhaltet neben den bisher berücksichtigten Unschärfen auch unscharfe Zielfunktionskoeffizienten $\tilde{c}$, unscharfe Koeffizienten im Beschränkungsvektor $\tilde{b}$ und unscharfe Einträge in der Koeffizientenmatrix $\tilde{A}$.

Ansätze zur Lösung derartiger Problembeschreibungen geben *Verdegay (1984a, 1984b)* für den Fall unscharfer Zielfunktionskoeffizienten, *Tanaka, Asai (1984)* und *Tanaka u.a. (1984)* benutzen dreiecksförmige unscharfe Zahlen zur Beschreibung der Unschärfe bei allen Koeffizienten und *Carlsson, Korhonen (1986)* beschreiben den allgemeinen Fall mit unscharfen Koeffizienten auch für nichtlineare Zugehörigkeitsfunktionen. Die zur Lösung dieser Probleme angegebenen Verfahren werden hier aus folgenden Gründen nicht weiter beschrieben:

- Um Unschärfe in den Koeffizienten beschreiben zu können, ist vom Entscheidungsträger eine Vielzahl von Zugehörigkeitsfunktionen abzufragen. Dies führt auch bei kleineren Problemen zu einer Belastung, die nicht durch die zusätzlichen Informationen bei der Lösung derartiger Probleme gerechtfertigt werden kann.

- Die Berücksichtigung unscharfer Nebenbedingungen (Abschnitt 5.2) kann auch als Modellierung unscharfer Restriktionsgrenzen aufgefaßt werden. Beide Sichtweisen beinhalten die gleiche Information: Der Entscheidungsträger muß angeben, inwieweit eine Restriktion verletzt werden kann oder er muß den Restriktionskoeffizienten selbst als unscharfe

Menge angeben. Dies bedeutet aber, daß eine gleichzeitige Modellierung von „$\overset{\sim}{\leq}$" und „$\overset{\sim}{\mathbf{b}}$" nicht sinnvoll erscheint, da beide Fälle die gleiche Problematik berücksichtigen. Entsprechend kann bezüglich einer gleichzeitigen Modellierung von „$\overset{\frown}{\max}$" und „$\overset{\sim}{\mathbf{c}}$" bei der Zielvorstellung bzw. den Zielfunktionskoeffizienten argumentiert werden.

- Werden die Koeffizienten in **A** unscharf modelliert, müssen bei gleichzeitiger Berücksichtigung unscharfer Restriktionen bzw. Restriktionskoeffizienten zusätzliche Annahmen bezüglich des Zusammenhangs der einzelnen Größen getroffen werden, um eine Lösungsmethode angeben zu können. Insofern sollte die Unbestimmtheit in **A** auf die Unschärfe in **b** verlagert werden, um keine weiteren, vom Lösungsverfahren und nicht vom Entscheidungsträger begründete Annahmen in die Methode einbeziehen zu müssen. Zudem stellen in vielen Anwendungen die Koeffizienten in **A** innerhalb des Planungsproblems technische und damit eindeutig bestimmte Zusammenhänge dar.

Neben $\overset{\sim}{\leq}$-Restriktionen können auch $\overset{\sim}{\geq}$- und $\overset{\sim}{=}$-Restriktionen innerhalb von unscharfen linearen Optimierungsproblemen berücksichtigt werden. Bei $\overset{\sim}{\geq}$-Restriktionen müssen die Zugehörigkeitsfunktionen entsprechend gestaltet werden, d.h., der Zugehörigkeitsgrad wird bis zu $\underline{b}_i$ gleich 0 und oberhalb von $\overline{b}_i$ gleich 1 gesetzt. Der Zwischenbereich kann wiederum linear, stückweise linear oder auch mit geeigneten nicht-linearen Funktionsverläufen modelliert werden. $\overset{\sim}{=}$-Restriktionen werden durch lr-Fuzzy-Zahlen oder -Intervalle modelliert, d.h., die Einhaltung des mittleren Bereiches wird gewünscht und eine Abweichung in bestimmten Grenzen zugelassen. *Werners (1984, S. 129)* gibt auch für diesen Fall das entsprechende lineare Ersatzproblem an, dessen Lösung wiederum die Lösung des unscharfen Problems ergibt. Da die Vorgehensweise keine grundsätzlich neuen Erkenntnisse erbringt, wird auf eine detaillierte Darstellung dieser Modellvarianten verzichtet.

5.5 Interaktives Verfahren zur unscharfen linearen Optimierung bei einfacher Zielsetzung

Um einen Entscheidungsprozeß möglichst realistisch abzubilden, müssen die Freiheitsgrade, die bei der Lösung unscharfer linearer Optimierungsprobleme entstehen, genutzt werden. Dazu bieten sich **interaktive Verfahren** an, d.h., der Entscheidungsträger wird im Laufe der Lösungsgenerierung immer wieder in den Prozeß einbezogen, um damit seine Präferenzen möglichst gut abbilden zu können. Die Ableitung von Entscheidungen bzw. optimalen Lösungen mittels interaktiv formulierter Verfahren basiert allerdings darauf, daß der mit dem Verfahren konfrontierte Entscheidungsträger für das zu lösende Problem Kompetenz aufweist, da eine explizite Offenlegung seiner Bewertungsgrundlagen innerhalb des Verfahrensablaufs nicht erfolgt. Er greift zwar durch die von ihm an das Verfahren weitergegebenen Informationen in den Verfahrensablauf ein, muß aber nicht die Grundlagen, auf der diese Angaben beruhen, offenbaren.

Der **Ablauf** eines interaktiven Verfahrens kann sowohl im konventionellen als auch im unscharfen Bereich in drei Phasen unterteilt werden:

Phase 1: Zunächst wird eine erste Interaktionsbasis aktiviert, um den Entscheidungsträger in den Ablauf einbinden zu können. Dies bedeutet, daß eine erste Problemlösungskonstellation erzeugt und dem Entscheidungsträger vorgelegt wird.

Phase 2: Entscheidungsphase
Die vorhandene Problemlösungskonstellation wird durch Informationen, die vom Entscheidungsträger eingebracht werden, bewertet. Wird die Lösung als zufriedenstellend erachtet, wird das Verfahren abgebrochen, ansonsten geht man zu Phase 3 über.

Phase 3: Berechnungsphase
Aktivierung einer neuen Interaktionsbasis aufgrund der gegebenen Informationen und Rücksprung zu Phase 2.

Die **Vorteile** interaktiv formulierter Verfahren sind:

- **Flexibilität**, d.h., die Verfahren können relativ leicht an spezifische Problemstellungen angepaßt werden und es besteht die Möglichkeit, daß einmal getroffene Teilentscheidungen wieder rückgängig gemacht werden können.

- Dem Entscheidungsträger werden nur **lokale Präferenzinformationen** abverlangt. Er muß sich nicht ohne weitere Informationen mit dem vollständigen Lösungsraum auseinandersetzen.

- Aufgrund der ständigen Interaktion bestehen **Lernmöglichkeiten** für den Entscheidungsträger. Dies kann zur Folge haben, daß Restriktionen gelockert werden und dadurch neue Alternativen mit in die Betrachtung einbezogen werden können.

- Durch die Einbindung des Entscheidungsträgers in den Lösungsprozeß wird die **Akzeptanz** bezüglich der letztendlich präsentierten Lösung erhöht.

Nachteile, die durch eine interaktive Formulierung des Lösungsprozesses entstehen können, sind:

- Die Ergebnisse können von **problemfremden Größen**, wie der momentanen Stimmungslage des Entscheidungsträgers und dem Zeitpunkt der Entscheidung, beeinflußt werden. Eventuell wird der Lösungsprozeß aus Ungeduld abgebrochen, ohne daß tatsächlich eine zufriedenstellende Lösung erreicht wurde.

• Je mehr Revisionsmöglichkeiten eingebaut werden, desto schlechtere **Konvergenzeigenschaften** besitzt das Verfahren. Es besteht demnach keine Garantie für einen endlichen Lösungsprozeß.

Insgesamt überwiegen die Vorteile einer interaktiven Formulierung, die im Fall der linearen Optimierungsprobleme bei einfacher Zielsetzung erst durch die Berücksichtigung von Unschärfen ermöglicht wird. In der Literatur wurden einige Vorschläge für eine interaktive Fuzzy-Optimierung unterbreitet. Meist beziehen diese den Fall von mehreren Zielen mit ein, bei dem auch im konventionellen Bereich der Optimierung in jüngerer Zeit interaktive Verfahren formuliert wurden (beispielsweise *Werners, 1984* oder *Brunner, 1994*). *Lai, Hwang (1992, 1993a)* beschreiben ein interaktives Verfahren für den Bereich der Einfachzielsetzung, das zwar die in diesem Kapitel beschriebenen Verfahren benutzt, aber einige Inkonsistenzen aufweist. Beispielsweise wird dort eine von den Autoren beschriebene Methode aufgeführt, die jedoch aufgrund der möglichen Rücksprünge innerhalb des interaktiven Verfahrens im Grunde genommen keine eigenständige Methode darstellt. Zudem wird das Verfahren von Chanas nicht entsprechend der Originalliteratur dargestellt und aus dem interaktiven Verfahren ausgeschlossen. Deshalb wird hier die Idee der Verbindung unterschiedlicher Verfahren von *Lai, Hwang (1993a)* aufgegriffen, aber ein im Vergleich zu deren Methode unterschiedlicher Ablauf gewählt. Zunächst werden die in das Verfahren eingebauten vier Problemtypen in einer Übersicht (Figur 5.5) zusammenfassend beschrieben. In Figur 5.6 ist dann das Verfahren in Verbindung mit diesen Problemtypen dargestellt.

Die Interaktivität wird durch die folgende Auflistung verdeutlicht, die Entscheidungsphasen und Berechnungsphasen gegenüberstellt.

Bewertungen und Informationen des Entscheidungsträgers		Aktivierung einer neuen Interaktionsbasis
Aufstellung des deterministischen Problems	$\longrightarrow$	Lösung von Problemtyp 1
Angabe von Toleranzen für Nebenbedingungen	$\longrightarrow$	Lösung von Problemtyp 2
Toleranzen für Zielfunktionswerte können nicht angegeben werden	$\longrightarrow$	Lösung von Problemtyp 3
Angabe von Toleranzen für Zielfunktionswerte	$\longrightarrow$	Lösung von Problemtyp 4

Abschließend soll ein einfaches Beispiel den interaktiven Ablauf und die einzelnen Problemtypen verdeutlichen.

Problemtyp 1
Konventionelles lineares Optimierungsproblem
$$c^T x \longrightarrow \max$$
$$Ax \leqq b$$
$$x \geqq 0$$

$\downarrow$

Lösung: Simplexverfahren oder Algorithmus von
Karmarkar

Problemtyp 2
Lineares Optimierungsproblem mit
unscharfen Nebenbedingungen
$$c^T x \longrightarrow \max$$
$$Ax \underset{\sim}{\leqq} b$$
$$x \geqq 0$$

Ausgabe von $\downarrow \mu_1, ..., \mu_p$

Lösung: Verfahren von Verdegay
Ergebnis: $x^*(\theta)$

Problemtyp 3
Lineares Optimierungsproblem mit
unscharfen Nebenbedingungen
$$c^T x \longrightarrow \max$$
$$Ax \underset{\sim}{\leqq} b$$
$$x \geqq 0$$

Berechnung: $\mu_0 \downarrow$ Ausgabe: $\mu_1, ..., \mu_p$

Lösung: Verfahren von Werners
Ergebnis: optimale Entscheidung x^*

Problemtyp 4
Lineares Optimierungsproblem mit unscharfen
Nebenbedingungen und unscharfer Zielfunktion
$$c^T x \longrightarrow \widetilde{\max}$$
$$Ax \underset{\sim}{\leqq} b$$
$$x \geqq 0$$

Ausgabe von $\downarrow \mu_0, ..., \mu_p$

Lösung: Verfahren von Chanas
Ergebnis: unscharfe und optimale Entscheidung

Figur 5.5: Übersicht zu Problemtypen 1 bis 4

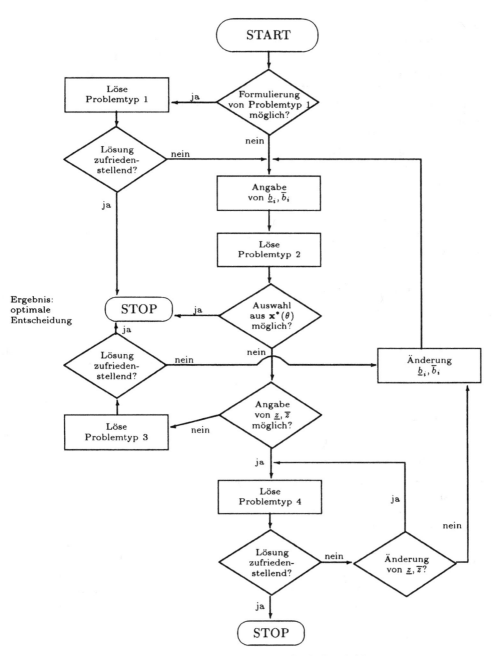

Ergebnis: unscharfe **und** optimale Entscheidung

Figur 5.6: Ablauf des interaktiven Verfahrens

Beispiel 5.8

Innerhalb der Produktionsprogrammplanung sind in vielen Fällen auch Restriktionen bezüglich der Inanspruchnahme der natürlichen Umwelt zu berücksichtigen (vgl. Bogaschewsky, 1995). Diese Restriktionen sind meist nur unscharf zu beschreiben, weshalb gerade in diesem Bereich der Produktionsprogrammplanung unscharfe lineare Optimierungsmodelle zum Einsatz kommen.

Für eine einstufige Zweiproduktfertigung eines Unternehmens wird das Ziel der Deckungsbeitragsmaximierung durch

$$5x_1 + 6x_2 \longrightarrow \max$$

beschrieben. Die Restriktionen sind:

- $3x_1 + 4x_2 \leqq 200$
  Durch diese Ungleichung wird die Benutzung und Verfügbarkeit der Maschinenkapazität ausgedrückt.

- $3x_1 + 3x_2 \leqq 100$
  Diese Restriktion bezieht sich auf die Verfügbarkeit des im Produktionsprozeß benutzten Materials.

- $x_1 + 2x_2 \leqq 50$
  Dadurch wird eine begrenzte Entsorgungskapazität ausgedrückt, d.h., Deponieflächen stehen nur in begrenztem Umfang zur Verfügung.

- $5x_1 + 4x_2 \leqq 150$
  Diese Ungleichung beinhaltet gesetzlich vorgeschriebene Emissionsbeschränkungen.

- $x_1, x_2 \geqq 0$
  Nichtnegativitätsbedingungen.

*Dieses konventionelle lineare Optimierungsproblem (**Problemtyp 1**) führt zu Lösungswerten $x_1^* = x_2^* = 16\frac{2}{3}$ mit dem Zielfunktionswert $z^* = 183\frac{1}{3}$. Im berechneten Optimum ist nur die Maschinenkapazität nicht voll ausgeschöpft, alle weiteren Restriktionen sind mit Gleichheit erfüllt.*

Deshalb wird eine Aufweichung der Restriktionen 2 bis 4 in Erwägung gezogen. Die Materialverfügbarkeit kann zumindest kurzfristig überschritten werden, durch die Vorsortierung von Abfallstoffen kann auch eine Erhöhung der Entsorgungskapazitäten erreicht werden und die Vorschriften zur Emissionsbeschränkung sind zeitraumbezogen und können damit kurzfristig überschritten werden. Diese Lockerung wird durch folgende Ober- bzw. Untergrenzen für die Restriktionskonstanten beschrieben:

$$\begin{aligned}
\underline{b}_1 &= 200 & \overline{b}_1 &= 200 \\
\underline{b}_2 &= 100 & \overline{b}_2 &= 120 \\
\underline{b}_3 &= 50 & \overline{b}_3 &= 60 \\
\underline{b}_4 &= 150 & \overline{b}_4 &= 180
\end{aligned}$$

Damit wird **Problemtyp 2** durch das parametrische lineare Optimierungs-problem

$$5x_1 + 6x_2 \rightarrow \max$$
$$3x_1 + 4x_2 \leqq 200$$
$$3x_1 + 3x_2 \leqq 100 + \theta \cdot 20$$
$$x_1 + 2x_2 \leqq 50 + \theta \cdot 10$$
$$5x_1 + 4x_2 \leqq 150 + \theta \cdot 30$$
$$x_1, x_2 \geqq 0$$

beschrieben, dessen Lösung durch den Zusammenhang

$$\mathbf{c}^T \mathbf{x}^*(\theta) = 183\frac{1}{3} + 36\frac{2}{3} \cdot \theta$$

angegeben werden kann. Da der Entscheidungsträger aus der Menge der mög-lichen Lösungen keine Lösung auswählt, wird zunächst **Problemtyp 3** gelöst.

Schritt 1:

$$\mu_2(\mathbf{x}) = \begin{cases} 1 & \text{für } 3x_1 + 3x_2 \leq 100 \\ 1 - \frac{3x_1 + 3x_2 - 100}{20} & \text{für } 100 < 3x_1 + 3x_2 \leqq 120 \\ 0 & \text{sonst} \end{cases}$$

$$\mu_3(\mathbf{x}) = \begin{cases} 1 & \text{für } x_1 + 2x_2 \leq 50 \\ 1 - \frac{x_1 + 2x_2 - 50}{10} & \text{für } 50 < x_1 + 2x_2 \leqq 60 \\ 0 & \text{sonst} \end{cases}$$

$$\mu_4(\mathbf{x}) = \begin{cases} 1 & \text{für } 5x_1 + 4x_2 \leq 150 \\ 1 - \frac{5x_1 + 4x_2 - 150}{30} & \text{für } 150 < 5x_1 + 4x_2 \leqq 180 \\ 0 & \text{sonst} \end{cases}$$

Schritt 2:
Die Ober- und Untergrenze für die möglichen Zielfunktionswerte sind:

$$\overline{z} = 220 \text{ für } \theta = 1 \text{ mit } x_1 = x_2 = 20$$
$$\underline{z} = 183\frac{1}{3} \text{ für } \theta = 0 \text{ mit } x_1 = x_2 = 16\frac{2}{3}$$

Schritt 3:
Die unscharfe Zielvorstellung wird dann durch die Zugehörigkeitsfunktion

$$\mu_0(\mathbf{x}) = \begin{cases} 0 & \text{für } 5x_1 + 6_2 \leq 183\frac{1}{3} \\ 1 - \frac{220 - 5x_1 - 6x_2}{220 - 183\frac{1}{3}} & \text{für } 183\frac{1}{3} < 5x_1 + 6x_2 \leqq 220 \\ 1 & \text{sonst} \end{cases}$$

beschrieben.

Schritt 4:

Das Ersatzproblem lautet

$$\alpha \to \max$$
$$3x_1 + 3x_2 \lessgtr 200$$
$$\alpha \lessgtr \mu_i(\mathbf{x}) \ , \quad i = 0, 2, 3, 4$$
$$\alpha \lessgtr 1$$
$$\alpha \gneqq 0$$

und liefert die Lösung

$$\alpha^* = 0.5, x_1^* = x_2^* = 18\frac{1}{3}, z^* = 201\frac{2}{3} \ .$$

Da der Entscheidungsträger neben der Beschreibung der optimalen Entscheidung auch die unscharfe Entscheidung erhalten möchte, wird durch die Angabe von Ober- und Untergrenzen für die Zielfunktionswerte **Problemtyp 4** generiert und gelöst.

Schritt 1:

vgl. Problemtyp 2

Schritt 2:

Die Vorgabe von $\overline{z} = 210$ und $\underline{z} = 200$ führt zur Zugehörigkeitsfunktion

$$\mu_0(\theta) = \begin{cases} 0 & \text{für } 183\frac{1}{3} + 36\frac{2}{3}\theta \leq 200 \\ 1 - \frac{210 - (183\frac{1}{3} + 36\frac{2}{3}\theta)}{210 - 200} & \text{für } 200 < 183\frac{1}{3} + 36\frac{2}{3}\theta \leqq 210 \\ 1 & \text{sonst} \end{cases}$$

$$= \begin{cases} 0 & \text{für } \theta \leqq \frac{5}{11} \\ -\frac{5}{3} + \frac{11}{3}\theta & \text{für } \frac{5}{11} < \theta \leqq \frac{8}{11} \\ 1 & \text{sonst} \end{cases} \ .$$

Schritt 3:

Die unscharfe Entscheidung wird in Figur 5.7 dargestellt.

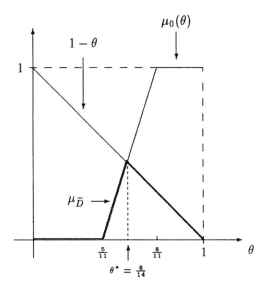

Figur 5.7: Unscharfe Entscheidung für Problemtyp 4

Die optimale Entscheidung lautet

$$x_1^* = x_2^* = 18.57, z^* = 204.3$$

und wird vom Entscheidungsträger als zufriedenstellend akzeptiert.

6. Fuzzy Multiple Objective Decision Making (Fuzzy-MODM)

6.1 Grundlagen bei MODM

Um Fuzzy-MODM-Methoden darstellen zu können, wird zunächst ein konventionelles MODM-Problem mit seinen Bestandteilen in allgemeiner Form aufgeführt.

Definition 6.1
*Ein **MODM-Problem** besitzt die Form*

$$\begin{array}{ll} \text{Zielfunktionen:} & f_k(\mathbf{x}) \to \max, \ k = 1, \ldots, r \\ \text{Nebenbedingungen:} & g_i(\mathbf{x}) \lessgtr 0, \quad i = 1, \ldots, p \\ & \mathbf{x} \gtreqless 0 \end{array}$$

mit   dem Vektor der Planungsvariablen $\mathbf{x}^T = (x_1, \ldots, x_l)$,

den Zielfunktionen $f_k : \mathbb{R}^l \longrightarrow \mathbb{R}, \ k = 1, \ldots, r$

und den die Nebenbedingungen beschreibenden Funktionen $g_i : \mathbb{R}^l \longrightarrow \mathbb{R}, \ i = 1, \ldots, p$.

In dieser allgemeinen Form eines MODM-Problems können sowohl die Zielfunktionen als auch die Nebenbedingungen durch Funktionen beschrieben werden, die nicht notwendigerweise linear sind. Wichtig im Zusammenhang mit der Lösung von MODM-Problemen ist der Begriff der Effizienz.

Definition 6.2
*Ein Vektor $\mathbf{x}_1 \in \mathbb{R}^l$, der die Nebenbedingungen eines MODM-Problems (Definition 6.1) erfüllt, heißt **effiziente** (oder **nicht-dominierte** oder **paretooptimale**) **Lösung** des MODM-Problems, falls kein anderer zulässiger Vektor $\mathbf{x}_2 \in \mathbb{R}^l$ existiert, welcher $\mathbf{x}_1$ echt vorgezogen wird, d.h., es existiert kein $\mathbf{x}_2$ mit $g_i(\mathbf{x}_2) \leq 0$, $i = 1, \ldots, p$ und $\mathbf{x}_2 \geq 0$ derart, daß*

$$f_k(\mathbf{x}_2) \geq f_k(\mathbf{x}_1), \ k = 1, \ldots, r$$
und $f_k(\mathbf{x}_2) > f_k(\mathbf{x}_1)$ für mindestens ein $k \in \{1, \ldots, r\}$.

Oft wird unter der Lösung eines MODM-Problems die Berechnung aller effizienten Lösungen verstanden (siehe beispielsweise *Isermann, 1976*). Diese als

vollständige Lösung bezeichnete Menge kann bei realen Problemstellungen, neben den dabei zu überwindenden rechentechnischen Schwierigkeiten, für den Entscheidungsträger aufgrund der Vielzahl der möglichen Lösungen unüberschaubar sein. Die Bedeutung der vollständigen Lösung liegt deshalb eher darin, daß als Kompromißlösung nur Elemente dieser Menge in Frage kommen. Deshalb müssen Verfahren zur Bestimmung von Kompromißlösungen innerhalb der MODM-Probleme zwangsläufig Raum für das Einbringen von subjektiven Informationen und **Präferenzen** des Entscheidungsträgers bieten. Damit bieten sich auch für diesen Bereich interaktiv formulierte Verfahren an. Übersichten zu Lösungsmethoden für konventionelle MODM-Probleme in verschiedenen Ausprägungen geben beispielsweise *Hwang, Masud (1979), Zimmermann, Gutsche (1991), Lai, Hwang (1996, Kapitel 2)* und *Tamiz (1996)*. Methoden zur Lösung unscharf formulierter MODM-Modelle werden in Abschnitt 6.2 dargestellt und in Abschnitt 6.3 in einen interaktiven Verfahrensablauf, der auch an einem Beispiel veranschaulicht wird, eingebunden.

6.2 Typen linearer Fuzzy-MODM-Probleme

Bei der Festlegung unscharfer Entscheidungen werden Ziele und Restriktionen gleichwertig behandelt (siehe Definition 4.1, S. 46). Damit besteht zwischen den in Kapitel 5 behandelten unscharfen linearen Optimierungsproblemen bei einfacher Zielsetzung und linearen Fuzzy-MODM-Problemen kein struktureller Unterschied. Zunächst werden einzelne Problemtypen dargestellt, die auf unterschiedliche Weise Unschärfe berücksichtigen. Bei der Ableitung von Lösungsverfahren für die einzelnen Problemtypen wird die zu berücksichtigende Unschärfe wie im vorangegangenen Kapitel auf konventionelle Optimierungsprobleme zurückgeführt.[1]

Problemtyp 1:

Ausgangspunkt ist ein lineares konventionelles MODM-Problem.

Definition 6.3
*Ein **lineares MODM-Problem** besitzt die Form*

$$\begin{aligned}
\textit{Zielfunktionen:} &\quad \mathbf{Cx} \rightarrow \max \\
\textit{Nebenbedingungen:} &\quad \mathbf{Ax} \lessgtr \mathbf{b} \\
&\quad \mathbf{x} \gtreqqless 0
\end{aligned}$$

---

[1]Zur Behandlung nichtlinearer Fuzzy-MODM-Probleme sei auf die Zusammenstellung in *Sakawa (1993)* verwiesen.

mit dem Vektor der Planungsvariablen $\mathbf{x}^T = (x_1, \ldots, x_l)$

der Matrix der Zielfunktionskoeffizienten $\mathbf{C} = (c_{kj})_{r,l}$

dem Beschränkungsvektor $\mathbf{b}^T = (b_1, \ldots, b_p)$

und der Koeffizientenmatrix der Nebenbedingungen $\mathbf{A} = (a_{ij})_{p,l}$.

Um dieses Problem zu lösen, geht man von einem Modell aus, das für die einzelnen Zielfunktionen **Anspruchniveaus** $z_k, k = 1, \ldots, r$ unterstellt, die möglichst erreicht werden sollen. Dies führt zu einer Modellierung der Zielfunktion als unscharfe Ungleichung, d.h.

$$\mathbf{c}_k^T \mathbf{x} \longrightarrow \max \quad \text{wird zu} \quad \mathbf{c}_k^T \mathbf{x} \mathrel{\widetilde{\geqq}} z_k \quad \text{für alle} \quad k = 1, \ldots, r.$$

Damit wird das lineare MODM-Problem aus Definition 6.3 zu einem System, in dem neben konventionellen Ungleichungen auch unscharfe Ungleichheitsrelationen zu berücksichtigen sind:

$$\text{Suche } \mathbf{x} \text{ mit} \quad \mathbf{c}_k^T \mathbf{x} \mathrel{\widetilde{\geqq}} z_k, \ k = 1, \ldots, r \quad \text{und} \quad \mathbf{a}_i^T \mathbf{x} \mathrel{\widetilde{\leqq}} b_i, \ i = 1, \ldots, p.$$

Die unscharfen Ungleichungen werden durch Zugehörigkeitsfunktionen beschrieben, die noch festzulegen sind. Dazu werden zunächst für jede einzelne Zielfunktion unter Einhaltung der Nebenbedingungen der maximal mögliche und der minimal mögliche Zielfunktionswert errechnet. Damit sind für $k = 1, \ldots, r$ jeweils zwei lineare Optimierungsprobleme bei einfacher Zielsetzung zu lösen:

$$
\begin{array}{cc}
\mathbf{c}_k^T \mathbf{x} \to \max & \mathbf{c}_k^T \mathbf{x} \to \min \\
\mathbf{A}\mathbf{x} \leqq \mathbf{b} & \mathbf{A}\mathbf{x} \leqq \mathbf{b} \\
\mathbf{x} \geqq 0 & \mathbf{x} \geqq 0
\end{array}
$$

Die Lösungen dieser Optimierungsprobleme werden als **individuelle Optimallösungen** z_k^+ bzw. z_k^- bezeichnet. Mit diesen Werten werden lineare Zugehörigkeitsfunktionen der unscharfen Ungleichungen $\widetilde{\geqq}$ für $k = 1, \ldots, l$ festgelegt:

$$
\mu_k^1(\mathbf{x}) = \begin{cases} 0 & \text{für } \mathbf{c}_k^T \mathbf{x} < z_k^- \\ 1 - \dfrac{z_k^+ - \mathbf{c}_k^T \mathbf{x}}{z_k^+ - z_k^-} & \text{für } z_k^- \leqq \mathbf{c}_k^T \mathbf{x} \leqq z_k^+ \\ 1 & \text{für } \mathbf{c}_k^T \mathbf{x} > z_k^+ \end{cases}
$$

Lai, Hwang (1993a) schlagen zur Lösung des dadurch entstandenen Problems eine Methode vor, die zur Bildung der unscharfen Entscheidung den Minimumoperator benutzt und eine Lösung des MODM-Problems in zwei Schritten generiert. Im **ersten Schritt** wird das von *Zimmermann (1978)* vorgeschlagene Verfahren für unscharf formulierte Zielvorstellungen benutzt. Dort werden für das lineare MODM-Problem mit den Zugehörigkeitsfunktionen $\mu_k^1, k = 1, \ldots, r$ entsprechend zu Abschnitt 5.2.2 Lösungswerte α^* und $\mathbf{x}^*$ zum leicht veränderten Ersatzproblem aus

Zielfunktion: $\alpha \longrightarrow \max$

Nebenbedingungen: $\alpha \leqq \mu_k^1(\mathbf{x}), k = 1, \ldots, r$

$$\mathbf{Ax} \leqq \mathbf{b}$$

$$\mathbf{x} \geqq \mathbf{0}, \ \alpha \in [0,1]$$

generiert. *Hamacher (1978, S. 72)* zeigt, daß im Falle der Lösbarkeit des Ersatzproblems mindestens eine optimale Lösung $(\alpha^*, \mathbf{x}^*)$ existiert, die eine effiziente Lösung des zugrundeliegenden MODM-Problems darstellt. Ist die optimale Lösung eindeutig, stellt diese auch eine effiziente Lösung dar. Ist die optimale Lösung nicht eindeutig, d.h., es existieren mehrere Lösungen für die Planungsvariablen in $\mathbf{x}$, die zum gleichen α^* führen, sind im allgemeinen nicht alle optimalen Lösungen effizient.

Durch die Einführung einer Gewichtung der Ziele wird das Problem der Mehrdeutigkeit von *Lai, Hwang (1993b)* in einem **zweiten Schritt** gelöst. Mit den Gewichten $w_1, \ldots, w_r > 0$, $\sum_{k=1}^{r} w_k = 1$ ist das Optimierungsproblem

Zielfunktion: $\sum_{k=1}^{r} w_k \mu_k(\mathbf{x}) \longrightarrow \max$

Nebenbedingungen: $\alpha^* \leqq \mu_k^1(\mathbf{x}), k = 1, \ldots, r$

$$\mathbf{Ax} \leqq \mathbf{b}$$

$$\mathbf{x} \geqq \mathbf{0}$$

zu lösen. Dadurch bleibt α^* erhalten und durch die über die Gewichtung eingeführte Kompensation zwischen den Zielen werden die optimalen Werte der Planungsvariablen in $\mathbf{x}^*$ festgelegt. Benutzt man die Simplexmethode mit der üblichen Auswahl der Pivotspalte (Variable mit größtem Zuwachs pro Einheit wird zur Basisvariable), können beide Schritte innerhalb der Lösung des in der folgenden Definition aufgeführten erweiterten Ersatzproblems durchgeführt werden.

Definition 6.4

*Das **erweiterte Ersatzproblem** zur Lösung eines MODM-Problems mit unscharfen Zielfunktionen besitzt die Form*

$$Zielfunktion: \quad \alpha + \delta \sum_{k=1}^{r} w_k \mu_k^1(\mathbf{x}) \longrightarrow \max$$

$$Nebenbedingungen: \quad \alpha \leqq \mu_k^1(\mathbf{x})$$

$$\mathbf{Ax} \leqq \mathbf{b}$$

$$\mathbf{x} \geqq \mathbf{0}, \quad \alpha \in [0, 1]$$

mit   gegebenem, genügend kleinem $\delta > 0$ und

gegebenen Gewichten für die Ziele

$$w_k > 0, k = 1, \ldots, r, \quad \sum_{k=1}^{r} w_k = 1.$$

Im ersten Austauschschritt des Simplexalgorithmus wird aufgrund der Formulierung des erweiterten Ersatzproblems die Variable α in die Basis aufgenommen und damit zunächst der erste der oben aufgeführten Schritte durchgeführt. Der weitere Verlauf löst dann das Optimierungsproblem des zweiten Schrittes.

Die Lösung des erweiterten Ersatzproblems $\mathbf{x}^*$ und damit die Lösung von Problemtyp 1 wird dann dem Entscheidungsträger präsentiert. Da die Entscheidung zwischen den unterschiedlichen Zielen bei Problemen innerhalb der Unternehmensplanung zugleich eine Entscheidung über den Einsatz begrenzt verfügbarer Mittel ist, sollten dem Entscheidungsträger daneben auch Informationen zum Ressourcenverbrauch gegeben werden. Sind $q_1, \ldots, q_p$ als Kosten pro Einheit der in den jeweiligen Nebenbedingungen benötigten Ressource bekannt, können darüber hinaus auch Informationen zum benötigten Budget angegeben werden. Insgesamt können die Ergebnisse in folgender Form präsentiert werden:

	Zielfunktionen		
Individuelle Optimallösungen:	z_1^+	$\cdots$	z_r^+
	z_1^-	$\cdots$	z_r^-
Gewichte:	w_1	$\cdots$	w_r
Lösungswerte:	$\mathbf{c}_1^T \mathbf{x}^*$	$\cdots$	$\mathbf{c}_r^T \mathbf{x}^*$
Zufriedenheitsgrad:	$\mu_1^1(\mathbf{x}^*)$	$\cdots$	$\mu_r^1(\mathbf{x}^*)$

Nebenbedingungen

freie Ressourcen:	$b_1 - \mathbf{a}_1^T \mathbf{x}^* \cdots b_p - \mathbf{a}_p^T \mathbf{x}^*$
gebundenes Kapital:	$q_1 \mathbf{a}_1^T \mathbf{x}^* \quad \cdots \quad q_p \mathbf{a}_p^T \mathbf{x}^*$
benötigtes Budget:	$\sum_{i=1}^{p} q_i \mathbf{a}_i^T \mathbf{x}^*$

Problemtyp 2:

Diesem Problemtyp liegt folgendes Optimierungsproblem zugrunde, das von vorneherein Unschärfe in der Zielfunktion zum Ausdruck bringt.

Definition 6.5

Ein lineares MODM-Modell mit Unschärfe in den Zielfunktionen besitzt die Form

$$\text{Zielfunktion:} \quad \mathbf{Cx} \to \widetilde{\max}$$
$$\text{Nebenbedingungen:} \ \mathbf{Ax} \leqq \mathbf{b}$$
$$\mathbf{x} \geqq 0$$

mit $\mathbf{C} \in \mathbb{R}^{r \times l}, \mathbf{x} \in \mathbb{R}^l, \mathbf{A} \in \mathbb{R}^{p \times l}$ *und* $\mathbf{b} \in \mathbb{R}^p$.

Die notwendige Formulierung der Zugehörigkeitsfunktionen wird nicht wie bei Problemtyp 1 über die Lösungsmethode generiert, sondern der Entscheidungsträger gibt Werte $\underline{z}_k$ bzw. $\overline{z}_k, k = 1, \ldots, r$ für jedes Ziel an, bis zu denen die Zielfunktionswerte vollständig abgelehnt werden bzw. ab denen vollständige Zufriedenheit herrscht. Um plausible Werte angeben zu können, sollte zur Festlegung der Toleranzen auch die Ergebnisdarstellung von Problemtyp 1 herangezogen werden, um $\underline{z}_k \geqq z_k^-$ bzw. $\overline{z}_k \leqq z_k^+$ für $k = 1, \ldots, r$ zu erfüllen.

Die linearen Zugehörigkeitsfunktionen sind dann durch

$$\mu_k^2(\mathbf{x}) = \begin{cases} 0 & \text{für } \mathbf{c}_k^T \mathbf{x} < \underline{z}_k \\ 1 - \dfrac{\overline{z}_k - \mathbf{c}_k^T \mathbf{x}}{\overline{z}_k - \underline{z}_k} & \text{für } \underline{z}_k \leq \mathbf{c}_k^T \mathbf{x} \leq \overline{z}_k \\ 1 & \text{für } \mathbf{c}_k^T \mathbf{x} > \overline{z}_k \end{cases}, \quad k = 1, \ldots, r$$

festgelegt. Damit wird auch bei Problemtyp 2 die Lösung des MODM-Problems durch die Lösung des entsprechenden erweiterten Ersatzproblems mit den Zugehörigkeitsfunktionen μ_k^2 generiert. Die mit der Lösung $\mathbf{x}^*$ dieses Problemtyps zusammenhängenden Werte werden dem Entscheidungsträger ebenfalls in tabellarischer Form vorgelegt:

Zielfunktionen

Grenzen:	$\underline{z}_1$	$\cdots$	$\underline{z}_r$
	$\overline{z}_1$	$\cdots$	$\overline{z}_r$
Gewichte:	w_1	$\cdots$	w_r
Lösungswerte:	$c_1^T x^*$	$\cdots$	$c_r^T x^*$
Zufriedenheitsgrad:	$\mu_1^2(x^*)$	$\cdots$	$\mu_r^2(x^*)$

Nebenbedingungen

freie Ressourcen:	$b_1 - a_1^T x^*$	$\cdots$	$b_p - a_p^T x^*$
gebundenes Kapital:	$q_1 a_1^T x^*$	$\cdots$	$q_p a_p^T x^*$
benötigtes Budget:	$\displaystyle\sum_{i=1}^{p} q_i a_i^T x^*$		

Problemtyp 3:

Bei diesem Problemtyp werden die Nebenbedingungen unscharf formuliert.

Definition 6.6
*Ein **lineares MODM-Modell mit Unschärfe in den Nebenbedingungen** besitzt die Form*

$$\begin{aligned}
\text{Zielfunktion:} \quad & Cx \to \max \\
\text{Nebenbedingungen:} \quad & Ax \overset{\sim}{\leqq} b \\
& x \geqq 0
\end{aligned}$$

mit $C \in \mathbb{R}^{r \times l}, x \in \mathbb{R}^l, A \in \mathbb{R}^{p \times l}$ *und* $b \in \mathbb{R}^p$.

Die unscharfen Ungleichungen $\overset{\sim}{\leqq}$ werden entsprechend zur Optimierung bei einfacher Zielsetzung durch die vom Entscheidungsträger anzugebenden Grenzen $\underline{b}_i, \overline{b}_i$, $i = 1, \ldots, p$ festgelegt.

Damit lauten die linear modellierten Zugehörigkeitsfunktionen in diesem Fall:

$$\mu_i^3(x) = \begin{cases} 1 & \text{für } a_i^T x < \underline{b}_i \\ 1 - \dfrac{a_i^T x - \underline{b}_i}{\overline{b}_i - \underline{b}_i} & \text{für } \underline{b}_i \leq a_i^T x \leq \overline{b}_i \\ 0 & \text{für } a_i^T x > \overline{b}_i \end{cases} \quad , \quad i = 1, \ldots, p.$$

Wie in Abschnitt 5.2.1 (Verfahren von Verdegay) beschrieben, erreicht man mit Hilfe von α-Niveaumengen nach Einsetzen der Zugehörigkeitsfunktionen folgende Darstellung des MODM-Problems aus Definition 6.6:

$$\text{Zielfunktion:} \qquad \mathbf{Cx} \longrightarrow \max$$

$$\text{Nebenbedingungen: } \mathbf{a}_i^T \mathbf{x} \leq \underline{b}_i + (1-\alpha)(\overline{b}_i - \underline{b}_i), \ i = 1,\ldots,p$$

$$\mathbf{x} \geq 0, \quad \alpha \in [0,1]$$

Dieses parametrische Optimierungsproblem mit dem Parameter $\theta = 1 - \alpha$ wird nun mit dem erweiterten Ersatzproblem der Problemtypen 1 und 2 in Verbindung gebracht. Geht man von einer „harten" Formulierung der Zielfunktion aus, so sind z_k^- bzw. z_k^+ als schlechtestmöglicher bzw. bestmöglicher individueller Zielfunktionswert jeweils in Abhängigkeit vom Parameter θ zu berechnen. Demzufolge sind auch die Kompromißlösungen, die aus der Lösung des erweiterten Ersatzproblems resultieren, von θ abhängig. Dieser Lösungsweg kann in entsprechender Weise auch bei von vornherein unscharf formulierten Zielfunktionen (vgl. Problemtyp 2) beschritten werden. Auch in diesem Fall erhält man Lösungen des erweiterten Ersatzproblems in Abhängigkeit von θ.

Die Ergebnisse werden dem Entscheidungsträger wieder in Tabellenform vorgelegt, so daß dieser eine gemäß seinen Präferenzen zufriedenstellende Kompromißlösung aus der Menge der angebotenen und von θ abhängigen Lösungen auswählen kann.

Zielfunktionen

Gewichte:	w_1	$\cdots$	w_r
Lösungswerte und Zufriedenheitsgrad für			
$\theta = 0$	$\mathbf{c}_1^T \mathbf{x}^*$	$\cdots$	$\mathbf{c}_r^T \mathbf{x}^*$
	$\mu_1^1(\mathbf{x}^*)$	$\cdots$	$\mu_r^1(\mathbf{x}^*)$
$\theta = 0.1$	$\mathbf{c}_1^T \mathbf{x}^*$	$\cdots$	$\mathbf{c}_r^T \mathbf{x}^*$
	$\mu_1^1(\mathbf{x}^*)$	$\cdots$	$\mu_r^1(\mathbf{x}^*)$
$\vdots$	$\vdots$	$\vdots$	$\vdots$
$\theta = 1$	$\mathbf{c}_1^T \mathbf{x}^*$	$\cdots$	$\mathbf{c}_r^T \mathbf{x}^*$
	$\mu_1^1(\mathbf{x}^*)$	$\cdots$	$\mu_r^1(\mathbf{x}^*)$

Nebenbedingungen

freie Ressourcen und gebundenes Kapital für

$$\theta = 0 \quad \left\| \begin{array}{ccc} \overline{b}_1 - \mathbf{a}_1^T \mathbf{x}^* & \cdots & \overline{b}_p - \mathbf{a}_p^T \mathbf{x}^* \\ q_1 \mathbf{a}_1^T \mathbf{x}^* & \cdots & q_p \mathbf{a}_p^T \mathbf{x}^* \\ \mu_1^3(\mathbf{x}^*) & \cdots & \mu_p^3(\mathbf{x}^*) \end{array} \right.$$

$$\theta = 0.1 \quad \left\| \begin{array}{ccc} \overline{b}_1 \mathbf{a}_1^T \mathbf{x}^* & \cdots & \overline{b}_p - \mathbf{a}_p^T \mathbf{x}^* \\ q_1 \mathbf{a}_1^T \mathbf{x}^* & \cdots & q_p \mathbf{a}_p^T \mathbf{x}^* \\ \mu_1^3(\mathbf{x}^*) & \cdots & \mu_p^3(\mathbf{x}^*) \end{array} \right.$$

$$\vdots \qquad\qquad \vdots \qquad \vdots \qquad \vdots$$

$$\theta = 1 \quad \left\| \begin{array}{ccc} \overline{b}_1 - \mathbf{a}_1^T \mathbf{x}^* & \cdots & \overline{b}_p - \mathbf{a}_p^T \mathbf{x}^* \\ q_1 \mathbf{a}_1^T \mathbf{x}^* & \cdots & q_p \mathbf{a}_p^T \mathbf{x}^* \\ \mu_1^3(\mathbf{x}^*) & \cdots & \mu_p^3(\mathbf{x}^*) \end{array} \right.$$

Problemtyp 4:

Dieser Problemtyp stellt eine Kombination der Problemtypen 1 und 3 dar. Dem Entscheidungsträger wird über die Konstruktion der Zielfunktion entsprechend zu Problemtyp 1 eine Hilfestellung zur Auswahl einer zufriedenstellenden Lösung aus der Menge der Lösungen des parametrischen Problems angeboten.

Die zur Konstruktion der Zugehörigkeitsfunktionen der Zielfunktionen notwendigen maximal bzw. minimal möglichen Zielfunktionswerte z_k^+ bzw. z_k^- werden in diesem Fall unter Berücksichtigung des Parameters θ aus Problemtyp 3 festgelegt. Damit sind zur Berechnung von z_k^+ und z_k^- für $k = 1, \ldots, r$ jeweils die Optimierungsprobleme

$$\max_{\theta \in [0,1]} \{ \max_{\mathbf{x}} \ \mathbf{c}_k^T \mathbf{x} \} \qquad\qquad \min_{\theta \in [0,1]} \{ \min_{\mathbf{x}} \ \mathbf{c}_k^T \mathbf{x} \}$$

$$\mathbf{a}_i^T \mathbf{x} \leq \underline{b}_i + (1-\alpha)(\overline{b}_i - \underline{b}_i), \qquad \mathbf{a}_i^T \mathbf{x} \leq \underline{b}_i + (1-\alpha)(\overline{b}_i - \underline{b}_i),$$
$$i = 1, \ldots, p \qquad\qquad\qquad i = 1, \ldots, p$$
$$\mathbf{x} \geq \mathbf{0} \qquad\qquad\qquad\qquad \mathbf{x} \geq \mathbf{0}$$

zu lösen. Die Festlegung von z_k^+ und z_k^- erfolgt damit aus einem gegenüber Problemtyp 1 veränderten Optimierungsproblem. Aus Gründen der Übersichtlichkeit wird auf einen zusätzlichen Index zur Unterscheidung dieser individuellen Optimallösungen verzichtet. Mit $z_k^+, z_k^-, k = 1, \ldots, r$ können entsprechend zu der Vorgehensweise bei Problemtyp 1 die Zugehörigkeitsfunktionen festgelegt werden:

$$\mu_k^1(\mathbf{x}) = \begin{cases} 0 & \text{für } \mathbf{c}_k^T \mathbf{x} < z_k^- \\[2mm] 1 - \dfrac{z_k^+ - \mathbf{c}_k^T \mathbf{x}}{z_k^+ - z_k^-} & \text{für } z_k^- \leqq \mathbf{c}_k^T \mathbf{x} \leq z_k^+ \ , \quad k = 1, \ldots, r \\[2mm] 1 & \text{für } \mathbf{c}_k^T \mathbf{x} > z_k^+ \end{cases}$$

Das zu lösende lineare MODM-Problem gemäß Definition 6.6 wird zu einem System unscharfer Ungleichungen:

Suche $\mathbf{x}$ mit $\quad c_k^T \mathbf{x} \overset{\sim}{\geqq} z_k, \ k = 1, \ldots, r \quad$ und $\quad \mathbf{a}_i^T \overset{\sim}{\leqq} b_i, \ i = 1, \ldots, p$.

Die Lösung dieses Problems erfolgt dann über ein gegenüber Definition 6.4 verändertes erweitertes Ersatzproblem.

Definition 6.7

*Das **erweiterte Ersatzproblem** zur Lösung eines MODM-Problems mit unscharfen Zielfunktionen und unscharfen Nebenbedingungen besitzt die Form:*

$$\alpha + \delta[\sum_{k=1}^{r} w_k \mu_k^1(\mathbf{x}) + \sum_{i=1}^{p} v_i \mu_i^3(\mathbf{x})] \longrightarrow \max$$

$$\alpha \overset{\smile}{\leqq} \mu_k^1(\mathbf{x}), \ k = 1, \ldots, r$$

$$\alpha \overset{\sim}{\leqq} \mu_i^3(\mathbf{x}), \ i = 1, \ldots, p$$

$$\mathbf{x} \geqq \mathbf{0}, \ \alpha \in [0, 1]$$

mit vorgegebenem, genügend kleinem $\delta > 0$ und

vorgegebenen Gewichten $w_k, k = 1, \ldots, r$ für die Ziele sowie

vorgegebenen Gewichten $v_i, i = 1, \ldots, p$ für die Nebenbedingungen,

mit $\sum_{k=1}^{r} w_k + \sum_{i=1}^{p} v_i = 1$.

Die Lösung dieses Problemtyps wird dem Entscheidungsträger wiederum in tabellarischer Form vorgelegt. Dabei ist zu berücksichtigen, daß die Struktur der Tabelle bezüglich der Zielfunktionen identisch zu Problemtyp 1 ist, allerdings die Berechnung der Ideallösungen in der oben beschriebenen Form unter Berücksichtigung der parametrischen Lösung durchzuführen ist.

	Zielfunktionen		
Ideallösungen:	z_1^+	$\cdots$	z_r^+
	z_1^-	$\cdots$	z_r^-
Gewichte:	w_1	$\cdots$	w_r
Lösungswerte:	$c_1^T \mathbf{x}^*$	$\cdots$	$c_r^T \mathbf{x}^*$
Zufriedenheitsgrad:	$\mu_1^1(\mathbf{x}^*)$	$\cdots$	$\mu_r^1(\mathbf{x}^*)$

Nebenbedingungen

Gewichte:	v_1	$\cdots$	v_p
freie Ressourcen:	$\overline{b}_i - \mathbf{a}_1^T \mathbf{x}^*$	$\cdots$	$\overline{b}_p - \mathbf{a}_p^T \mathbf{x}^*$
Zufriedenheitsgrad:	$\mu_1^3(\mathbf{x}^*)$	$\cdots$	$\mu_p^3(\mathbf{x}^*)$
gebundenes Kapital:	$q_1 \mathbf{a}_1^T \mathbf{x}^*$	$\cdots$	$q_p \mathbf{a}_p^T \mathbf{x}^*$
benötigtes Budget:	$\displaystyle\sum_{i=1}^{p} q_i \mathbf{a}_i^T \mathbf{x}^*$		

Problemtyp 5:

Dieser Problemtyp stellt eine Kombination der Problemtypen 2 und 3 dar. Es ist folgendes MODM-Modell zu lösen.

Definition 6.8

*Ein **lineares MODM-Modell mit Unschärfe in den Zielfunktionen und den Nebenbedingungen** besitzt die Form*

$$Zielfunktion: \quad \mathbf{Cx} \rightarrow \widetilde{\max}$$

$$Nebenbedingungen: \mathbf{Ax} \stackrel{\sim}{\leqq} \mathbf{b}$$

$$\mathbf{x} \geqq 0$$

mit $\mathbf{C} \in \mathbb{R}^{r \times l}, \mathbf{x} \in \mathbb{R}^l, \mathbf{A} \in \mathbb{R}^{p \times l}$ *und* $\mathbf{b} \in \mathbb{R}^p$.

Der Entscheidungsträger gibt die Grenzen $\underline{z}_k, \overline{z}_k, k = 1, \ldots, r$ und $\underline{b}_i, \overline{b}_i$, $i = 1, \ldots, p$ an. Damit sind die Zugehörigkeitsfunktionen μ_k^2, $k = 1, \ldots, r$ und μ_i^3, $i = 1, \ldots, p$ wie in den Problemtypen 2 und 3 festgelegt und das entsprechende erweiterte Ersatzproblem aus Definition 6.7 führt zur Lösung von Problemtyp 5:

Zielfunktionen

Grenzen:	$\underline{z}_1$	$\cdots$	$\underline{z}_r$
	$\overline{z}_1$	$\cdots$	$\overline{z}_r$
Gewichte:	w_1	$\cdots$	w_r
Lösungswerte:	$\mathbf{c}_1^T \mathbf{x}^*$	$\cdots$	$\mathbf{c}_r^T \mathbf{x}^*$
Zufriedenheitsgrad:	$\mu_1^2(\mathbf{x}^*)$	$\cdots$	$\mu_r^2(\mathbf{x}^*)$

Nebenbedingungen			
Gewichte:	v_1	$\cdots$	v_p
freie Ressourcen:	$\bar{b}_1 - \mathbf{a}_1^T \mathbf{x}^*$	$\cdots$	$\bar{b}_p - \mathbf{a}_p^T \mathbf{x}^*$
Zufriedenheitsgrad:	$\mu_1^3(\mathbf{x}^*)$	$\cdots$	$\mu_p^3(\mathbf{x}^*)$
gebundenes Kapital:	$q_1 \mathbf{a}_1^T \mathbf{x}^*$	$\cdots$	$q_p \mathbf{a}_p^T \mathbf{x}^*$
benötigtes Budget:	$\displaystyle\sum_{i=1}^{p} q_i \mathbf{a}_i^T \mathbf{x}^*$		

Eine Zusammenfassung der einzelnen Problemtypen mit den entsprechend generierten Zugehörigkeitsfunktionen und der zur Lösung des MODM-Problems benutzten Ersatzprobleme gibt Figur 6.1.

6.3 Interaktives Verfahren zum linearen Fuzzy-MODM

Die einzelnen Problemtypen aus Abschnitt 6.2 werden nun in einen interaktiven Ablauf, der in Figur 6.2 dargestellt ist, eingebunden. Es handelt sich dabei um das bei *Lai (1995)* dargestellte Verfahren **IMOST** („interactive multiple objective decision making"), das an einigen Stellen an die hier vorgestellten Problemtypen angepaßt wurde. Zur Erzeugung der Gewichtungen bei Zielfunktionen und Nebenbedingungen existieren ebenfalls Verfahren, die jedoch nicht dem Bereich Fuzzy-Methoden zuzurechnen sind. Aus diesem Grund wird auf deren Darstellung an dieser Stelle verzichtet und auf die in *Lai, Hwang (1996, S. 168 ff.)* genannte Literatur verwiesen.

Problemtyp 1

Lineares MODM-Problem
$$\mathbf{Cx} \longrightarrow \max$$
$$\mathbf{Ax} \leqq \mathbf{b}$$
$$\mathbf{x} \geqq 0$$

$\downarrow \mu_k^1$

Lösung durch erweitertes lineares MAXIMIN-Problem für unscharfe Zielfunktionen

Problemtyp 2

Lineares MODM-Problem mit unscharfer Zielfunktion
$$\mathbf{Cx} \longrightarrow \widetilde{\max}$$
$$\mathbf{Ax} \leqq \mathbf{b}$$
$$\mathbf{x} \geqq 0$$

$\downarrow \mu_k^2$

Lösung durch erweitertes lineares MAXIMIN-Problem für unscharfe Zielfunktionen

Problemtyp 3

Lineares MODM-Problem mit unscharfen Nebenbedingungen
$$\mathbf{Cx} \longrightarrow \max$$
$$\mathbf{Ax} \; \widetilde{\leqq} \; \mathbf{b}$$
$$\mathbf{x} \geqq 0$$

$\downarrow \mu_i^3, \mu_k^1$

Lösung durch parametrisches Optimierungsproblem

Problemtyp 4

Kombination Problemtyp 1 und 3
$$\mathbf{Cx} \longrightarrow \max$$
$$\mathbf{Ax} \; \widetilde{\leqq} \; \mathbf{b}$$
$$\mathbf{x} \geqq 0$$

$\downarrow \mu_i^3, \mu_k^1$

Lösung durch erweitertes lineares MAXIMIN-Problem für unscharfe Zielfunktionen und unscharfe Nebenbedingungen

Problemtyp 5

Kombination Problemtyp 2 und 3
$$\mathbf{Cx} \longrightarrow \widetilde{\max}$$
$$\mathbf{Ax} \; \widetilde{\leqq} \; \mathbf{b}$$
$$\mathbf{x} \geqq 0$$

$\downarrow \mu_i^3, \mu_k^2$

Lösung durch erweitertes lineares MAXIMIN-Problem für unscharfe Zielfunktionen und unscharfe Nebenbedingungen

Figur 6.1: Übersicht zu Problemtypen 1 bis 5

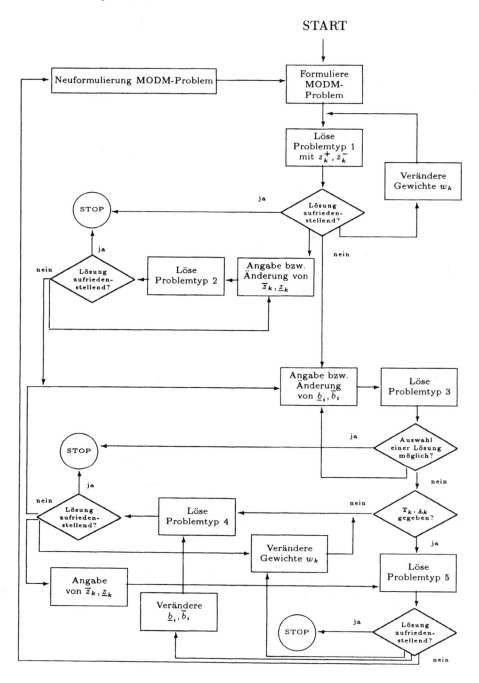

Figur 6.2: Ablauf des interaktiven Verfahrens IMOST

Die Interaktivität wird durch die folgende Auflistung verdeutlicht, die Entscheidungs- und Berechnungsphasen gegenüberstellt.

Bewertungen und Informationen des Entscheidungsträgers		Aktivierung einer neuen Interaktionsbasis
Formulierung des MODM-Problems (Definition 6.3)	$\longrightarrow$	Lösung von Problemtyp 1 und Ergebnisdarstellung
Angabe von Toleranzen für Zielfunktionen	$\longrightarrow$	Lösung von Problemtyp 2 und Ergebnisdarstellung
Angabe von Toleranzen für Nebenbedingungen	$\longrightarrow$	parametrische Lösung von Problemtyp 3 und Ergebnisdarstellung
keine Auswahl aus den Ergebnissen von Problemtyp 3 und keine weiteren Angaben des Entscheidungsträgers	$\longrightarrow$	Lösung von Problemtyp 4 und Ergebnisdarstellung
keine Auswahl aus den Ergebnissen von Problemtyp 3, Angabe von Toleranzen für Zielfunktionen	$\longrightarrow$	Lösung von Problemtyp 5 und Ergebnisdarstellung

Beispiel 6.9
In Beispiel 5.8, S. 92 zur Produktionsprogrammplanung wird zusätzlich zur Deckungsbeitragsmaximierung eine Umsatzmaximierung verfolgt. Damit ergibt sich folgendes MODM-Problem:

$$5x_1 + 6x_2 \to \max \quad \textit{(Deckungsbeitragsmaximierung)}$$
$$50x_1 + 20x_2 \to \max \quad \textit{(Umsatzmaximierung)}$$

$$3x_1 + 4x_2 \leqq \quad 200 \ \textit{(Maschinenkapazität)}$$
$$3x_1 + 3x_2 \leqq \quad 100 \ \textit{(Materialverfügbarkeit)}$$
$$x_1 + 2x_2 \leqq \quad 50 \ \textit{(Entsorgungskapazität)}$$
$$5x_1 + 4x_2 \leqq \quad 150 \ \textit{(Emissionsbeschränkung)}$$
$$x_1, x_2 \geqq 0$$

Zunächst ist **Problemtyp 1** *zu lösen. Mit den individuellen Optimallösungen*

$$z_1^+ = 183\tfrac{1}{3} \qquad z_1^- = 0$$
$$z_2^+ = 1500 \qquad z_2^- = 0$$

werden die Zugehörigkeitsfunktionen

$$\mu_1^1(\mathbf{x}) = \begin{cases} 0 & \textit{für } 5x_1 + 6x_2 \leqq 0 \\ 1 - \frac{183\frac{1}{3} - (5x_1 + 6x_2)}{183\frac{1}{3} - 0} = \frac{3}{110}x_1 + \frac{9}{275}x_2 & \textit{für } 0 < 5x_1 + 6x_2 \leqq 183\tfrac{1}{3} \\ 1 & \textit{sonst} \end{cases}$$

$$\mu_2^1(\mathbf{x}) = \begin{cases} 0 & \text{für } 50x_1 + 20x_2 \leqq 0 \\ 1 - \frac{1500-(50x_1+20x_2)}{1500-0} = \frac{1}{30}x_1 + \frac{1}{75}x_2 & \text{für } 0 < 50x_1 + 20x_2 \leqq 1500 \\ 1 & \text{sonst} \end{cases}$$

gebildet. *Die Lösung von Problemtyp 1 erfolgt dann über das erweiterte lineare MAXIMIN-Problem für unscharfe Zielfunktionen:*

$$\alpha \to \max$$
$$\alpha \leqq \mu_k^1(\mathbf{x}) \,, \quad k = 1, 2$$
$$3x_1 + 4x_2 \leqq 200$$
$$3x_1 + 3x_2 \leqq 100$$
$$x_1 + 2x_2 \leqq 50$$
$$5x_1 + 4x_2 \leqq 150$$
$$\alpha \leqq 1$$
$$x_1, x_2, \alpha \geqq 0$$

Eine Gewichtung der Zielfunktionen ist hier nicht notwendig, da die optimale Lösung eindeutig und damit auch effizient ist. Die Lösungswerte $x_1^* = 24$ und $x_2^* = 7.5$ führen zu folgender Ergebnisdarstellung für den Entscheidungsträger:

Zielfunktionen:	1	2
Individuelle	$182\frac{1}{3}$	1500
Optimallösungen:	0	0
Lösungswerte:	165	1350
Zufriedenheitsgrad:	0.9	0.9

Nebenbedingungen:	1	2	3	4
Freie Ressourcen:	98	5.5	11	0

Diese Lösung wird vom Entscheidungsträger als nicht zufriedenstellend eingestuft. Da die Emissionsbeschränkung einerseits einen Engpaß in der Lösung von Problemtyp 1 darstellt, andererseits die Beschränkung auch kurzfristig überschritten werden kann, soll diese Restriktion unscharf formuliert werden. Auch die Materialverfügbarkeit und die Entsorgungskapazität sind nicht in der Absolutheit der bisherigen Formulierung zu rechtfertigen. Die unscharfe Formulierung der Nebenbedingungen führt in der interaktiven Vorgehensweise zu **Problemtyp 3,** *dem das folgende parametrische Optimierungsproblem zugrundeliegt (vgl. Beispiel 5.8):*

$$5x_1 + 6x_2 \to \max$$
$$50x_1 + 20x_2 \to \max$$
$$3x_1 + 4x_2 \leqq 200$$
$$3x_1 + 3x_2 \leqq 100 + \theta \cdot 20$$
$$x_1 + 2x_2 \leqq 50 + \theta \cdot 10$$
$$5x_1 + 4x_2 \leqq 150 + \theta \cdot 30$$
$$x_1, x_2 \geqq 0, \theta \in [0, 1]$$

Für θ = 0 und θ = 1 sind die Ergebnisse in der folgenden Tabelle zusammengefaßt:

Zielfunktionen	1	2
$\theta = 0$:		
Lösungswerte:	165	1350
Zufriedenheitsgrad:	0.9	0.9
$\theta = 1$:		
Lösungswerte:	198	1620
Zufriedenheitsgrad:	0.9	0.9

Nebenbedingungen	1	2	3	4
$\theta = 0$:				
Freie Ressourcen:	98	25.5	21	30
Zufriedenheitsgrad:	–	1	1	1
$\theta = 1$:				
Freie Ressourcen:	77.6	6.6	13.2	0
Zufriedenheitsgrad:	–	0.33	1	0

Zwischen den aufgeführten Werten für θ ergibt sich in diesem Beispiel eine lineare Entwicklung. Dadurch wird eine Auswahl aus den möglichen Lösungswerten erschwert. Aufgrund der bisherigen Ergebnisse ist der Entscheidungsträger jedoch in der Lage, plausible Werte für Ober- und Untergrenze der Zielfunktionswerte anzugeben. Dies führt im interaktiven Ablauf zu **Problemtyp 5.** *Ohne auf die detaillierte Darstellung des dazugehörigen Ersatzproblems einzugehen, erhält man folgende Ergebnisse für $x_1^* = 27$ und $x_2^* = 7.5$:*

Zielfunktionen	1	2
Grenzen:	170	1400
	190	1600
Lösungswerte:	180	1500
	0.5	0.5

Nebenbedingungen	1	2	3	4
Freie Ressourcen:	89	16.5	18	15
Zufriedenheitsgrad:	–	0.825	1	0.5

Diese Lösung wird vom Entscheidungsträger als zufriedenstellend eingestuft und das Verfahren beendet.

6.4 Anmerkungen zu Erweiterungen der Modelle

Die Berücksichtigung **nichtlinearer Zugehörigkeitsfunktionen** kann entsprechend zum Verfahren von Werners aus Abschnitt 5.2.2 erfolgen. Unter den Voraussetzungen von Satz 5.6 erhält man mit der Lösung des linearen erweiterten Ersatzproblems gleichzeitig die Lösung des ursprünglichen Problems mit nichtlinearen Zielfunktionen. Auch die beim Verfahren von Werners angesprochene Erweiterung bezüglich der Problemformulierung auf die **Benutzung der parametrisierten Operatoren** „Fuzzy-und" und „Fuzzy-oder" kann aufgrund der symmetrischen Behandlung von Zielfunktionen und Nebenbedingungen in unscharfen Problemstellungen auf Fuzzy-MODM-Methoden übertragen werden.

Chen, Chou (1996) bilden ein Fuzzy-MODM-Modell, in dem für einen Teil der Zielfunktionen der Minimum-Operator und für die übrigen Zielfunktionen das arithmetische Mittel als Durchschnittsoperator benutzt wird. Dieses Modell stellt jedoch keine wesentlichen Erweiterungen zu *Werners (1984)* dar, da diese Operatoren dort ebenfalls berücksichtigt werden können. *Shih u.a. (1996)* zeigen, daß die in Abschnitt 6.2 aufgezeigten Fuzzy-Methoden auch bei **mehrstufigen Optimierungsproblemen** benutzt werden können.

Weitere interaktive Verfahren zur Lösung von unscharf formulierten MODM-Problemen, die jedoch im Vergleich zu IMOST weniger umfassend formuliert sind, findet man beispielsweise bei *Werners (1984)*, *Sakawa (1993)*, *Brunner (1994)* und *Lai, Hwang (1996)*.

7. Fuzzy Multiple Attribute Decision Making (Fuzzy-MADM)

7.1 Grundlagen bei MADM

Ausgangspunkt ist ein konventionelles Problem aus dem Bereich des „multiple attribute decision making" (MADM).

Definition 7.1

*Ein **MADM-Problem** ist ein Entscheidungsproblem bei Mehrfachziel-setzung mit folgenden Bestandteilen:*

$a_1, \ldots, a_m$	*endliche Anzahl von Handlungsalternativen*
$g_1, \ldots, g_r$	*Ziele*
$w_1, \ldots, w_r$	*Gewichtung bzw. relative Bedeutung der Ziele*
$x_{11}, \ldots, x_{mr}$	*Handlungsresultat, das der Handlungsalternative a_i,*
	$i = 1, \ldots, m$ unter der Zielsetzung $g_k, k = 1, \ldots, r$
	zugeordnet wird

*Ziel ist es, die Handlungsalternativen in eine Rangordnung zu bringen bzw. eine beste Alternative auszuwählen. Meist werden die Bestandteile eines MADM-Problems in einer **Zielerreichungsmatrix** zusammenfassend dar-gestellt:*

$$
\begin{array}{c|ccc}
 & w_1 & \cdots & w_r \\
 & g_1 & \cdots & g_r \\
\hline
a_1 & x_{11} & \cdots & x_{1r} \\
\vdots & \vdots & \ddots & \vdots \\
a_m & x_{m1} & \cdots & x_{mr}
\end{array}
$$

Für eine Lösung derartig spezifizierter Problemstellungen mit mehrfacher Zielsetzung existiert eine Vielzahl unterschiedlicher Ansätze. Übersichten zu konventionellen Ansätzen aus diesem Bereich findet man beispielsweise bei *Hwang, Masud (1979), Hwang, Yoon (1981), Hansohm, Hähnle (1991), Zimmermann, Gutsche (1991), Tzeng u.a. (1994), Tamiz (1996)*.

In der Literatur wird als gemeinsames Merkmal dieser Ansätze eine zwei-stufige Vorgehensweise angegeben.

- **Stufe 1: Aggregationsphase**
  Für jede Handlungsalternative a_i, $i = 1, \ldots, m$ werden die Handlungs-resultate zu einer reellen Zahl $\Phi(a_i)$, dem sogenannten **Nutzenwert**, zusammengefaßt und gleichzeitig bewertet.

- **Stufe 2: Ordnungsphase**
  Aus dem Ergebnis der ersten Stufe wird eine partielle oder vollständige **Ordnung der Alternativen** gebildet oder, falls dies dem Entscheidungsträger als ausreichend erscheint, eine optimale Alternative ausgewählt.

Da die Handlungsresultate nicht immer vergleichbare Werte darstellen, wird vor der Berechnung des Nutzenwertes in der Aggregationsphase bei konventionellen MADM-Methoden eine Normierung bzw. Bewertung vorgeschaltet. Bei einer **Normierung** besteht das Ziel darin, durch eine Umrechnung die Vergleichbarkeit der unterschiedlichen Skalen herzustellen. Damit gehen bei der Normierung keine Präferenzinformationen des Entscheidungsträgers ein. Beispiele sind die Vektor-Normierung und die lineare Skalentransformation.

- **Vektor-Normierung**
  Jeder Spaltenvektor der Zielerreichungsmatrix wird durch seine euklidische Norm dividiert, d.h.

$$x_{ik}^{\text{norm}} = \frac{x_{ik}}{\sqrt{\sum_{i=1}^{m}(x_{ik})^2}}, \quad k = 1, \ldots, r \,,$$

  so daß alle Spaltenvektoren die euklidische Länge 1 aufweisen.

- **Lineare Skalentransformation**
  Bei zu maximierenden Zielen werden die Zielerreichungsgrade

$$x_{ik}^{\text{norm}} = \frac{x_{ik} - \min_{i \in \{1,\ldots,m\}}\{x_{ik}\}}{\max_{i \in \{1,\ldots,m\}}\{x_{ik}\} - \min_{i \in \{1,\ldots,m\}}\{x_{ik}\}}, \quad k = 1, \ldots, r$$

  berechnet.

Auch eine **Bewertung** der Handlungsresultate kann zur Vergleichbarkeit der Werte führen. Dazu werden in konventionellen MADM-Methoden die sogenannten Einzelwertfunktionen gebildet, die Präferenzangaben des Entscheidungsträgers darstellen (vgl. beispielsweise *Zimmermann, Gutsche, 1991, S. 62 f.*).

Definition 7.2
*Sei X_k, $k = 1, \ldots, r$ die Menge aller möglichen Ausprägungen des k-ten Zieles. Eine **Einzelwertfunktion***

$$v_k : X_k \longrightarrow \mathbb{R} \ \text{mit} \ v_k(x_{ik}) = x_{ik}^{\text{wert}}$$

*gibt den **Nutzen** oder den **Wert** der jeweiligen Ausprägung für den Entscheidungsträger an.*
Meist findet eine Normierung des Bildbereichs der Einzelwertfunktionen auf das Intervall [0, 1] statt, wobei die bestmögliche Ausprägung den Wert 1 und die schlechtestmögliche Ausprägung den Wert 0 erhält.

Die Normierung bzw. die Bewertung über Einzelwertfunktionen bilden bei konventionellen MADM-Methoden die Grundlage für die Berechnung der Nutzenwerte der Alternativen in der Aggregationsphase. Die Ordnungsphase ist dann trivial, da sich die Rangordnung aus den Nutzenwerten durch die natürliche Ordnung der reellen Zahlen ergibt.

In einer fuzzifizierten Form des MADM-Problems kann die zweite Stufe zu erheblichen Schwierigkeiten führen. Oft werden den Handlungsalternativen in der Aggregationsphase keine Nutzenwerte zugeordnet, sondern die Bewertung der Alternativen erfolgt durch unscharfe Mengen. Um eine Rangordnung zu generieren, müssen demnach unscharfe Mengen geordnet werden. Dieses Problem kann im allgemeinen nicht eindeutig geklärt werden, so daß in der Ordnungsphase wiederum eine Vielzahl von **Rangordnungsmethoden**, denen unterschiedliche Kriterien zugrunde liegen, zur Verfügung stehen. Einige dieser Verfahren werden bei der Diskussion der betreffenden Fuzzy-MADM-Methoden vorgestellt.

Für Fuzzy-MADM-Probleme wurde eine Vielzahl von Verfahren entwickelt. Eine wichtige Verfahrensklasse stellen die **MAXIMIN-Methoden** dar, die im folgenden Abschnitt dargestellt werden. Anschließend wird die Einbeziehung unscharfer Mengen bei den sogenannten **Methoden der einfachen additiven Gewichtung** diskutiert und erweitert. Weitere Fuzzifizierungen von konventionellen Ansätzen werden hier aufgrund der teilweise sehr speziellen Ausrichtungen und Voraussetzungen nicht weiter verfolgt (siehe dazu beispielsweise *Chen, Hwang, 1992*).

7.2 MAXIMIN-Methoden

Die **konventionelle MAXIMIN-Methode** drückt eine pessimistische Grundhaltung des Entscheidungsträgers aus. Dementsprechend wird zunächst für jede Alternative $a_i, i = 1, \ldots, m$ das schlechteste Ergebnis festgehalten. Die optimale Alternative a^* ist dann diejenige, deren schlechtestes Ergebnis noch am besten ist, d.h., die Nutzenwerte $\Phi(a_i)$ der Alternativen werden gemäß

$$\Phi(a_i) = \min_k \{x_{ik}^{\mathrm{norm}}\}$$

berechnet und für a^* gilt

$$\Phi(a^*) = \max_i \min_k \{x_{ik}^{\mathrm{norm}}\} \ .$$

Die Aggregationsphase beinhaltet also die Berechnung der Zeilenminima bezüglich der normierten Handlungskonsequenzen.[1]

---

[1] Anstelle der normierten Werte x_{ik}^{norm} können auch über Einzelwertfunktionen bewertete Größen x_{ik}^{wert} in das Verfahren eingehen.

Eine alternative Vorgehensweise innerhalb dieser Phase besteht darin, das Problem in folgender Weise als **unscharf** zu interpretieren. Der Entscheidungsträger gibt an, zu welchem Grad die Alternative a_i das k-te Zielkriterium erreicht bzw. erfüllt. Faßt man diese Angaben als Zugehörigkeitsgrad $\mu_k(x_{ik})$ einer Zugehörigkeitsfunktion $\mu_k : X_k \longrightarrow [0,1]$ auf, entsteht aus der Matrix in Definition 7.1 die Entscheidungsmatrix

$$
\begin{array}{c|ccc}
 & g_1 & \cdots & g_r \\
\hline
a_1 & \mu_1(x_{11}) & \cdots & \mu_r(x_{1r}) \\
\vdots & \vdots & \ddots & \vdots \\
a_m & \mu_1(x_{m1}) & \cdots & \mu_r(x_{mr})
\end{array} \ .
$$

Im **Fuzzy-MAXIMIN-Ansatz von** *Bellman, Zadeh (1970)* wird diese Matrix ohne Berücksichtigung von Gewichtungen benutzt, um gemäß Definition 4.1 eine unscharfe und damit auch die optimale Entscheidung festzulegen. Die dabei zu berechnende Zusammenfassung unscharfer Mengen wird hier durch den Minimumoperator festgelegt. Damit ergibt sich die unscharfe Entscheidung $\tilde{D}$ mit der Zugehörigkeitsfunktion

$$
\mu_{\tilde{D}} : A \longrightarrow [0,1] \ \text{ mit } \ \mu_{\tilde{D}}(a_i) = \min_k\{\mu_k(x_{ik})\} \ .
$$

Für die optimale Entscheidung a^* gilt demnach

$$
\mu_{\tilde{D}}(a^*) = \max_i \min_k\{\mu_k(x_{ik})\} \ .
$$

Eine **Erweiterung** dieses Ansatzes, die auch Gewichtungen in die Entscheidung einbezieht, wählt *Yager (1978)*. Die Gewichtungen werden dabei über die Eigenwertmethode von *Saaty (1980)* entwickelt und normiert auf $\sum_{k=1}^{r} w_k = r$, um ein durchschnittliches Gewicht von 1 zu erhalten. Wichtige Ziele erhalten ein Gewicht $w_k > 1$ und weniger wichtige Ziele ein Gewicht $w_k < 1$.

Mit $w_k, k = 1, \ldots, r$ wird eine gewichtete Zugehörigkeitsfunktion gebildet, so daß die das Problem beschreibende Matrix folgendes Aussehen besitzt:

$$
\begin{array}{c|ccc}
 & g_1 & \cdots & g_r \\
\hline
a_1 & \mu_1(x_{11})^{w_1} & \cdots & \mu_r(x_{1r})^{w_r} \\
\vdots & \vdots & \ddots & \vdots \\
a_m & \mu_1(x_{m1})^{w_1} & \cdots & \mu_r(x_{mr})^{w_r}
\end{array}
$$

Durch die Berücksichtigung der Gewichtung als Exponent wird der Wert $\mu_k(x_{ik}) \in [0,1]$ für $w_k < 1$ erhöht und für $w_k > 1$ verringert. Entsprechend zu *Bellman, Zadeh (1970)* wird aus dieser Matrix der gewichteten Zugehörigkeitswerte die optimale Entscheidung a^* über ein MAXIMIN-Kriterium gemäß Definition 4.1 festgelegt, d.h., die unscharfe Entscheidung $\tilde{D}$ besitzt die Zugehörigkeitsfunktion

$$\mu_{\bar{D}} : A \longrightarrow [0,1] \text{ mit } \mu_{\bar{D}}(a_i) = \min_k \{(\mu_k(x_{ik}))^{w_k}\}$$

und für die optimale Entscheidung a^* gilt:

$$\mu_{\bar{D}}(a^*) = \max_i \min_k \{(\mu_k(x_{ik}))^{w_k}\}$$

Aufgrund der durchgeführten Gewichtung wird die über das Minimum definierte unscharfe Entscheidung durch die wichtigen Ziele g_k mit $w_k > 1$, was gleichbedeutend ist mit erniedrigten Werten $\mu_{ik}^{w_k}(x_{ik})$, bestimmt. Zusätzlich kommt einer Alternative, die in wichtigen Zielen niedrig bewertet wird, bei der Festlegung der optimalen Entscheidung in Folge der Gewichtung eine geringere Bedeutung zu. Diese MAXIMIN-Ansätze können wie folgt beurteilt werden.

- Die angeführten Methoden benutzen aufgrund der Minimum-Bildung nur einen sehr kleinen Ausschnitt aus den ursprünglich gegebenen Informationen. Einer Alternative, die nur in einem Ziel schlechter bewertet ist als die anderen Alternativen, werden andere Alternativen vorgezogen. Damit wird eine **pessimistische Grundhaltung** des Entscheidungsträgers unterstellt, die nicht in jeder Anwendungssituation haltbar ist.

- Da in der zugrundeliegenden Matrix nur **einzelne Werte** einer Zugehörigkeitsfunktion gegeben sind, können auch konventionelle MADM-Lösungsmethoden benutzt werden. Der Unterschied besteht nur in der Interpretation der Daten als normierte bzw. bewertete Resultate bei konventionellen Methoden und Zugehörigkeitsgraden im Sinne von Zufriedenheitsgraden bei unscharfen Methoden.

- Die MAXIMIN-Methoden beinhalten sowohl die **Aggregations- als auch die Ordnungsphase** eines MADM-Problems. Die Minimierung ordnet jeder Alternative einen Wert zu, mit dessen Hilfe die Rangordnung bzw. die Auswahl der optimalen Alternative festgelegt ist. Auch in diesem Punkt entsprechen die vorgestellten unscharfen MAXIMIN-Methoden den konventionellen MADM-Verfahren.

Trotz der aufgeführten Unzulänglichkeiten werden diese Ansätze auch in neueren Veröffentlichungen zu Fuzzy-MADM-Anwendungen benutzt. Beispielsweise stellen *Gutierrez, Carmona (1995)* ein Modell zu Qualitätsentscheidungen in der Automobilzulieferindustrie dar, wobei die Lösung mit Hilfe der gewichteten MAXIMIN-Methode von Yager berechnet wird.

7.3 Methoden der einfachen additiven Gewichtung

7.3.1 Aggregationsphase auf Basis des Erweiterungsprinzips von Zadeh

Ausgangspunkt dieser Methodenklasse ist die **konventionelle Methode der einfachen additiven Gewichtung**. Dabei wird zunächst eine Bewertung der Handlungsresultate über Einzelwertfunktionen vorgenommen, d.h. x_{ik} wird zu $v(x_{ik}) = x_{ik}^{\text{wert}}$, $i = 1, \ldots, m$, $k = 1, \ldots, r$. Unter bestimmten Voraussetzungen, wie beispielsweise einer starken gegenseitigen Präferenzunabhängigkeit bezüglich der Ziele (*Schneeweiß, 1991, S. 130*), kann der jeder Alternative zugeordnete Nutzenwert

$$\Phi(a_i) = \sum_{k=1}^{r} w_k \cdot x_{ik}^{\text{wert}}, \quad i = 1, \ldots, m$$

als Gesamtwert der Handlungskonsequenz a_i interpretiert werden. Mit diesen gewichteten Summen ist gleichzeitig die Rangordnung der Alternativen gegeben. Die optimale Alternative a^* erfüllt dann

$$\Phi(a^*) = \max_{i} \left\{ \sum_{k=1}^{r} w_k \cdot x_{ik}^{\text{wert}} \right\}.$$

Bei entsprechenden **unscharfen Ansätzen** aus diesem Bereich werden sowohl die Gewichtungen w_k als auch die Handlungsresultate x_{ik} als unscharfe Mengen $\widetilde{W}_k$ bzw. $\widetilde{X}_{ik}$ formuliert. Dies erscheint insbesondere dann sinnvoll, wenn Gewichtungen wie beispielsweise ‚unbedeutend‘, ‚wichtig‘, ‚sehr wichtig‘ modelliert werden müssen. Auch Handlungsresultate können als Ranking bezüglich des jeweiligen Zielkriteriums in verbaler Form vorliegen, wie beispielsweise ‚sehr niedrig‘, ‚niedrig‘, ‚hoch‘, ‚sehr hoch‘. In beiden Fällen können linguistische Variablen (Definition 3.9) definiert werden, so daß die jeweilige Semantik, d.h. die unscharfen Mengen für die Terme, die angegebenen verbalen Formulierungen darstellt.

Die Aggregationsphase einer „unscharfen Version" der einfachen additiven Gewichtung endet dann mit der Zuordnung von fuzzifizierten Nutzenwerten für die Alternativen, d.h., jeder Alternative a_i wird eine unscharfe Menge $\widetilde{\Phi}_i$ zugeordnet, die als Bewertung dieser Alternative im Hinblick auf das Entscheidungsproblem interpretiert wird. Die Berechnung der Zugehörigkeitsfunktion μ_i, die die Bewertung $\widetilde{\Phi}_i$ repräsentiert, erfolgt über die fuzzifizierte Form der gewichteten Summe aus der konventionellen Methode. Dazu muß das Erweiterungsprinzip (Definition 4.8) benutzt werden. Ausgehend von den unscharfen Mengen $\widetilde{W}_1, \ldots, \widetilde{W}_r$ in $[0,1]$ und $\widetilde{X}_{i1}, \ldots, \widetilde{X}_{ir}$ in $X_1, \ldots, X_r$ wird durch die Abbildung

$$g_i : [0,1]^r \times X_1 \times \ldots \times X_r \longrightarrow \mathbb{R} \text{ mit } g_i(w_1, \ldots, w_r, x_{i1}, \ldots, x_{ir}) = \sum_{k=1}^{r} w_k x_{ik}$$

gemäß dem Erweiterungsprinzip von Zadeh die unscharfe Menge $\widetilde{\Phi}_i$ in $\mathbb{R}$ mit der Zugehörigkeitsfunktion $\mu_i : \mathbb{R} \to [0, 1]$ induziert, wobei

$$\mu_i(y) = \sup\{\min\{\mu_{\widetilde{W}_1}(w_1), \ldots, \mu_{\widetilde{W}_r}(w_r), \mu_{\widetilde{X}_{i1}}(x_{i1}), \ldots, \mu_{\widetilde{X}_{ir}}(x_{ir})\} :$$
$$(w_1, \ldots, w_r, x_{i1}, \ldots, x_{ir}) \in [0, 1]^r \times X_1 \times \ldots \times X_r \wedge$$
$$y = \sum_{k=1}^{r} w_k x_{ik}\} \quad .$$

Werden keine Einschränkungen an die in die Berechnung eingehenden unscharfen Mengen bzw. deren Zugehörigkeitsfunktionen angegeben, so kann die fuzzifizierte Form der einfachen additiven Gewichtung im allgemeinen nicht direkt berechnet werden. Deshalb schlagen einige Autoren vor, auf die α-Niveaumengen auszuweichen. Die Aggregationsphase eines MADM-Verfahrens wird dabei in drei Schritte aufgeteilt, die mehrmals durchlaufen werden, um μ_i möglichst genau zu reproduzieren. Voraussetzung ist dabei, daß alle eingehenden unscharfen Mengen konvex und normiert sind.

- **Schritt 1:**
  Vorgabe eines Wertes $\alpha \in [0, 1]$ für die α-Niveaumenge

  $$\{y : \mu_i(y) \geqq \alpha\} \quad .$$

- **Schritt 2:**
  Für $k = 1, \ldots, r$ werden alle Werte w_k und x_{ik}, die

  $$\mu_{\widetilde{W}_k}(w_k) = \mu_{\widetilde{X}_{ik}}(x_{ik}) = \alpha$$

  erfüllen, berechnet.

- **Schritt 3:**
  Alle Kombinationen der in Schritt 2 berechneten Werte für w_k und x_{ik} führen über $\sum_{k=1}^{r} w_k x_{ik} = y$ zu unterschiedlichen Werten für y, für die $\mu_i(y) = \alpha$ gilt. Für diese y-Werte wird dann das Minimum $y^{\min}$ und das Maximum $y^{\max}$ bestimmt und damit die entsprechende α-Niveaumenge aus Schritt 1 durch das Intervall $[y^{\min}, y^{\max}]$ festgelegt.

Je öfter diese Schritte bei unterschiedlichen Vorgaben für α durchlaufen werden, desto genauer kann die gesuchte Zugehörigkeitsfunktion μ_i durch die berechneten α-Niveaumengen beschrieben werden.

Diese Vorgehensweise kann zu einem erheblichen Rechenaufwand führen, da die Anzahl der Rechenschritte exponentiell mit der Problemgröße wächst. Geht man von Zugehörigkeitsfunktionen aus, die zunächst einen streng monoton steigenden und anschließend einen streng monoton fallenden Verlauf besitzen, existieren für r Ziele und damit auch r Gewichte insgesamt 2^r Kombinationsmöglichkeiten zur Berechnung der y-Werte. Aus diesem Grund wurden von verschiedenen Autoren Vorschläge entwickelt, die zu einer Verringerung der Anzahl der Rechenschritte führen und damit **rechentechnische Vereinfachungen** der grundsätzlichen Vorgehensweise darstellen. Die hier nicht im Detail aufgeführten Methoden stehen jeweils im Zusammenhang mit einer Einschränkung bezüglich der Allgemeinheit der verwendeten unscharfen Mengen und deshalb mit speziellen Eigenschaften der zugrundeliegenden Zugehörigkeitsfunktion:

- *Baas, Kwaakernak (1977)* führen eine Methode für stückweise stetig differenzierbare Zugehörigkeitsfunktionen ein, die in

- *Kwaakernak (1979)* noch weiter vereinfacht wird.

- *Cheng, McInnis (1980)* beschreiben einen Algorithmus, der stetige Zugehörigkeitsfunktionen in diskrete Zugehörigkeitsfunktionen umwandelt und dadurch die notwendigen Berechnungen stark vereinfacht.

- *Dubois, Prade (1982)* beschränken sich bei den Berechnungen auf unscharfe Zahlen.

Einen **anderen Zugang** wählt *Bonissone (1982)*. Er beschränkt sich bei den Zugehörigkeitsfunktionen auf trapezförmige unscharfe Intervalle. Aufgrund der dadurch möglichen Rechenoperationen innerhalb der Fuzzy-Arithmetik können die Zugehörigkeitsfunktionen μ_i direkt – zumindest approximativ – berechnet werden. Die von Bonissone dargestellte Anwendung der Fuzzy-Arithmetik wird hier in drei Punkten **verändert** bzw. **erweitert**.

- Zunächst erscheint die Beschränkung auf trapezförmige unscharfe Intervalle nicht sinnvoll, da die in Abschnitt 4.3.2 eingeführte Fuzzy-Arithmetik allgemeiner für **lr-Fuzzy-Intervalle** Gültigkeit besitzt.

- Sind die Gewichte $\widetilde{W}_1, \ldots, \widetilde{W}_r$ und die Handlungsresultate $\widetilde{X}_{i1}, \ldots, \widetilde{X}_{ir}$ der Aktionen $a_i, i = 1, \ldots, m$ in Form von lr-Fuzzy-Intervallen formuliert, so kann für jede Aktion die unscharfe Bewertung $\widetilde{\Phi}_i$ bzw. die ihr zugrundeliegende Zugehörigkeitsfunktion μ_i gemäß den Rechenregeln für lr-Fuzzy-Intervalle durch

$$\widetilde{\Phi}_i \approx (\widetilde{W}_1 \odot \widetilde{X}_{i1}) \oplus (\widetilde{W}_2 \odot \widetilde{X}_{i2}) \oplus \ldots \oplus (\widetilde{W}_r \odot \widetilde{X}_{ir})$$

bestimmt werden. Genügt dem Entscheidungsträger die Angabe bestimmter α-Niveaumengen von $\widetilde{\Phi}_i$ als Ergebnis für die einzelnen Alternativen, so kann für $\alpha \in \langle 0, 1]$ eine exakte Berechnung erfolgen (Satz 4.11, S. 66).

- Eine Erweiterung stellt die Verwendung des **allgemeinen Erweiterungsprinzips** anstelle des Erweiterungsprinzips von Zadeh dar. Dieser Punkt wird im folgenden Abschnitt 7.3.2 behandelt.

Da lr-Fuzzy-Intervalle aufgrund der vielen möglichen funktionalen Formen der Zugehörigkeitsfunktionen in den meisten Anwendungen zur Modellierung von Gewichten und Handlungsresultaten ausreichen, erscheinen die obengenannten Verfahren von *Baas, Kwakernaak (1977)* und deren Nachfolgern nur für sehr spezielle Problemstellungen geeignet. Die im nächsten Abschnitt aufgezeigte Erweiterung der Bonissone-Methode verstärkt diese Überlegenheit.

7.3.2 Aggregationsphase auf Basis des allgemeinen Erweiterungsprinzips

Wie in Abschnitt 4.3.3 angedeutet, kann die Fuzzy-Arithmetik auf Basis des allgemeinen Erweiterungsprinzips benutzt werden, um zusätzliche Informationen des Entscheidungsträgers in den Entscheidungsprozeß einzubeziehen. Das allgemeine Erweiterungsprinzip (Definition 4.12, S. 68) ist auf Basis von Yager's parametrisierter t-Norm formuliert. Aus diesem Grund beinhalten die Ergebnisse der erweiterten Addition und Multiplikation von lr-Fuzzy-Intervallen einen ‚Freiheitsgrad' in Form des Parameters p.

In den folgenden Ausführungen wird eine Methode dargestellt (*Hauke, 1997b*), die Informationen des Entscheidungsträgers benutzt, um den Parameter p festzulegen. Dabei wird auf die Beschreibung aus Abschnitt 4.3.3 zurückgegriffen. Um unnötigen Bezeichnungsaufwand zu vermeiden, werden in der im Zusammenhang mit der Aggregationsphase zu berechnenden Summe

$$\widetilde{\Phi}_i \approx (\widetilde{W}_1 \odot \widetilde{X}_{i1}) \oplus (\widetilde{W}_2 \odot \widetilde{X}_{i2}) \oplus \ldots \oplus (\widetilde{W}_r \odot \widetilde{X}_{ir})$$

die Summanden $(\widetilde{W}_1 \odot \widetilde{X}_{i1}), \ldots, (\widetilde{W}_r \odot \widetilde{X}_{ir})$ durch $\widetilde{U}_1, \ldots, \widetilde{U}_r$ ersetzt. Die in die Berechnungen eingehenden unscharfen Mengen sind demnach die lr-Fuzzy-Intervalle

$$\widetilde{U}_k = (\underline{m}_k, \overline{m}_k, a_k, b_k)_{lr}, \ k = 1, \ldots, r \ .$$

Bei der Addition und Multiplikation sind linke und rechte Dehnung der Ergebnisse abhängig vom Parameter p: je größer p, desto unschärfer ist das Ergebnis.

Die größtmögliche **prozentuale Verringerung der Unschärfe bei der Addition** der unscharfen Intervalle beträgt demnach bei der linken Dehnung

$$S_1^{\oplus} = \frac{\displaystyle\sum_{k=1}^{r} a_k - \max_{k \in \{1,\ldots,r\}} \{a_k\}}{\displaystyle\sum_{k=1}^{r} a_k} \cdot 100 \ .$$

Bei der rechten Dehnung erhält man entsprechend

$$S_2^\oplus = \frac{\sum\limits_{k=1}^{r} b_k - \max\limits_{k \in \{1,\dots,r\}}\{b_k\}}{\sum\limits_{k=1}^{r} b_k} \cdot 100 \quad.$$

Das Intervall

$$\left[0, \min\left\{\frac{S_1^\oplus}{100}, \frac{S_2^\oplus}{100}\right\}\right\rangle$$

gibt damit die möglichen Werte für eine Verringerung der Unschärfe bei der Addition unscharfer Mengen an. Aus diesem Intervall kann der Entscheidungsträger die von ihm **gewünschte Unschärfenreduktion** x auswählen. Gewünschte Reduktion bedeutet in diesem Zusammenhang, daß der Entscheidungsträger als Experte für das analysierte MADM-Problem entscheiden kann, inwieweit die Aggregation – hier die gewichtete Addition – aufgrund unterschiedlicher Richtungen des Einflusses der zusammengefaßten unscharfen Mengen eine Verringerung der Unschärfe des Ergebnisses bewirkt.

In welcher Weise durch derartige Angaben des Entscheidungsträgers der Parameter p in den t-Normen von Yager gesteuert bzw. festgelegt werden kann, wird im folgenden dargestellt.

Für die **linke Dehnung** bei der erweiterten Addition ergibt sich für die gewünschte Unschärfenreduktion x

$$\frac{\sum\limits_{k=1}^{r} a_k - (\sum\limits_{k=1}^{r} a_k^{q_1})^{\frac{1}{q_1}}}{\sum\limits_{k=1}^{r} a_k} = x$$

$$\Longleftrightarrow (\sum\limits_{k=1}^{r} a_k^{q_1})^{\frac{1}{q_1}} = (1-x)\sum\limits_{k=1}^{r} a_k, \quad q_1 = \frac{p_1}{p_1 - 1} \quad.$$

Aufgrund der Monotonie des Ausdruckes auf der linken Seite der Gleichung ist q_1 bzw. der Parameter p_1 eindeutig zu bestimmen.

Für die **rechte Dehnung** des lr-Fuzzy-Intervalls ergibt sich entsprechend aus

$$\frac{\sum\limits_{k=1}^{r} b_k - (\sum\limits_{k=1}^{r} b_k^{q_2})^{\frac{1}{q_2}}}{\sum\limits_{k=1}^{r} b_k} = x$$

$$\Longleftrightarrow (\sum\limits_{k=1}^{r} b_k^{q_2})^{\frac{1}{q_2}} = (1-x)\sum\limits_{k=1}^{r} b_k, \quad q_2 = \frac{p_2}{p_2 - 1}$$

eine Festlegung für q_2 bzw. p_2.

Im Fall von symmetrischen lr-Fuzzy-Intervallen gilt $a_k = b_k$, $k = 1, \ldots, r$, so daß der Parameter durch $p = p_1 = p_2$ festgelegt werden kann, um die vom Entscheidungsträger angegebene Unschärfe x zu erhalten. Gleichzeitig wird die Berechnung des Additionsergebnisses vereinfacht, da q_1 bzw. q_2 nicht explizit berechnet werden müssen, um das Additionsergebnis zu erhalten. Linke bzw. rechte Dehnung sind in diesem Fall durch

$$(1 - x) \sum_{k=1}^{r} a_k \quad \text{bzw.} \quad (1 - x) \sum_{k=1}^{r} b_k$$

festgelegt. Im nicht-symmetrischen Fall wird der Parameter p durch $p = \max\{p_1, p_2\}$ festgelegt, um die vom Entscheidungsträger angegebene Information zur Unschärfe zu modellieren. Damit müssen in diesem Fall auch die Werte p_1, p_2 berechnet werden.

In entsprechender Weise kann auch für die erweiterte Multiplikation auf Basis des allgemeinen Erweiterungsprinzips eine Festlegung der Unschärfe durchgeführt werden (vgl. *Hauke, 1997b*), die im Zusammenhang mit Fuzzy-MADM-Methoden der einfachen additiven Gewichtung jedoch nicht benutzt wird. Durch die Verwendung des allgemeinen Erweiterungsprinzips in der beschriebenen Art und Weise besteht die Möglichkeit, vom Entscheidungsträger zusätzlich formulierte Informationen in den Entscheidungsprozeß einzubinden.

7.3.3 Rangordnungsmethoden zur Ordnungsphase

Für die Methoden der unscharfen, einfachen additiven Gewichtung innerhalb der Fuzzy-MADM-Methoden wurde bisher ausschließlich die Aggregationsphase mit dem Ergebnis einer Gesamtbewertung der einzelnen Handlungsalternativen, jeweils in Form einer unscharfen Menge $\widetilde{\Phi}_i$, dargestellt. Zu lösen bleibt das Problem der Bildung einer Rangordnung aller Alternativen oder auch nur der Auswahl einer besten Alternative innerhalb der Ordnungsphase. Im Gegensatz zu den konventionellen MADM-Methoden und den in Abschnitt 7.2 diskutierten MAXIMIN-Methoden stellt diese Phase bei den hier betrachteten Fuzzy-MADM-Problemen kein triviales Problem dar. Betrachtet man beispielsweise die in Figur 7.1 gezeigten Zugehörigkeitsfunktionen, ist eine Rangordnung der dazugehörigen unscharfen Mengen nicht ohne weitere Kriterien festzulegen.

Eine Möglichkeit zur Bildung von Rangordnungen unscharfer Mengen basiert auf der Bildung von **Präferenzrelationen**, die sich auf die zu vergleichenden unscharfen Mengen beziehen. Eine sehr einfache Form ist die Festlegung der folgenden Relation zwischen Handlungsalternativen a_i und a_j bzw. zwischen den ihnen zugeordneten unscharfen Mengen $\widetilde{\Phi}_i$ und $\widetilde{\Phi}_j$ und deren Trägermengen (Definition 3.7, S. 21) $\mathbb{R}_{i,>0}$ und $\mathbb{R}_{j,>0}$ (*Rommelfanger, 1994, S. 73*):

$$a_i \succeq a_j \iff \inf \mathbb{R}_{i,>0} \geq \sup \mathbb{R}_{j,>0}$$

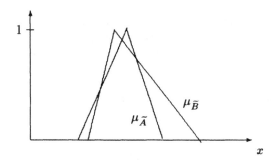

Figur 7.1: Zugehörigkeitsfunktionen der unscharfen Mengen $\tilde{A}$ und $\tilde{B}$

Da in den wenigsten Anwendungen die in dieser Bedingung für einen möglichen Paarvergleich notwendige Disjunktheit der Trägermengen erfüllt ist, wurden schwächere Bedingungen in Form der sogenannten σ-Präferenz und ϵ-Präferenz (*Rommelfanger, 1994, S. 74 ff.*) formuliert. Diese Richtung soll hier jedoch nicht weiter verfolgt werden, da Ansätze aus diesem Bereich einerseits einen immens hohen Rechenaufwand mit sich bringen, und andererseits nicht gewährleistet ist, daß alle notwendigen Paarvergleiche tatsächlich zu Präferenzentscheidungen führen.

Ein **weiterer Ansatzpunkt** zur Bildung von Rangordnungen unscharfer Mengen auf Basis von Präferenzrelationen besteht darin, eine unscharfe Menge der optimalen Alternativen $\tilde{A}^*$ auf der Menge A der in eine Rangfolge zu bringenden Handlungsalternativen $a_i, i = 1, \ldots, m$ zu definieren. Die Zugehörigkeitsfunktion zu $\tilde{A}^*$ ist damit

$$\mu_{\tilde{A}^*} : A \longrightarrow [0,1] \, .$$

Durch die Zugehörigkeitswerte der Funktion $\mu_{\tilde{A}^*}$ wird dann die Ordnungsrelation

$$a_i \succeq a_j \iff \mu_{\tilde{A}^*}(a_i) \geqq \mu_{\tilde{A}^*}(a_j)$$

bezüglich der Alternativen festgelegt. Die einzelnen Rangordnungsverfahren unterscheiden sich lediglich durch die Festlegung der Abbildungsvorschrift bzw. der Berechnung der „Kennzahl" $\mu_{\tilde{A}^*}(a_i)$. In diese Berechnungen gehen die für die Alternativen festgelegten unscharfen Mengen $\tilde{\Phi}_i$ bzw. deren Zugehörigkeitsfunktionen μ_i ein. Damit steht dieses Konzept dem der unscharfen Entscheidung (Definition 4.1, S. 46) nahe.

Rommelfanger (1994, S. 78 f.) weist bezüglich der Entscheidung für eine Handlungsalternative auf folgende **Problematik** hin. Da der Verlauf der Zugehörigkeitsfunktionen der unscharfen Mengen $\tilde{\Phi}_i, i = 1, \ldots, m$ in den meisten Fällen nur näherungsweise bestimmt wird, erscheint es nicht sinnvoll, eine Rangfolge auf kleinste Unterschiede in den $\mu_{\tilde{A}^*}$-Werten zu begründen. Vielmehr sollte bei der Auswahl der besten Alternative nicht nur die Alternative mit dem höchsten Zugehörigkeitsgrad bezüglich $\mu_{\tilde{A}^*}$ betrachtet werden, sondern auch Alternativen mit einem geringfügig kleineren Zugehörigkeitsgrad. Im Zusammenhang mit Fuzzy-MADM-Methoden erscheinen zwei Rangordnungsmethoden besonders geeignet.

Verfahren von Baas und Kwakernaak

$\tilde{\Phi}_1, \ldots, \tilde{\Phi}_m$ seien die für $a_1, \ldots, a_m$ festgelegten Bewertungen mit den Zugehörigkeitsfunktionen $\mu_i : \mathbb{R} \to [0, 1]$ mit $y \mapsto \mu_i(y)$. Die Zugehörigkeitsfunktion $\mu_{\tilde{A}^*} : A \longrightarrow [0, 1]$ der unscharfen Menge der optimalen Alternativen $\tilde{A}^*$ wird von *Baas, Kwakernaak (1977)* festgelegt durch

$$\mu_{\tilde{A}^*}(a_i) = \max_{\overline{y} \in \overline{Y}_i} \min\{\mu_1(\overline{y}_1), \ldots, \mu_m(\overline{y}_m)\}$$

$$\text{mit } \overline{Y}_i = \{\overline{y} = (\overline{y}_1, \ldots, \overline{y}_m) \in \mathbb{R}^m : \overline{y}_i \geq \overline{y}_j, \; j = 1, \ldots, m\} \; .$$

Der für jede Alternative berechnete Zugehörigkeitsgrad $\mu_{A^*}(a_i)$ basiert damit auf **einem** Vektor $\overline{y}$. Dies führt dazu, daß dem Verfahren die wünschenswerte Trennschärfe fehlt. In vielen Problemstellungen werden unterschiedliche unscharfe Mengen durch das Verfahren als gleichwertig eingestuft (siehe dazu das Beispiel in Figur 7.2).

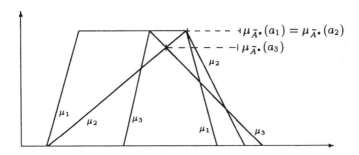

Figur 7.2: Rangordnungsverfahren von Baas und Kwakernaak

Überlegungen, in welcher Weise eine Verbesserung dieses Verfahrens erreicht werden könnte, führen *Baldwin, Guild (1979)* auf. Da sie das grundlegende Prinzip beibehalten, wird auf eine Beschreibung verzichtet.

Im Zusammenhang mit den oben dargestellten Verfahren der Aggregationsphase ist die Anwendung dieser Rangordnungsmethode sinnvoll, da es eine konsequente Weiterführung des Erweiterungsprinzips darstellt. Bei der Festlegung der Zugehörigkeitswerte $\mu_{\tilde{A}^*}(a_i)$ handelt es sich offensichtlich um eine Erweiterung der $\geq$-Relation zwischen reellen Zahlen.

Verfahren von Rommelfanger

Eine konsequente Fortführung der in *Adamo (1980)* dargestellten Idee zur Bildung von Rangordnungen unscharfer Mengen auf Basis von α-Niveaumengen stellt das Verfahren von *Rommelfanger (1986)* dar. Dabei werden zunächst für die Werte $\alpha_1 < \ldots < \alpha_s$ die entsprechenden α-Niveaumengen für die unscharfe Bewertung $\tilde{\Phi}_i$ der Alternative a_i berechnet. Anschließend wird aus den mittleren Werten der Intervalle das arithmetische Mittel r_i gebildet:

$$[\underline{y}_{\alpha_1}, \overline{y}_{\alpha_1}] \longrightarrow \frac{\underline{y}_{\alpha_1} + \overline{y}_{\alpha_1}}{2}$$

$$[\underline{y}_{\alpha_2}, \overline{y}_{\alpha_2}] \longrightarrow \frac{\underline{y}_{\alpha_2} + \overline{y}_{\alpha_2}}{2}$$

$$\vdots \qquad \vdots \qquad \vdots$$

$$[\underline{y}_{\alpha_s}, \overline{y}_{\alpha_s}] \longrightarrow \frac{\underline{y}_{\alpha_s} + \overline{y}_{\alpha_s}}{2}$$

$$r_i = \frac{1}{s} \sum_{t=1}^{s} \left(\frac{\underline{y}_{\alpha_t} + \overline{y}_{\alpha_t}}{2} \right)$$

Das bei Rommelfanger als Rankingwert bezeichnete arithmetische Mittel r_i wird für alle Alternativen berechnet, und der Zugehörigkeitsgrad einer Alternative a_i bezüglich der unscharfen Menge der optimalen Alternativen $\tilde{A}^*$ ergibt sich aus

$$\mu_{\tilde{A}^*}(a_i) = \frac{r_i}{\max\{r_1, \ldots, r_m\}} .$$

Dieses Verfahren besitzt den Vorteil, daß es auch für **nicht-konvexe unscharfe Mengen** benutzt werden kann. In diesem Fall besteht die Möglichkeit, daß eine α-Niveaumenge aus mehreren Intervallen besteht. Dann ist anstelle des einfachen arithmetischen Mittels ein gewichtetes arithmetisches Mittel für die Intervallmitten zu berechnen. Als Gewichte sind dabei die Intervallbreiten zu benutzen.

Als **Problem** erweist sich die Festlegung der Anzahl s, der in die Berechnung eingehenden α-Niveaumengen und auch die Größenordnung der α-Werte. Nach *Rommelfanger (1986)* werden gute Ergebnisse schon bei zehn α-Niveaumengen in gleichmäßigen Abständen erzielt.

Der **Vorteil** bei der Verwendung dieser Methode im Zusammenhang mit Fuzzy-MADM-Methoden besteht darin, daß zur Durchführung dieser Rangordnungsmethode die Kenntnis des gesamten Verlaufs der Zugehörigkeitsfunktionen nicht notwendig ist. Es genügen die α-Niveaumengen, die bei Verwendung der Fuzzy-Arithmetik auch im Fall der Multiplikation unscharfer Mengen exakt berechnet werden können.

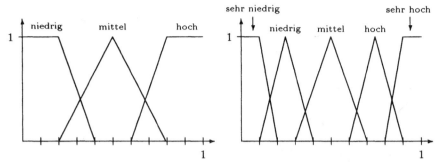

Figur 7.3: Beispiele für die Semantik im Verfahren von Chen und Hwang

Die Untersuchungen in *Bortolan, Degani (1985)*, *Rommelfanger (1986)* und *Chen, Hwang (1992)* ergaben, daß kein Rangordnungsverfahren existiert, das in allen Anwendungssituationen zu Ergebnissen kommt, die in Übereinstimmung mit intuitiv erwarteten Ergebnissen bzw. empirisch gewonnenen Präferenzaussagen stehen. Aufgrund der Vielzahl möglicher Verfahren[2], die auch zu unterschiedlichen Ergebnissen führen können, sollten deshalb zu einer endgültigen Entscheidung bezüglich der Rangordnung immer mehrere Verfahren benutzt und auf Basis der Stabilität der Ergebnisse entsprechende Entscheidungen getroffen werden.

7.4 Verfahren von Chen und Hwang

Chen, Hwang (1992, S. 465 ff.) schlagen eine zu den bisherigen Methoden unterschiedliche Vorgehensweise zur Lösung von Fuzzy-MADM-Problemen vor. Sie führen ein unscharfes bzw. teilweise unscharfes Problem in ein konventionelles MADM-Problem über, so daß die Methoden aus dem konventionellen Bereich auf die Ergebnisse des Verfahrens von Chen und Hwang angewendet werden können. Die Vorgehensweise kann in drei Schritte unterteilt werden:

- **Schritt 1:**
  Ausgangspunkt ist eine Beschreibung des MADM-Problems durch eine Matrix, in der die Handlungsresultate x_{ik} der einzelnen Alternativen quantitativ oder in Form linguistischer Ausdrücke vorliegen. Die linguistischen Ausdrücke werden als Terme linguistischer Variablen aufgefaßt und Ziel für Ziel in dreiecksförmige unscharfe Zahlen oder trapezförmige unscharfe Intervalle auf dem Definitionsbereich [0, 1] umgewandelt. Dazu stellen *Chen, Hwang (1992, S. 467 ff.)* insgesamt acht unterschiedliche Möglichkeiten einer Semantik vor (siehe Figur 7.3). Falls mehr als

---

[2]Weitere Verfahren, wie beispielsweise von *Dubois, Prade (1983b)* oder *Lee, Li (1988)*, basieren auf Vorgehensweisen, die keinen direkten Bezug zu den vorgestellten MADM-Methoden aufzeigen. Aus diesem Grund werden diese hier nicht dargestellt.

eine Semantik für die in einer Spalte der Matrix vorkommenden Ausdrücke zutreffend ist, wird die Semantik mit der geringsten Anzahl von Termen benutzt.

- **Schritt 2:**
  In diesem Schritt wird jeder unscharfen Zahl $\widetilde{U}$ mit der Zugehörigkeitsfunktion $\mu_{\widetilde{U}}$ ein reeller Wert zugeordnet. Dazu wird ein von *Chen (1985)* vorgeschlagenes Rangordnungsverfahren in modifizierter Form benutzt. Zunächst wird eine sogenannte **maximierende** bzw. **minimierende unscharfe Menge** durch die Zugehörigkeitsfunktionen

$$\mu_{\max}, \mu_{\min} : [0,1] \to [0,1] \quad \text{mit}$$

$$\mu_{\max} = \begin{cases} x \text{ für } 0 \leqq x \leqq 1 \\ 0 \text{ sonst} \end{cases} \quad \text{und} \quad \mu_{\min} = \begin{cases} 1-x \text{ für } 0 \leqq x \leqq 1 \\ 0 \quad \text{sonst} \end{cases}$$

festgelegt. Damit werden die Werte

$$g_r = \sup_x \{\min\{\mu_{\widetilde{U}}(x), \mu_{\max}(x)\}\}$$
$$g_l = \sup_x \{\min\{\mu_{\widetilde{U}}(x), \mu_{\min}(x)\}\}$$

berechnet (siehe dazu Figur 7.4). g_r wird damit durch den Schnittpunkt des monoton fallenden Teiles der Zugehörigkeitsfunktion $\mu_{\widetilde{U}}$ mit $\mu_{\max}$ bestimmt, während g_l durch den Schnittpunkt des monoton steigenden Teiles von $\mu_{\widetilde{U}}$ mit $\mu_{\min}$ festgelegt ist. Je näher der monoton fallende Teil von $\mu_{\widetilde{U}}$ bei 1 liegt, desto größer ist g_r, und je näher der monoton fallende Teil von $\mu_{\widetilde{U}}$ bei 1 liegt, desto niedriger ist g_l. Der Gesamtwert

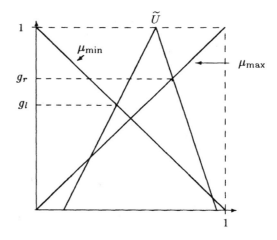

Figur 7.4: Skizze zur Verdeutlichung des Verfahrens von Chen und Hwang

$g_{\bar{U}}$ für die unscharfe Menge $\widetilde{U}$ wird deshalb als arithmetisches Mittel von g_r und $(1 - g_l)$ berechnet:

$$g_{\bar{U}} = \frac{1}{2}\left(g_r + (1 - g_l)\right)$$

Damit wird das mit unscharfen Elementen durchsetzte MADM-Problem zu einem konventionellen MADM-Problem (Definition 7.1).

- **Schritt 3:**
  Das in Schritt 2 entstandene konventionelle MADM-Problem kann mit konventionellen MADM-Methoden gelöst werden.

Die Methode von Chen und Hwang stellt eine Möglichkeit dar, ein aus „harten" und „weichen" Handlungsresultaten bestehendes MADM-Problem zu lösen. Problematisch erscheint jedoch die sehr starre Generierung der linguistischen Variablen durch die Vorgabe der Semantik. An dieser Stelle wären sinnvollerweise die in Abschnitt 3.2.1 beschriebenen Verfahren zur Quantifizierung von Unschärfe einzusetzen. Die von Chen und Hwang eingesetzte Umwandlung von unscharfen Mengen in eine reelle Zahl stammt aus einem Rangordnungsverfahren für unscharfe Mengen und kann damit auch durch andere Rangordnungsverfahren ersetzt werden. Auf diesem Hintergrund muß das Verfahren von Chen und Hwang eher als Rahmen für MADM-Verfahren mit konventionellen und unscharfen Daten gesehen werden, der mit den vorher beschriebenen Rangordnungsverfahren ausgefüllt werden kann.

Abschließend werden die Methode der einfachen additiven Gewichtung und das Verfahren von Baas und Kwakernaak zur Bildung einer Rangordnung von unscharfen Mengen an einem Beispiel erläutert.

Beispiel 7.3

Ein Unternehmen steht vor der Entscheidung bezüglich einer Finanzanlageinvestition, wobei der gesamte, zur Diskussion stehende Betrag in einen Markt investiert werden soll. Drei Alternativen sind bei der Entscheidung zu berücksichtigen:

$a_1 =$ *Investition am Rohstoffmarkt*
$a_2 =$ *Investition am Aktienmarkt*
$a_3 =$ *Investition am Immobilienmarkt*

Die zu betrachtenden Zielkriterien sind:

$g_1 =$ *Risiko bzgl. Kapitalverlust*
$g_2 =$ *Inflationsrisiko für das eingesetzte Kapital*
$g_3 =$ *Rendite*
$g_4 =$ *Verfügbarkeit des Kapitals*

Die von einem Entscheidungsgremium angegebenen Gewichtungen der Ziele und die Handlungsresultate sind in der folgenden Matrix zusammengefaßt.

Gewichtung	eher wichtig	eher wichtig	sehr wichtig	eher unwichtig
Ziele	g_1	g_2	g_3	g_4
a_1	hoch	eher hoch	sehr hoch	mittel
a_2	mittel	mittel	mittel	eher gut
a_3	niedrig	sehr niedrig	eher hoch	schlecht

Sowohl die Gewichtungen als auch die Bewertung der Zielkriterien werden als linguistische Variablen (siehe Definition 3.9, S. 22) modelliert. Dazu können die in Abschnitt 3.2.1 diskutierten Methoden zum Einsatz kommen. Der „künstliche" Definitionsbereich (siehe Beispiel 3.10, S. 24 ff.) aller linguistischen Variablen ist das Intervall [0, 1], wobei zu beachten ist, daß bei g_1 und g_2 niedrige Werte positive Bewertungen darstellen, während bei g_3 und g_4 hohe Werte positive Bewertungen darstellen. Die Entscheidungsträger haben sich auf folgende Zuordnung von lr-Fuzzy-Intervallen (siehe Definition 3.16, S. 41) zu den Termen bezüglich der einzelnen Zielsetzungen und der Gewichtung geeinigt:

lr-Fuzzy-Intervall	Interpretation in Verbindung mit		
	g_1	g_2	g_3
$(0,0,0,0.2)_{lr}$	sehr hoch	sehr hoch	sehr niedrig
$(0,0.1,0,0.2)_{lr}$	hoch	hoch	niedrig
$(0.2,0.2,0.2,0.2)_{lr}$	eher hoch	eher hoch	eher niedrig
$(0.5,0.5,0.2,0.2)_{lr}$	mittel	mittel	mittel
$(0.8,0.8,0.2,0.2)_{lr}$	eher niedrig	eher niedrig	eher hoch
$(0.9,1,0.2,0)_{lr}$	niedrig	niedrig	hoch
$(1,1,0.2,0)_{lr}$	sehr niedrig	sehr niedrig	sehr hoch

lr-Fuzzy-Intervall	Interpretation in Verbindung mit	
	g_4	Gewichtung
$(0,0,0,0.2)_{lr}$	sehr schlecht	vollkommen unwichtig
$(0,0.1,0,0.2)_{lr}$	schlecht	unwichtig
$(0.2,0.2,0.2,0.2)_{lr}$	eher schlecht	eher unwichtig
$(0.5,0.5,0.2,0.2)_{lr}$	mittel	indifferent
$(0.8,0.8,0.2,0.2)_{lr}$	eher gut	eher wichtig
$(0.9,1,0.2,0)_{lr}$	gut	wichtig
$(1,1,0.2,0)_{lr}$	sehr gut	sehr wichtig

Damit ergibt sich für das vorliegende MADM-Problem folgende Zuordnung

Gewichtung	$(0.8,0.8,0.2,0.2)_{lr}$	$(0.8,0.8,0.2,0.2)_{lr}$
Ziele	g_1	g_2
a_1	$(0,0.1,0,0.2)_{lr}$	$(0.2,0.2,0.2,0.2)_{lr}$
a_2	$(0.5,0.5,0.2,0.2)_{lr}$	$(0.5,0.5,0.2,0.2)_{lr}$
a_3	$(0.9,1,0.2,0)_{lr}$	$(1,1,0.2,0)_{lr}$

| Gewichtung | $(1, 1, 0.2, 0)_{lr}$ | $(0.2, 0.2, 0.2, 0.2)_{lr}$ |
Ziele	g_3	g_4
a_1	$(1, 1, 0.2, 0)_{lr}$	$(0.5, 0.5, 0.2, 0.2)_{lr}$
a_2	$(0.5, 0.5, 0.2, 0.2)_{lr}$	$(0.8, 0.8, 0.2, 0.2)_{lr}$
a_3	$(0.8, 0.8, 0.2, 0.2)_{lr}$	$(0, 0.1, 0, 0.2)_{lr}$

Wird die Methode der einfachen additiven Gewichtung auf Basis des Erweiterungsprinzips von Zadeh benutzt, so endet die Aggregationsphase mit folgendem Ergebnis:

$$\text{Bewertung für } a_1 = \tilde{\Phi}_1 = (1.26, 1.34, 0.62, 0.40)_{lr}$$
$$\text{Bewertung für } a_2 = \tilde{\Phi}_2 = (1.46, 1.46, 0.86, 0.80)_{lr}$$
$$\text{Bewertung für } a_3 = \tilde{\Phi}_3 = (2.32, 2.42, 0.94, 0.62)_{lr}$$

Da das Entscheidungsgremium die Möglichkeit einer Reduzierung der Unschärfebereiche durch die Zusammenfassung der einzelnen Zielkriterien sieht, soll das allgemeine Erweiterungsprinzip zur Berechnung herangezogen werden.

Zunächst werden die dabei möglichen Reduktionsbereiche angegeben. Für a_1 ergeben sich bis zu 41.94%, für a_2 bis zu 69.77% und für a_3 bis zu 65.96%. Eine gewünschte Reduktion der Unschärfe von 20% führt dann zu folgenden Bewertungen in der Aggregationsphase:

$$\text{Bewertung für } a_1 = \tilde{\Phi}_1 = (1.26, 1.34, 0.51, 0.32)_{lr}$$
$$\text{Bewertung für } a_2 = \tilde{\Phi}_2 = (1.46, 1.46, 0.69, 0.64)_{lr}$$
$$\text{Bewertung für } a_3 = \tilde{\Phi}_3 = (2.32, 2.42, 0.77, 0.50)_{lr}$$

Für die Festlegung der Rangordnung, die in diesem Fall bei Betrachtung der Zugehörigkeitsfunktionen klar erkennbar ist, wird das Rangordnungsverfahren von Baas/Kwakernaak benutzt (Figur 7.5).

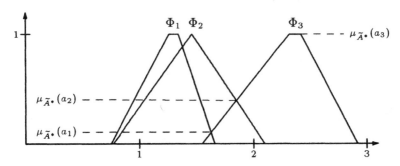

Figur 7.5: Festlegung der Rangordnung für a_1, a_2, a_3

Eine Anlage am Immobilienmarkt ($= a_3$) erscheint als beste Alternative, gefolgt von einer Anlage am Aktienmarkt ($= a_2$) und einer Investition im Rohstoffmarkt ($= a_1$).

7.5 Kriterien zum Vergleich von Fuzzy-MADM-Verfahren

Da sowohl für die Aggregationsphase als auch für die Ordnungsphase unterschiedliche Fuzzy-MADM-Verfahren vorgeschlagen werden, stellt sich die Frage nach der besten Problemlösungsmethode in diesem Bereich. Diese Frage kann nicht allgemeingültig beantwortet werden. Zudem können die einzelnen Methoden nicht in einen zu MODM-Problemlösungsmethoden ähnlichen interaktiven Ablauf eingebunden werden. Deshalb soll eine Reihe von Fragen angegeben werden, deren Beantwortung zu einer subjektiven Beurteilung einzelner Verfahren herangezogen werden kann (vgl. dazu auch die Darstellung bei *Zimmermann, Gutsche, 1991, S. 267*).

- **Allgemeinheit:**
  Welche Einschränkungen bestehen hinsichtlich der in die Berechnungen eingehenden unscharfen Mengen? Können die Verfahren an die vorliegende Problemstellung angepaßt werden oder sind sie starr?

- **Rechenaufwand:**
  In welcher Weise hängt der Rechenaufwand mit der Problemgröße, d.h. der Anzahl der Alternativen und/oder der Anzahl der Ziele, zusammen.

- **Diskriminationsvermögen:**
  Wie unterscheiden die Verfahren Alternativen, deren Bewertungen nur wenig voneinander abweichen? In dieser Frage stehen sich Verfahren mit hoher Empfindlichkeit auf kleine Veränderungen der Ausgangssituation und Verfahren mit möglichst stabilen Ergebnissen gegenüber.

- **Unschärfebereiche:**
  Welche Bestandteile des Problems (Alternativen, Gewichtungen, Ziele, Handlungsresultate) können von einem Verfahren als unscharfe Mengen verarbeitet werden?

- **Eingabedaten:**
  Wann muß der Entscheidungsträger Daten eingeben und wie hoch sind die Anforderungen dabei?

- **Ergebnisse:**
  Ermittelt das Verfahren eine optimale Alternative oder eine vollständige Ordnung aller Alternativen?

8. Fuzzy Hierarchical Evaluation and Decision Making (Fuzzy-HEDM)

Bei der Diskussion von Methoden des „fuzzy multiple objective decision making" (Kapitel 6) und des „fuzzy multiple attribute decision making" (Kapitel 7) wurde die gleichzeitige Verfolgung mehrerer Zielsetzungen und die damit zusammenhängende Problematik diskutiert. Dabei wurden die in den Planungs- bzw. Entscheidungssystemen verfolgten Ziele innerhalb eines einstufigen Zielsystems betrachtet, d.h., alle formulierten Ziele wurden − wenn auch unterschiedlich gewichtet − gleichberechtigt behandelt. Daneben existieren jedoch Problemsituationen, in denen ein Zielsystem sinnvollerweise zunächst durch die Bildung einer Zielhierarchie operationalisiert werden muß, um zu bewertbaren Kriterien zu gelangen.

8.1 Aufbau von unscharfen Bewertungssystemen

An der Spitze einer Zielhierarchie steht das **Oberziel**, das meist nur in Umrissen die Zielvorstellung zum Ausdruck bringt. Die Operationalisierung führt dann zu **Zwischenzielen**, die über mehrere Hierarchiestufen auf unterster Ebene durch **Unterziele** beschrieben werden.

Beispiel 8.1
Die Zielhierarchie in einem von Paysen (1992) dargestellten Unternehmensplanungsmodell für einen Sportartikelhersteller besteht aus drei Oberzielen (Eigenkapitalrentabilität, soziale Verantwortung, Unabhängigkeit), fünf Zwischenzielen auf der zweiten Hierarchiestufe, weiteren 13 Zwischenzielen auf der folgenden Stufe und 34 Unterzielen. Einen kleinen Ausschnitt aus dieser Zielhierarchie gibt Figur 8.1.

Das Oberziel Unabhängigkeit wird in dieser Darstellung im Sinne der Erhaltung der Handlungsfähigkeit des Unternehmens verstanden. Dazu wird als wichtigstes Zwischenziel die Erhaltung der Liquidität angegeben. Daneben existiert auf gleicher Hierarchiestufe die Sicherung des Unternehmenspotentials, d.h., es müssen ausreichend Kapital, Arbeitskräfte, Produktions- und Betriebsmittel zur Verfügung gestellt werden. Die Liquidität wird über die Zwischenziele Kapitalstruktur und dispositive Liquidität weiter operationalisiert. Die dispositive Liquidität bringt die tatsächliche Zahlungsfähigkeit

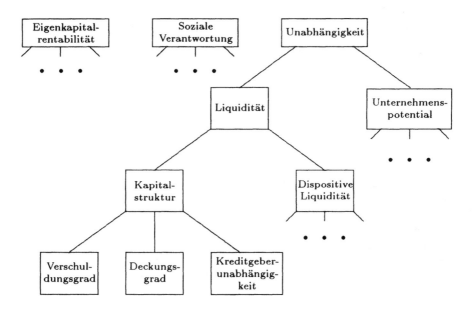

Figur 8.1: Ausschnitt aus einer Zielhierarchie

eines Unternehmens zum Ausdruck, d.h., sie ist gegeben, falls das Unternehmen den tatsächlichen Zahlungsverpflichtungen nachkommen kann und stellt damit ein Element der kurzfristigen Planung dar. Demgegenüber zeigen Angaben zur Kapitalstruktur die Chancen bzw. Risiken bezüglich der Aufrechterhaltung der Liquidität auf und besitzen damit längerfristigen Charakter. Die Kapitalstruktur ist deshalb gekennzeichnet durch die Unterziele Verschuldungsgrad, Deckungsgrad und Kreditgeberunabhängigkeit, die über die Kennzahlen

$$\frac{Fremdkapital}{Eigenkapital}\, , \quad \frac{Anlagevermögen}{Eigenkapital + langfristiges\ Fremdkapital} \quad und$$

$$\frac{Anzahl\ der\ Kreditgeber}{Anteil\ des\ bedeutendsten\ Kreditgebers}$$

gemessen werden.

Zwischen den auf den einzelnen Hierarchiestufen formulierten Zielen besteht eine **Beziehung gerichteter Komplementarität**, d.h., die Erfüllung eines untergeordneten Zieles trägt zur Erfüllung des übergeordneten Zieles bei (*Schneeweiß, 1991, S. 59*). In umgekehrter Richtung muß diese Komplementarität nicht vorhanden sein. Zudem besteht zwischen den Zielen einer Hierarchiestufe meist Konkurrenz, d.h., innerhalb einer Stufe liegt eine zu den Kapiteln 6 und 7 vergleichbare Situation vor.

Nach *Schneeweiß (1991, S. 65 f.)* sind bei der Aufstellung von Zielhierarchien folgende Punkte zu berücksichtigen:

- Die Hierarchie sollte **überschaubar** sein, d.h., sie darf weder zu breit noch zu tief angelegt sein.

- Die Unterziele müssen einzeln für sich meßbar sein. Man spricht in diesem Zusammenhang von **Operationalität**.

- Untergeordnete Ziele sollten sämtliche Aspekte des übergeordneten Zieles ausschöpfen (Prinzip der **Vollständigkeit**).

- Für die Ziele einer Hierarchiestufe sollte **Redundanzfreiheit** vorliegen, d.h., die Ziele einer Stufe sollten unterschiedliche Aspekte beleuchten.

Über die Bewertung der Kriterien der Unterziele soll nun mit Hilfe von Methoden, die im weiteren Verlauf dieses Kapitels beschrieben werden, eine Bewertung der Zielerreichung der übergeordneten Stufen erreicht werden. Damit besitzt diese Modellierung – im Gegensatz zu den Entscheidungsmodellen der Kapitel 6 und 7 – zunächst **beschreibenden und erklärenden Charakter**.

In den weiteren Ausführungen werden Fuzzy-Methoden diskutiert, die eine derartige Modellierung von Zielhierarchien benutzen. Eine Nutzungsmöglichkeit besteht darin, daß die aus der Zielhierarchie abgeleitete **Bewertung der obersten Stufe** als entscheidungsunterstützendes Element benutzt wird. *Zimmermann, Zysno (1983)* und *Rommelfanger, Unterharnscheidt (1988)* beschreiben zu diesem Bereich die Aufstellung und Benutzung einer Zielhierarchie zur Entscheidungsunterstützung bei Kreditvergaben, *Scheffels (1996)* benutzt eine Zielhierarchie im Rahmen von Jahresabschlußprüfungen (**Abschnitt 8.2**).

Eine weitere Möglichkeit für die Nutzung innerhalb der Unternehmensplanung ist die von *Paysen (1992)* dargestellte **Bewertung der Auswirkungen von Strategien** bzw. Handlungsalternativen auf die Oberziele (**Abschnitt 8.3**). Damit stellt auch diese Möglichkeit ein entscheidungsunterstützendes Instrument dar, das aufgrund der Bewertung von Handlungsalternativen den MADM-Methoden nahesteht.

Im **Abschnitt 8.4** wird die **fuzzifizierte** Form von **Produkt-Portfolio-Analysen** dargestellt. Bei dieser Methode aus dem Bereich der langfristigen Unternehmensplanung werden zwei Zielhierarchien in einer noch zu beschreibenden Form zur Bewertung von Unternehmensteilen zusammengeführt. Die Verwendung unscharfer Mengen zur Generierung von Produkt-Portfolio-Darstellungen führt zu einer Erweiterung der konventionellen Methode und kann dadurch einige Kritikpunkte bezüglich dieses Planungsinstrumentes entschärfen.

Bevor die einzelnen Nutzungsmöglichkeiten in den folgenden Abschnitten exemplarisch dargestellt werden, sind zunächst zwei Problemkreise allgemein anzusprechen:

- In welcher Weise soll die **Bewertung** der operationalisierten Unterziele durchgeführt werden?

- Welcher **Aggregationsmechanismus** soll verwendet werden, um ausgehend von den Bewertungen der untersten Stufe eine Bewertung der (des) Zwischen- bzw. Oberziele(s) zu erhalten?

Beide Fragestellungen werden in den bisherigen Veröffentlichungen zu Fuzzy-Modellen im Zusammenhang mit Zielhierarchien nur exemplarisch beantwortet. Deshalb sollen an dieser Stelle einige **allgemeine Überlegungen** angestellt werden. Dazu sind einige Bezeichnungen einzuführen bzw. im Vergleich zu den vorangegangenen Kapiteln zu modifizieren:

- g_k^s sei das k-te Ziel auf Stufe $s, s = 1, \ldots, t$, $k = 1, \ldots, r_s$ einer vorliegenden Zielhierarchie mit t als unterster Stufe.

  Für das in Figur 8.1 gezeigte Beispiel wäre damit $t = 4$ und

  $$
  \begin{aligned}
  g_1^1 &= \text{Eigenkapitalrentabilität} \\
  g_2^1 &= \text{Soziale Verantwortung} \\
  g_3^1 &= \text{Unabhängigkeit} \\
  g_1^2 &= \text{Liquidität} \\
  g_2^2 &= \text{Sicherung des Unternehmenspotentials} \\
  g_1^3 &= \text{Kapitalstruktur} \\
  g_2^3 &= \text{Dispositive Liquidität} \\
  g_1^4 &= \text{Verschuldungsgrad} \\
  g_2^4 &= \text{Deckungsgrad} \\
  g_3^4 &= \text{Kreditgeberunabhängigkeit}
  \end{aligned}
  $$

- $X_k, k = 1, \ldots, r_t$ sei die Menge der möglichen Ausprägungen des k-ten Zielkriteriums auf der untersten Stufe.

Konventionelle Methoden zur Bearbeitung von Zielhierarchien gehen von einem nutzentheoretischen Konzept aus. Dabei wird für jedes Ziel g_k^t der untersten Hierarchiestufe, entsprechend zu der Vorgehensweise bei MADM-Methoden, eine Einzelwertfunktion (vgl. Definition 7.2)

$$
v_k^t : X_k \longrightarrow [0, 1], \; k = 1, \ldots, r_t
$$

unterstellt, die jeder Ausprägung des Zielkriteriums einen kardinal meßbaren Nutzen zuordnet, der die Präferenzen des Entscheidungsträgers repräsentiert. Um die zur Bewertung der übergeordneten Hierarchiestufen notwendige Aggregation vornehmen zu können, müssen die Wertebereiche der Nutzenfunktionen vergleichbar sein. Aus diesem Grund wird eine Normierung des Wertebereichs auf das Intervall [0, 1] vorgenommen. Die Aggregation erfolgt in den meisten konventionellen Modellen über eine einfache additive oder gewichtet-additive Aggregation der einzelnen Nutzenwerte (vgl. Abschnitt 7.3.1).

Die mit den konventionellen Methoden verbundenen Probleme können in die beiden folgenden Bereiche unterteilt werden (vgl. *Paysen, 1992, S. 101*):

- Bereich der **Modellierung**

    - **Ermittlungsproblematik:**
      Die Genauigkeit, die bei konventionellen Ansätzen bei der Aufstellung von Einzelwertfunktionen vom Entscheidungsträger gefordert wird, ist kaum zu erfüllen. Oft liegen dem Entscheidungsträger nur unvollständige Informationen vor oder er kann seine Ansprüche nur vage formulieren.

    - **Kardinalität** des transformierten Maßstabes:
      Für die Funktionswerte der Einzelwertfunktionen wird kardinales Skalenniveau unterstellt. Dies läßt sich auch für Zielsetzungen, die selbst kardinales Skalenniveau besitzen, inhaltlich nicht begründen. Allerdings weist *Paysen (1992, S. 102)* darauf hin, daß „das bedeutend größere Spektrum mathematischer Verrechnungsmöglichkeiten die Akzeptanz des beschriebenen Mangels nahelegt, sofern dieser im Bewußtsein des Entscheiders erhalten bleibt".

Die für diesen Bereich angegebenen Punkte besitzen auch für die konventionellen MADM-Methoden Gültigkeit.

- Bereich der **Aggregation**

    - Behandlung von **Wechselwirkungen:**
      In den meisten konventionellen Methoden werden die über Einzelwertfunktionen berechneten Nutzen zum Gesamtnutzenwert addiert, wobei die Existenz eines derartigen Nutzenwertes nur unter bestimmten Voraussetzungen begründbar ist (*Schneeweiß, 1991, S. 129*). Die Berücksichtigung von Interdependenzen zwischen Zielen ist dadurch nicht möglich.

    - **Gewichtungen:**
      Hier besteht das Problem, welche Methode zur Erhebung von Gewichten für einzelne Ziele eingesetzt werden soll.

    - **Interpretation** der Ergebniseinheiten:
      Der Gesamtnutzen als Ergebnis der Aggregation stellt eine Größe dar, die inhaltlich nicht interpretierbar ist. Es handelt sich um abstrakte Nutzeneinheiten, die erst durch den Vergleich mit Ergebnissen anderer Alternativen aussagefähig werden.

Die von den konventionellen nutzentheoretischen Modellen an den Entscheidungsträger gestellten Anforderungen, die aus den obengenannten Problemkreisen hervorgehen, sind nur schwer zu erfüllen. Einige Probleme sind darauf zurückzuführen, daß der Entscheidungsträger nur vage Vorstellungen über seine eigenen Ansprüche und Präferenzen besitzt. Aus diesem Grund bietet es sich an, diese Vagheit durch die Benutzung unscharfer Mengen bei der Modellgestaltung mit einzubeziehen und damit im Vergleich zu konventionellen Konzepten eine Veränderung bei Bewertungen innerhalb der Zielhierarchie zu erreichen.

Anstelle von Einzelwertfunktionen werden in **Fuzzy-HEDM-Methoden** unscharfe Mengen als Bewertungen verwendet. Dazu bestehen drei unterschiedliche Zugänge.

Direkte Bewertung durch unscharfe Mengen:

Bei der direkten Bewertung durch unscharfe Mengen werden für die innerhalb der Zielhierarchie zu bewertenden Alternativen a_i von Entscheidungsträgern Zugehörigkeitsgrade für die Unterziele g_k^t, $k = 1, \ldots, r_t$ direkt angegeben. Diese sind zu interpretieren als Zugehörigkeitsgrad der vorliegenden Alternative zur unscharfen Menge der voll zufriedenstellenden Alternativen. Es werden damit keine unscharfen Mengen, sondern nur einzelne Zugehörigkeitsgrade $\mu_k^t(a_i)$ dieser unscharfen Mengen für die Unterziele in das Verfahren eingebracht.

Für die anschließende **Aggregation** über die einzelnen Stufen der Zielhierarchie steht dann eine Vielzahl von Operatoren zur Verfügung (vgl. Abschnitt 4.2), die im speziellen Anwendungsfall festgelegt werden müssen. Der grundlegende Unterschied zu konventionellen Methoden besteht damit darin, daß die Ausgangswerte μ_k^t bzw. v_k^t auf unterschiedliche Weise erhoben bzw. interpretiert werden.

Beispiel 8.2

Für die Unterziele Verschuldungsgrad, Deckungsgrad und Kapitalgeberunabhängigkeit aus Beispiel 8.1 werden von einem Planungsgremium des Unternehmens a die Werte

$$\mu_1^4(a) = 0.5, \quad \mu_2^4(a) = 0.25, \quad \mu_3^4(a) = 0.125$$

festgestellt. Zur Aggregation wird der σ-Operator (siehe S. 57) mit dem dominanten Ziel Verschuldungsgrad und

$$\sigma = \max\{\frac{1}{3}, 1 - \mu_1^4(a)\}$$

festgelegt. Damit ergibt sich für das Zwischenziel Kapitalstruktur

$$\mu_1^3(a) = 0.34375 \, .$$

Indirekte Bewertung durch unscharfe Mengen:

Bei diesem Zugang wird jedes Unterziel $g_k^t, k = 1, \dots, r_t$ durch die gesamte unscharfe Menge „voll zufriedenstellende Ausprägungen des Zieles g_k^t bzgl. des Oberzieles" bewertet. Die Zugehörigkeitsfunktion ist auf X_k definiert:

$$\mu_k^t : X_k \longrightarrow [0,1], \quad k = 1, \dots, r_t$$

Derartige unscharfe Bewertungen wurden bereits bei Fuzzy-MAXIMIN-Methoden in Abschnitt 7.2 eingeführt. Die Bereiche mit $\mu_k^t(x) = 1$ drücken eine vollständige Zufriedenheit bezüglich der Zielerreichung aus, während Bereiche mit $\mu_k^t(x) = 0$ eine eindeutige Unzufriedenheit kennzeichnen. Zur Modellierung der Zwischenbereiche können die in Abschnitt 3.2 erläuterten Methoden zur Aufstellung von Zugehörigkeitsfunktionen zum Einsatz kommen.

Beispiel 8.3
Figur 8.2 stellt die von Paysen (1992, S. 115 ff.) auf Basis von Durchschnittswerten der Aussagen von Wirtschaftsprüfern generierten Zugehörigkeitsfunktionen μ_1^4, μ_2^4 und μ_3^4 für die in Figur 8.1 aufgeführten Unterziele Verschuldungsgrad, Deckungsgrad und Kreditgeberunabhängigkeit dar. Der Verschuldungs- und der Deckungsgrad werden in Prozent gemessen. Ein Verschuldungsgrad zwischen 208 und 250 gilt als vollständig zufriedenstellend,

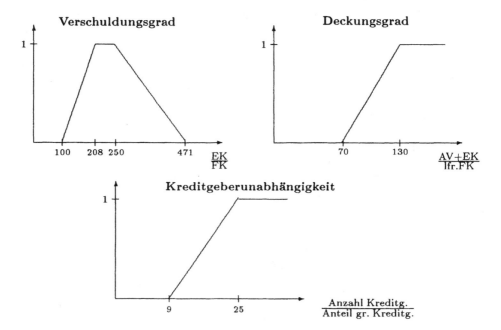

Figur 8.2: Zugehörigkeitsfunktion für Kriterien einer Zielhierarchie

bei höheren bzw. niedrigeren Werten nimmt der Zufriedenheitsgrad ab und Ergebnisse kleiner als 100 bzw. größer als 471 gelten als unzureichend. Entsprechend wird ein Deckungsgrad unterhalb von 70 als unzureichend empfunden, der Zufriedenheitsgrad steigt dann linear bis zu einem Wert von 130 an. Höhere Werte gelten dann als vollständig zufriedenstellend. Die Kennzahl Kreditgeberunabhängigkeit gilt bis zum Wert 9 als unzufriedenstellend und ab 25 als vollständig zufriedenstellend.

Um eine **Aggregation** durchführen zu können, wird für jede unscharfe Menge der untersten Stufe über den für die Alternative a tatsächlich vorliegenden Kennzahlenwert $x_k^a \in X_k$ der Zugehörigkeitsgrad $\mu_k^t(x_k^a)$ festgelegt, und anschließend eine Aggregation dieser Werte durchgeführt. Diese Aggregationsprozedur endet wiederum bei den Oberzielen, so daß als Ergebnis ein Zufriedenheitsgrad bezüglich der Oberziele vorliegt. Welcher Operator bei der Aggregation zur Anwendung kommt, kann auch hier nicht allgemeingültig festgelegt werden.

Zu beachten ist, daß für die übergeordneten Ziele keine unscharfen Mengen festgelegt werden, sondern nur einzelne Werte, die sich über die Aggregation von Zugehörigkeitswerten ergeben. Damit besteht der einzige Unterschied zur oben beschriebenen direkten Bewertung darin, daß die Zugehörigkeitsgrade auf unterster Stufe über die Festlegung der gesamten unscharfen Menge stattfindet. Diese Vorgehensweise besitzt den Vorteil, daß nicht für jede Alternative eine neue Bewertung stattfindet, sondern durch die einmalige Festlegung der unscharfen Mengen die Bewertung relevanter Alternativen ermöglicht wird. Auch die in Veröffentlichungen zu derartigen Vorgehensweisen (siehe beispielsweise *Paysen, 1992*) angegebenen Operatoren sind keine Mengenoperatoren für unscharfe Mengen, wie sie in Abschnitt 4.2 eingeführt wurden. Die zusammenzufassenden unscharfen Mengen der untersten Stufe werden nicht in identischen konventionellen Mengen definiert und können deshalb nicht elementweise angewendet werden.

Beispiel 8.4

Zur Aggregation der Unterziele Verschuldungsgrad, Deckungsgrad und Kapitalgeberunabhängigkeit aus Beispiel 8.3 wird der σ-Operator mit dem dominanten Ziel Verschuldungsgrad und

$$\sigma = \max\{\frac{1}{3}, 1 - \mu_1^4(x_1)\}, \; x_1 \in X_1$$

benutzt. Die momentane Situation des Unternehmen a sei durch einen Verschuldungsgrad von $x_1 = 360\%$, einem Deckungsgrad von $x_2 = 85\%$ und einem Wert von $x_3 = 11$ für die Kennzahl Kreditgeberunabhängigkeit gekennzeichnet. Dies führt zu

$$\mu_1^4(a) = 0.5, \; \mu_2^4(a) = 0.25, \; \mu_3^4(a) = 0.125$$

bzw. einer Bewertung $\mu_1^3(a) = 0.34375$ für die Kapitalstruktur (vgl. Beispiel 8.2).

Bewertung durch linguistische Variable:

Bei den Ausführungen zur Quantifizierung von Unschärfe (Abschnitt 3.2) wurde bei der Generierung von Zugehörigkeitsfunktionen aus statistischen Erhebungen bereits ein Ansatz von *Scheffels (1996)* aufgezeigt, der zur Bewertung von Bilanzkennzahlen linguistische Variablen bildet. Die derart bewerteten Kennzahlen sind als Unterziele einer Zielhierarchie aufzufassen. Die dann notwendige **Aggregation** von Termen linguistischer Variablen kann regelbasiert oder operatorenbasiert durchgeführt werden. Eine operatorenbasierte Aggregation auf Basis der Fuzzy-Arithmetik (Abschnitt 4.3) wird ausschließlich im Zusammenhang mit den in Abschnitt 8.4 behandelten Bereichspositionierungen bei Produkt-Portfolio-Analysen benutzt. Aus diesem Grund werden im folgenden Beispiel nur regel- und operatorenbasierte Aggregationsmechanismen ohne Fuzzy-Arithmetik dargestellt.[1]

Beispiel 8.5
Für den Ausschnitt einer Zielhierarchie (vgl. Scheffels, 1996, S. 83)

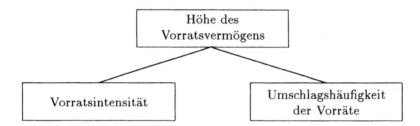

Figur 8.3: Ausschnitt aus einer Zielhierarchie

werden die Unterziele durch die Kennzahlen

$$\text{Vorratsintensität} = \frac{\text{Vorräte}}{\text{Gesamtvermögen}} \quad \text{und}$$

$$\text{Umschlagshäufigkeit der Vorräte} = \frac{\text{Umsatzerlöse}}{\text{Vorräte}}$$

gemessen. Diese werden über linguistische Variablen, deren Terme aus Branchenstatistiken gewonnen werden, bewertet.[2]

Zur Bewertung des übergeordneten Zieles „Höhe des Vorratsvermögens" wird ein von Experten gebildeter Regelblock benutzt. Die folgende Tabelle enthält einen Ausschnitt:

---

[1] Ausführliche Darstellungen der regelbasierten Aggregation findet man beispielsweise bei *Rommelfanger (1993a, 1993b, 1994)*.
[2] Die genaue Ableitung und Darstellung der linguistischen Variable Vorratsintensität ist in Figur 3.6, S. 34 dargestellt. Zur Erklärung des Prinzips bei regelbasierter Aggregation wird hier eine vereinfachte Darstellung in Form von trapezförmigen unscharfen Intervallen benutzt.

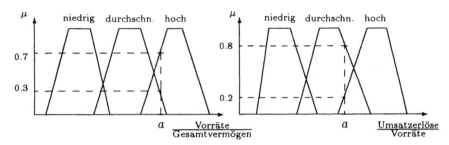

Figur 8.4: Linguistische Variablen Vorratsintensität, Umschlagshäufigkeit

Regel-Nr.	Vorratsintensität	Umschlags-häufigkeit	Höhe des Vorratsvermögens
1	hoch	hoch	mittel
2	hoch	durchschnittlich	schlecht
3	durchschnittlich	hoch	gut
4	durchschnittlich	durchschnittlich	mittel
⋮	⋮	⋮	⋮

Ausformuliert bedeutet beispielsweise Regel 1:

*Wenn die Vorratsintensität **hoch** ist*
*und die Umschlagshäufigkeit des Vorratsvermögens **hoch** ist,*
*dann wird die Höhe des Vorratsvermögens als **mittel** beurteilt.*

Die tatsächlichen Kennzahlenausprägungen eines Unternehmens sind bei den oben dargestellten Termen jeweils durch a gekennzeichnet. Die Vorratsintensität wird mit einem Zugehörigkeitsgrad von 0.7 als ,hoch' und einem Zugehörigkeitsgrad von 0.3 als ,durchschnittlich' eingestuft, die Umschlagshäufigkeit der Vorräte mit einem Zugehörigkeitsgrad von 0.2 als ,hoch' und mit einem Zugehörigkeitsgrad von 0.8 als ,durchschnittlich' klassifiziert.
Da die Prämissen der Regeln mit dem logischen „und" verbunden sind, d.h. alle Bedingungen gleichzeitig erfüllt sein müssen, wird der Zugehörigkeitsgrad der Folgerung über das Minimum berechnet:

Regel-Nr.	Vorratsintensität	Umschlags-häufigkeit	Höhe des Vorratsvermögens
1	0.7 hoch	0.2 hoch	0.2 mittel
2	0.7 hoch	0.8 durchschnittlich	0.7 schlecht
3	0.3 durchschnittlich	0.2 hoch	0.2 gut
4	0.3 durchschnittlich	0.8 durchschnittlich	0.3 mittel
⋮	⋮	⋮	⋮

Alle Regeln mit positivem Zugehörigkeitsgrad für die Folgerung beschreiben die vorliegende Situation zutreffend und müssen damit in die Gesamtbeurteilung der Situation eingehen. Zur Berechnung der unscharfen Schlußfolgerung muß festgelegt werden, in welcher Weise das vielfache Auftreten der gleichen Folgerung (im Beispiel: „mittel" mit 0.2 und 0.3) zusammengefaßt wird. In empirischen Untersuchungen von Rommelfanger (1993b) wurde festgestellt, daß die algebraische Summe besser geeignet ist als der ebenfalls oft benutzte Maximum-Operator. Damit ergibt sich als Bewertung für das Ergebnis „mittel" der Wert $(1 - (1 - 0.2) \cdot (1 - 0.3)) = 0.44$, für „gut" der Wert 0.2 und für „schlecht" der Wert 0.7.

Ausgangspunkt für die Gesamtbewertung „Höhe des Vorratsvermögens" ist eine entsprechend zu den Unterzielen gebildete linguistische Variable mit den Termen ‚schlecht', ‚mittel' und ‚gut'. Diese wird mit den aus dem Regelblock ermittelten Ergebnissen in Verbindung gebracht. Scheffels, 1996, S. 88 verwendet dazu die sogenannte **Max-Prod-Inferenz**, d.h., die Zugehörigkeitsfunktionen der Terme der Schlußfolgerungen werden proportional zu den aus den Regeln berechneten Zugehörigkeitsgraden abgesenkt (Figur 8.5):

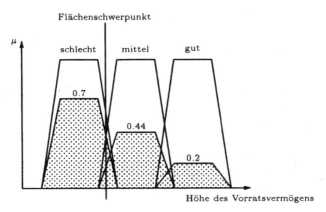

Figur 8.5: Max-Prod-Inferenz mit algebraischer Summe

Um eine einwertige Bewertung des Oberzieles zu erreichen, wird ein derartiges Ergebnis defuzzifiziert. Die bekannteste Methode aus diesem Bereich ist das **center of gravity**-Verfahren, bei dem der Flächenschwerpunkt des in Figur 8.5 dargestellten Ergebnisses (schattierte Fläche) den Ausgabewert bestimmt. Bezeichnet man mit $f(x)$ die Funktion für den Rand der schattierten Fläche, wird der Flächenschwerpunkt x_s festgelegt durch:

$$x_s = \frac{\displaystyle\int_{-\infty}^{\infty} x \cdot f(x)\,dx}{\displaystyle\int_{-\infty}^{\infty} f(x)\,dx}$$

Stellt die Höhe des Vorratsvermögens kein Oberziel, sondern ein Zwischenziel dar, so ist die Berechnung der Gesamtbewertung in Form der abgesenkten Zugehörigkeitsfunktionen an dieser Stelle nicht notwendig. Vielmehr werden die berechneten Zugehörigkeitswerte für die Terme als Eingangsgrößen für weitere Regelblöcke und damit zu einer weiteren Aggregation innerhalb der Hierarchie benutzt.

*Die aufgezeigte regelbasierte Aggregation von Bewertungen führt im Fall von Unter- bzw. Zwischenzielen, die prozentuale Anteile des übergeordneten Zieles darstellen, zu einem starken Anstieg der Anzahl der benötigten Regeln, da auch die Bedeutung der zu aggregierenden Ziele in die Regeln mit einbezogen werden muß (vgl. Scheffels, 1996, S. 94). In diesem Fall werden die Zugehörigkeitsgrade bezüglich der einzelnen Terme über eine gewichtete Summe aggregiert, wobei die Gewichte gerade die Anteile am übergeordneten Ziel darstellen. Mit dieser **operatorenbasierten** Aggregation erhält man für die Terme des übergeordneten Zieles Zugehörigkeitswerte, die wiederum als Ausgangspunkt für eine regel- oder operatorenbasierte Aggregation benutzt werden können.*

Mit diesen unterschiedlichen Bewertungs- und Aggregationsmöglichkeiten ergibt sich für Fuzzy-HEDM-Methoden die in Figur 8.6 zusammenfassend dargestellte grundsätzliche Vorgehensweise.

Insgesamt können in einigen der oben angesprochenen Problembereiche für konventionelle Methoden Verbesserungen durch die unscharfen Methoden erzielt werden:

- Bereich der **Modellierung**

  - **Ermittlungsproblematik:**
    Zugehörigkeitsfunktionen als Grundlage der Bewertungen der Unterziele bei unscharfen Ansätzen sind leichter zu ermitteln als Nutzenfunktionen. Speziell im Bereich der Unternehmensplanung können Zugehörigkeitsfunktionen für einige Ziele durch Schätzungen aus statistischen Erhebungen abgeleitet werden (siehe Abschnitt 3.2.1). Auch andere Verfahren zur Generierung von Zugehörigkeitsfunktionen können mit relativ wenigen Angaben des Entscheidungsträgers durchgeführt werden. In einigen Verfahren ist neben den Bereichen mit vollständiger Zugehörigkeit ($\mu(x) = 1$) und vollständiger Nicht-Zugehörigkeit ($\mu(x) = 0$) nur ein weiterer Zwischenwert ($\mu(x) = 0.5$) anzugeben.

  - **Kardinalität** des transformierten Maßstabes:
    In diesem Bereich gelten für Einzelwertfunktionen und Zugehörigkeitsfunktionen die gleichen Aussagen, d.h., diese Problematik kann durch die Verwendung unscharfer Mengen nicht gelöst werden.

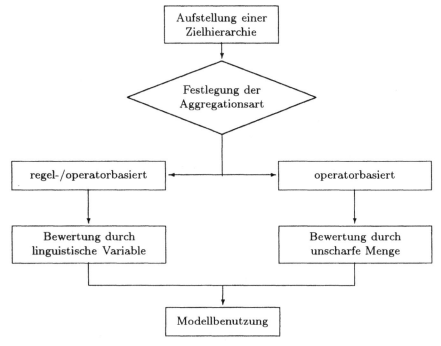

Figur 8.6: Vorgehensweise bei Fuzzy-HEDM-Methoden

- Bereich der **Aggregation**

  – Behandlung von **Wechselwirkungen:**
    Mit den zur Verfügung stehenden unterschiedlichen Operatoren
    für die Aggregation unscharfer Mengen können die unterschiedli-
    chen Arten von Zielbeziehungen realitätsnah modelliert werden.
    Insofern stellt die Verwendung unscharfer Mengen bezüglich der
    Berücksichtigung von Wechselwirkungen eine Verbesserung dar.
    Andererseits beinhaltet die Möglichkeit der Einbeziehung unter-
    schiedlicher Aggregationsoperatoren, daß an den Entscheidungs-
    träger höhere Anforderungen bezüglich der Auswahl geeigneter
    Operatoren gestellt werden.

  – **Gewichtungen:**
    Dieses Problem bleibt auch bei Verwendung unscharfer Mengen in
    gleicher Weise bestehen.

  – **Interpretation** der Ergebniseinheiten:
    Die errechneten Werte für die Bewertung der Oberziele können
    als Zugehörigkeitsgrade einer unscharfen Bewertung dieser Ziele
    im Sinne eines Zufriedenheitsgrades interpretiert werden. Damit
    benötigt man keine Vergleichsgrößen, um Handlungsalternativen
    beurteilen zu können.

8.2 Fuzzy-HEDM in standardisierten Entscheidungssituationen

Die Benutzung unscharfer Bewertungen in Zielhierarchien als Bewertungs- und Entscheidungshilfen in immer wiederkehrenden und dadurch in gewisser Weise standardisierten Planungsproblemen wurde ausführlich in zwei unabhängigen Analysen bezüglich Kreditwürdigkeitsprüfungen und in einer Anwendung für Jahresabschlußanalysen untersucht.

Bei den Kreditwürdigkeitsprüfungen steht die Frage nach der Eignung der unterschiedlichen, zur Verfügung stehenden Aggregationsoperatoren im Mittelpunkt. Da den in diesem Abschnitt untersuchten standardisierten Entscheidungssituationen gleichbleibend wiederholbare Problemsituationen zugrunde liegen, kann eine statistische Untersuchung für die unterschiedlichen Aggregationsoperatoren durchgeführt werden. Zunächst wird die für die Untersuchungen benutzte Vorgehensweise kurz dargestellt. In beiden Fällen wird eine direkte Bewertung durch unscharfe Mengen vorgenommen.

Das in *Unterharnscheidt (1988)* und *Rommelfanger, Unterharnscheidt (1988)* dokumentierte entscheidungsunterstützende System analysiert die **Kreditwürdigkeit** eines Antragstellers aus dem Bereich **mittelständischer Unternehmen**. Zugrunde liegt eine Zielhierarchie, die in Figur 8.7 dargestellt ist. Diese Hierarchie wurde auf Basis von Literaturstudien, Beratung durch Kreditexperten und einer empirischen Umfrage erstellt. Die als Unterziele aufgeführten Kennzahlen wurden ebenfalls in einer empirischen Untersuchung als wichtigste Beurteilungskriterien bei Bonitätsanalysen ermittelt. In einer weiteren Testreihe wurde die relative Bedeutung und damit die Gewichtung der einzelnen Ziele bezüglich der jeweils übergeordneten Ziele erhoben (*Rommelfanger, Unterharnscheidt, 1986*).

Um die Eignung unterschiedlicher Aggregationsoperatoren testen zu können, wurden 50 Kreditsachbearbeitern von 29 verschiedenen Banken und Sparkassen jeweils 30 Kreditanträge zur Bewertung auf Grundlage der dargestellten Zielhierarchie vorgelegt. Jedes Unternehmen wurde im Hinblick auf die Frage „Ist der Antragsteller kreditwürdig?" bezüglich aller 26 Zielkriterien bewertet. Die Bewertung sollte durch Zahlen aus dem Intervall $[0, 100]$ erfolgen, wobei die Zahl 100 dafür stand, daß es keinerlei Anlaß gab, an der Kreditwürdigkeit zu zweifeln.

Zimmermann, Zysno (1983) untersuchen die Eignung unterschiedlicher Aggregationsoperatoren bei der Beurteilung der **Kreditwürdigkeit im Rahmen** der Gewährung **von Konsumentenkrediten**. Die dort benutzte Zielhierarchie zeigt Figur 8.8. Sie stellt das Ergebnis einer Beurteilung von 18 Kreditsachbearbeitern dar, die in drei fünfstündigen Sitzungen erarbeitet wurde. Gewichtungen der einzelnen Ziele innerhalb der Hierarchie wurden mit drei unterschiedlichen Verfahren erhoben, deren Ergebnisse nur geringe Unterschiede aufweisen. Damit weisen nach *Zimmermann, Zysno (1983, S. 251)* die Gewichtungen hohe Reliabilität und Validität bezüglich des Konstruktes ‚Gewichtung eines Konzeptes' auf. Grundlage für die Analyse der

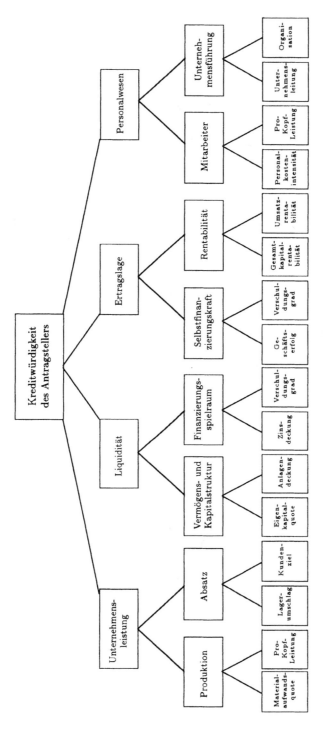

Figur 8.7: Zielhierarchie für Kreditwürdigkeitsprüfung mittelständischer Unternehmen

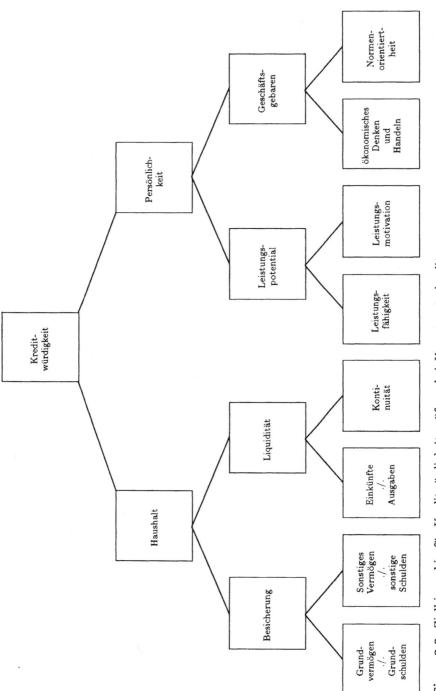

Figur 8.8: Zielhierarchie für Kreditwürdigkeitsprüfung bei Konsumentenkrediten

Operatoren waren in diesem Fall 50 fiktive Kreditanträge, die von 45 Kreditsachbearbeitern bezüglich aller Zielkriterien der Hierarchie nach dem Erreichungsgrad befragt wurden. Diese Bewertung wurde wiederum durch eine Zahl aus dem Intervall $[0, 100]$ angegeben.

In beiden Untersuchungen werden statistische Testverfahren benutzt, um unterschiedliche Aggregationsoperatoren bezüglich ihrer **Prognosefähigkeit** zu untersuchen. Um eine derartige Analyse durchführen zu können, werden die mit Aggregationsoperatoren berechneten Zugehörigkeits- bzw. Zufriedenheitswerte der übergeordneten Stufen den erhobenen empirischen Werte gegenübergestellt. Mit diesen Angaben können aus den Unterschieden zwischen berechneten und erhobenen Werten Rückschlüsse auf die Güte einzelner Aggregationsoperatoren gezogen werden.

Die Ergebnisse können natürlich nur für den vorliegenden Problemfall interpretiert werden und sind damit nicht allgemeingültig. Allerdings wird eine Vorgehensweise aufgezeigt, wie in ähnlich gelagerten Problemsituationen Gütekriterien für die Aggregationsoperatoren abgeleitet werden können. Als Problem ist der dadurch entstehende immens hohe Erhebungsaufwand zu nennen, der auch zu einer Überforderung der befragten Personen führen kann. Der Aufwand kann jedoch dadurch gerechtfertigt werden, daß es sich um immer wiederkehrende Entscheidungssituationen handelt, für die nur eine einmalige Auswahl geeigneter Operatoren stattfinden muß.

Ausgangswerte für die durchzuführenden **statistischen Testverfahren** sind die folgenden Werte, wobei auf eine Indizierung der einzelnen Ziele aus Gründen einer einfacheren Lesbarkeit verzichtet wird.

$\mu_b^s(a_i)$, $s = t - 1, \ldots, 1$ = die auf Stufe s der Zielhierarchie berechneten
  $i = 1, \ldots, m$ aggregierten Zufriedenheitswerte für
  Alternative (Kreditantrag) a_i

$\mu_e^s(a_i)$, $s = t - 1, \ldots, 1$ = die für Stufe s der Zielhierarchie empirisch
  $i = 1, \ldots, m$ ermittelten Zufriedenheitswerte für
  Alternative (Kreditantrag) a_i

In *Zimmermann, Zysno (1983)* und *Rommelfanger, Unterharnscheidt (1988)* wird aus der Distanz (Figur 8.9)

$$d_i^2 = \frac{1}{2}(\mu_e^s(a_i) - \mu_b^s(a_i))^2, \; i = 1, \ldots, m$$

zwischen empirisch ermitteltem Zufriedenheitsgrad $\mu_e^s(a_i)$ und über einen Aggregationsoperator berechneten Wert $\mu_b^s(a_i)$ der durchschnittliche Prognosefehler s_p^2 gemäß

$$s_p^2 = \frac{\sum_{i=1}^m d_i^2}{m-1} = \frac{\sum_{i=1}^m (\mu_e^s(a_i) - \mu_b^s(a_i))^2}{2(m-1)}$$

berechnet. Der Summationsindex läuft dabei über die in die Untersuchung

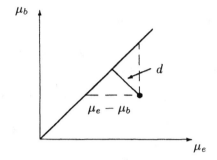

Figur 8.9: Geometrische Veranschaulichung der berechneten Distanzen

eingegangene Anzahl von m Alternativen (Kreditanträgen). Zusätzlich führen *Zimmermann, Zysno (1983, S. 254)* einen „nicht tolerierbaren" Prognosefehler $s_e^2 = 0.005$ ein. Mit Hilfe eines **F-Tests** wird dann die Testfunktion

$$V = \frac{s_e^2}{s_p^2}$$

bezüglich der Nullhypothese

$$H_0 : s_e^2 \leqq \sigma_p^2$$

gegen die Alternativhypothese

$$H_1 : s_e^2 > \sigma_p^2$$

überprüft. Aus den folgenden Gründen ist diese Vorgehensweise abzulehnen:

- *Zimmermann, Zysno (1983, S. 254)* weisen selbst auf die Problematik bei der Festlegung des nichttolerierbaren Fehlers s_e^2 hin: „At present such a standard is somewhat arbitrary. Principally it should be fixed on the basis of general consent, external requirements or experimental experience." Es wird eine Komponente einbezogen, die einerseits willkürlich festgelegt wird, andererseits Einfluß auf Ablehnung bzw. Nicht-Ablehnung der Nullhypothese besitzt.

- Die Größe s_e^2 ist als fester Wert vorgegeben und folgt damit nicht einer χ^2-Verteilung, wie dies bei der Anwendung des F-Tests vorausgesetzt wird. Damit kann der Test nicht in der angegebenen Weise durchgeführt werden.

- Zusätzlich sei noch angemerkt, daß in der Untersuchung von *Rommelfanger, Unterharnscheidt (1988, S. 480)* fälschlicherweise die bei *Zimmermann, Zysno (1983)* benutzte F-Verteilung mit 49 Freiheitsgraden benutzt wurde, allerdings nur 30 Kreditanträge untersucht wurden und damit 29 Freiheitsgrade unterstellt werden müßten.

Sinnvoll erscheint der von *Werners (1984, S. 175)* in anderem Zusammenhang vorgeschlagene Weg. Dort wird zur Überprüfung von Operatoren ein Differenzentest auf Grundlage eines Einstichproben-*t*-Tests benutzt. Voraussetzung dieses Testverfahrens sind zwei verbundene einfache Stichproben, die Testfunktion lautet

$$V = \frac{\frac{1}{m} \sum\limits_{i=1}^{m} Z_i}{S_z^2} \cdot \sqrt{m} \ ,$$

wobei die Zufallsvariable Z_i die Realisationen $z_i = \mu_b^s(a_i) - \mu_e^s(a_i)$ besitzt. Nullhypothese und Gegenhypothese lauten in diesem Fall

$$H_0 : \mu_z = 0 \quad H_1 : \mu_z \neq 0 \ .$$

Eine Ablehnung von H_0 bedeutet, daß die berechneten Werte μ_b signifikant von den empirisch ermittelten Werten μ_e abweichen. *Werners (1984, S. 179)* schlägt vor, daß innerhalb der Menge der Operatoren mit nicht-signifikanten Abweichungen bzw. nicht-signifikanten Differenzen eine Rangordnung auf Basis des mittleren prognostischen Fehlers s_p^2 durchgeführt wird.

In *Matthes (1996)* wurde auf Basis der in *Unterharnscheidt (1988)* aufgeführten Daten zur Kreditwürdigkeitsanalyse mittelständischer Unternehmen der beschriebene *t*-Test für unterschiedliche Operatoren durchgeführt. Gute Ergebnisse bezüglich der Prognosefähigkeit konnten dabei ausschließlich für den ϵ-Operator und den γ-Operator festgestellt werden. Nicht beantwortet werden kann damit allerdings die Frage, inwieweit die Annäherung an die empirisch erhobenen Werte bezüglich der Kreditwürdigkeit auch eine „gute" Entscheidung bezüglich der Kreditvergabe liefert. Durch ein derartiges entscheidungsunterstützendes System wird lediglich die Entscheidung eines Experten (Kreditsachbearbeiters) nachgebildet. Zusammenfassend kann diese Anwendung von Zielhierarchien durch den in Figur 8.10 dargestellten Ablauf beschrieben werden.

Die in diesem Abschnitt vorgestellte Vorgehensweise kann nur bei Planungsproblemen, die eine wiederkehrende gleichstrukturierte Problemstellung behandeln, sinnvoll angewendet werden. Nur dann ist der Aufwand, der bei der Auswahl geeigneter Aggregationsoperatoren zur Durchführung statistischer Testverfahren notwendig ist, zu rechtfertigen.

Eine weitere **Verbesserung der Prognosefähigkeit** wird erreicht, wenn – nicht wie bei den hier dargestellten Beispielen zur Kreditwürdigkeitsprüfung – **ein** Operator für die gesamte Zielhierarchie benutzt wird, sondern für jede Zusammenfassung von Unter- zu Oberzielen ein spezieller Operator geprüft und festgelegt wird. Dies führt allerdings zu immensen Informationsanforderungen bei der Prüfung der Signifikanz der Operatoren.

Eine **Fuzzy-HEDM-Methode** zur Unterstützung von **Jahresabschlußprüfungen** wird in *Scheffels (1996)* aufgezeigt. Dort wird ein umfassendes Kennzahlensystem in Form einer Zielhierarchie dargestellt, das zur Unterstützung von Entscheidungen eines Wirtschaftsprüfers eingesetzt wird. Diese

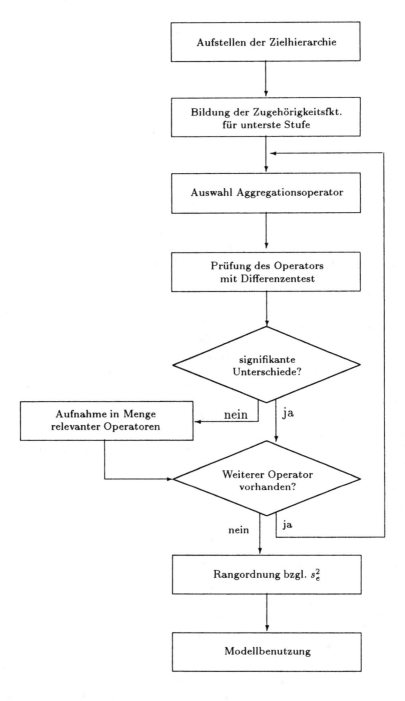

Figur 8.10: Aufbau eines unscharfen Bewertungssystems bei Zielhierarchien

Darstellung ist die konsequente Fortführung der in *Rommelfanger (1993a, 1993b)* geleisteten Vorarbeiten zur Fuzzifizierung von Kennzahlensystemen.
Lachnit (1975) definiert: „Ein Kennzahlensystem ist eine geordnete Gesamtheit von Kennzahlen, die in sachlich sinnvoller Beziehung zueinander stehen und als Gesamtheit dem Zweck dienen, den Betrachtungsgegenstand möglichst ausgewogen und vollständig zu erfassen." *Scheffels (1996, S. 48 f.)* leitet aus dieser Definition folgende **Anforderungen** an Kennzahlensysteme ab:

- Ein Kennzahlensystem ist **entscheidungsorientiert**, d.h., es ist auf eine bestimmte Fragestellung zugeschnitten.

- Die zu betrachtende Zielgröße muß gemäß aufgedeckter Ursache-Wirkungs-Beziehungen in ihre Bestandteile zerlegt werden. Dadurch entsteht eine **Zielhierarchie**.

- Das gesamte Modell muß der **Realität** möglichst ähnlich sein. Diese Anforderung wird grundsätzlich bei jeder Modellbildung gestellt.

Aus der letztgenannten Anforderung leitet Scheffels ab, daß eine **Bewertung** innerhalb der Zielhierarchie **durch linguistische Variablen** in Kombination mit regel- und/oder operatorenbasierter Aggregation adäquat erscheint. Die Grundlagen für eine Bearbeitung der Zielhierarchie durch die gewählte Vorgehensweise wurden in Abschnitt 3.2.1 (Schätzung aus statistischen Erhebungen) und in Abschnitt 8.1 (Bewertung durch linguistische Variablen) dargestellt. Als Ergebnis erhält der Benutzer des Systems eine Bewertung der Oberziele durch Zugehörigkeitsgrade im Sinne von Erfüllungsgraden. Wichtig für den Prüfungsvorgang ist natürlich auch der Weg, auf dem diese Information gewonnen wird. So kann nach Schwachstellen beziehungsweise Besonderheiten in den berechneten Bewertungen innerhalb der Zielhierarchie gesucht werden. Dies stellt wiederum eine Unterstützung des Prüfungsvorganges dar.

Scheffels (1996, S. 224) beurteilt den von ihm erstellten Prototypen eines entscheidungsunterstützenden Systems zur Jahresabschlußprüfung sehr treffend: „Die durch den Aufbau moderner Unternehmensdatenbanken geschaffene Möglichkeit, die Aussagefähigkeit einer Kennzahlenanalyse durch den Rückgriff auf Branchenvergleichsdaten wesentlich zu erhöhen, wurde in der Prüfungspraxis bisher kaum genutzt. Da der Berufsstand der Wirtschaftsprüfer aber um die Verwendung dieser Informationen nicht umhin kommen wird, werden in naher Zukunft auch erheblich mehr Erfahrungswerte darüber existieren, wie diese statistischen Branchendaten im Rahmen der Kennzahlenanalyse zu werten und zu interpretieren sind. Diese Erkenntnisse werden dann eine Beurteilung erlauben, inwieweit das hier gewählte, mangels spezifischen Expertenwissens notwendigerweise stark standardisierte Verfahren zur Klassifikation der Ist-Kennzahlenausprägungen den Bedürfnissen der Praxis entspricht bzw. welche Verfeinerungen und Differenzierungen vorzunehmen sind."

Zwei Punkte sind aus dieser **Beurteilung** hervorzuheben. Erstens wird durch einen derartigen Ansatz eine Möglichkeit der **Einbringung von Branchendaten** bei Prüfungsverfahren aufgezeigt. Zweitens sind die Gestaltungsmöglichkeiten innerhalb des Systems (Umsetzung der Branchendaten in linguistische Variablen, regelbasierte Aggregation etc.) derart vielfältig, daß hier ein sehr anpassungsfähiges System vorliegt.

8.3 Unscharfe Zielhierarchien zur Strategienbewertung

Auch in diesem Abschnitt dient eine Zielhierarchie als Ausgangspunkt. Die Unterziele werden indirekt durch unscharfe Mengen bewertet. *Paysen (1992)* bezeichnet sein zur Strategienbewertung vorgestelltes Fuzzy-HEDM-Modell sehr allgemein als Unternehmensplanungsmodell. Es handelt sich jedoch bei genauerer Betrachtung wie bei *Scheffels (1996)* um die **Fuzzifizierung eines Kennzahlensystems.**

Im Gegensatz zu den Ausführungen im vorangegangenen Abschnitt werden jedoch mittels der hier betrachteten Zielhierarchien bzw. Kennzahlensysteme nicht standardisierte Entscheidungen betrachtet, sondern die Auswirkungen einmaliger Entscheidungen bewertet.

Zunächst wird ein Zugehörigkeitsgrad im Sinne eines Zufriedenheitsgrades für die Oberziele (Spitzenkennzahlen) berechnet. Dieser Vorgang entspricht der in Abschnitt 8.1 beschriebenen Aggregation von Zugehörigkeitsgraden bei indirekter Bewertung durch unscharfe Mengen. Aufgrund der vorliegenden einmaligen Entscheidungsproblematik erscheint ein statistischer Test bezüglich der Eignung einzelner Aggregationsoperatoren nicht sinnvoll. Vielmehr muß hier der Operator bzw. die Operatoren aus einer Diskussion der an der Planung beteiligten Gremien festgelegt werden. Deshalb erscheint es sinnvoll, einen Operatortyp zu benutzen, der einige Freiheitsgrade besitzt. *Paysen (1992)* schlägt den in Abschnitt 4.2 dargestellten σ-Operator vor (vgl. Beispiel 8.4.

Im Mittelpunkt der von Paysen aufgezeigten Fuzzy-HEDM-Methode steht allerdings nicht die Ableitung bzw. Berechnung des Zufriedenheitsgrades für die Oberziele, sondern die **Analyse von Auswirkungen strategischer Entscheidungen** auf diese Zufriedenheitsgrade. Dadurch steht diese Fuzzy-HEDM-Vorgehensweise den Fuzzy-MADM-Methoden vom Prinzip her nahe. Unterschiede treten durch die Einbettung der Handlungsalternativen in Zielhierarchien auf.

Zunächst werden mögliche unternehmerische Strategien durch **Maßnahmenbündel** beschrieben. Diese Maßnahmen besitzen Auswirkungen auf die Kriterien der untersten Stufe der Zielhierarchie, die nur unscharf formuliert werden können. Diese Unschärfe wird durch unscharfe Mengen $\widetilde{A}_{ik}$ (Menge der zu erreichenden Kennzahlenwerte für Unterziel g_k^t bei Durchführung der Maßnahme i) modelliert, d.h., durch $\widetilde{A}_{ik}$ wird zum Ausdruck gebracht, welche prognostizierte Wirkung die Maßnahme i auf das Unterziel g_k^t besitzt.

Die **Verbundwirkung** der unterschiedlich wirkenden Maßnahmen wird dann zu einer unscharfen Menge zusammengefaßt. Aufgrund der meist gegenläufigen Wirkungen der einzelnen Maßnahmen erscheint die Bildung des unscharfen arithmetischen Mittels der $\widetilde{A}_{ik}$ sinnvoll. Damit erhält man als Ergebnis wieder eine unscharfe Menge $\widetilde{A}_k$, die die prognostizierte Gesamtwirkung des Maßnahmenbündels auf ein Unterziel beschreibt. Um die Wirkung $\widetilde{A}_k$ in die bisherige Systematik der Berechnung von Zugehörigkeitsgraden für übergeordnete Ziele einbinden zu können, muß diese auf einen Wert verdichtet werden. Dazu steht das in Beispiel 8.5 angesprochene „center of gravity"-Verfahren zur Verfügung. Der sich daraus ergebende Wert x für die das Unterziel beschreibende Kennzahl wird in die Zugehörigkeitsfunktion μ_k^t der unscharfen Bewertung des betrachteten Unterzieles eingesetzt und dient als Ausgangspunkt für die anfangs festgelegte Aggregation zur Bewertung der übergeordneten Ziele. Wird diese Vorgehensweise für alle Maßnahmen durchgeführt und anschließend die Zielhierarchie in der beschriebenen Weise durchgerechnet, so erhält man veränderte Werte für die Oberziele, die die Wirkung der Strategie aufzeigen.

Beispiel 8.6
Paysen (1992, S. 144) betrachtet ein Maßnahmenbündel, das

- *Fokusierung (Konzentration auf ein starkes Marktsegment bei Verzicht auf weitere Betätigungsfelder),*

- *Differenzierung (Abhebung des eigenen Produkts von der Konkurrenz durch zusätzliche oder veränderte Eigenschaften),*

- *Umstrukturierung von Produktion zum Handel, Verkauf ausländischer Produktionsstätten und*

- *ein neues Werbekonzept beinhaltet.*

Von den Entscheidungsträgern ist nun festzulegen, welche Auswirkungen die einzelnen Maßnahmen auf die Unterziele besitzen. Dazu werden lr-Fuzzy-Intervalle gebildet. Zur Vereinfachung der Darstellung werden hier trapezförmige Fuzzy-Intervalle unterstellt, d.h. $l(u) = r(u) = \max\{0, 1 - u\}$. Die Auswirkungen des Maßnahmenbündels auf den Verschuldungsgrad (Unterziel g_1^4, vgl. Figur 8.1) werden beispielsweise folgendermaßen festgelegt:

Fokusierung $\quad\widetilde{A}_{11} = (400, 450, 50, 22)_{lr}$
Differenzierung $\quad\widetilde{A}_{21} = (500, 520, 50, 30)_{lr}$
Verkauf ausländischer Prod.stätten $\quad\widetilde{A}_{41} = (300, 400, 100, 72)_{lr}$

Die Umstrukturierung von der Produktion zum Handel und die Werbekampagne besitzen keine Wirkung auf den Verschuldungsgrad.

Das unscharfe arithmetische Mittel

$$\widetilde{A}_1 = \frac{1}{3}\left(\widetilde{A}_{11} \oplus \widetilde{A}_{21} \oplus \widetilde{A}_{41}\right)$$

ergibt dann $\widetilde{A}_1 = (\frac{1200}{3}, \frac{1370}{3}, \frac{200}{3}, \frac{124}{3})_{lr}$.

Die Defuzzifizierung über das center-of-gravity-Verfahren für $\widetilde{A}_1$ *ergibt den Wert 422 (Figur 8.11). Der neue Zugehörigkeitsgrad bezüglich des Unterzieles Verschuldungsgrad ist damit* $\mu(422) = 0.22$.

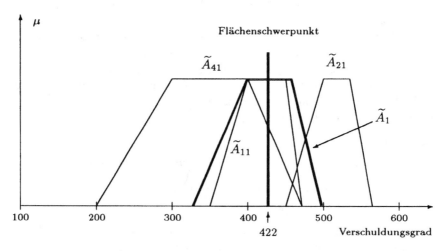

Figur 8.11: Maßnahmenwirkungen $\widetilde{A}_{11}$, $\widetilde{A}_{21}$, $\widetilde{A}_{41}$ und deren unscharfes arithmetisches Mittel $\widetilde{A}_1$

Benutzt man das allgemeine Erweiterungsprinzip zur Bildung des arithmetischen Mittels, so kann das bei den Fuzzy-MADM-Methoden (Abschnitt 7.3.2) beschriebene Verfahren benutzt werden, um zusätzliche Informationen der Entscheidungsträger bezüglich der Unschärfebereiche im aggregierten Ergebnis in den Verfahrensablauf einzubinden.

Zusammenfassend kann eine Bewertung von Strategien innerhalb einer Zielhierarchie mittels eines Fuzzy-HEDM-Ansatzes **positiv beurteilt** werden. Die Entscheidungsträger können und müssen in den Ablauf dieser Methode mit einbezogen werden. Sowohl bei der Festlegung der Bestandteile des σ-Operators als auch bei der Festlegung der unscharfen Mengen zur Darstellung der Wirkungen der Maßnahmen werden die Erfahrungen der in den Planungsgremien Beteiligten eingebracht. Damit liegt auch hier eine Form der Interaktivität vor, die in derartigen Planungsproblemen als notwendige Voraussetzung für sinnvolle Planungsinstrumente gesehen werden muß. Vorstellbar ist neben der bisher in derartigen entscheidungsunterstützenden

Systemen benutzten operatorenbasierten Aggregation auch eine regelbasierte Aggregation. Allerdings müssen die Teile der Zielhierarchie, in denen die
regelbasierte Aggregation durchgeführt werden soll, auch über linguistische
Variablen bewertet werden. Dies stellt jedoch kein grundsätzliches Hindernis
dar (vgl. Abschnitt 8.2), so daß eine Erweiterung in diesem Sinne durchgeführt werden kann.

8.4 Unscharfe Produkt-Portfolio-Darstellungen

8.4.1 Produkt-Portfolio-Darstellungen in der Unternehmensplanung

Obwohl die Portfolio-Analyse als ein klassisches Instrument der strategischen
Unternehmensplanung in vielerlei Hinsicht Kritik ausgesetzt ist (*Robens,
1985*), wird sie in Unternehmen häufig eingesetzt. Beispielhaft sollen an dieser Stelle zwei Ergebnisse empirischer Untersuchungen aufgeführt werden.
In *Rüth (1989)* wurde in einer Fragebogenaktion unter anderem die Frage
gestellt: „In welchem Umfang werden in Ihrer Unternehmung die folgenden
Planungsinstrumente eingesetzt?" Eine ähnliche Frage stellt (*Günther, 1991*)
in seiner Untersuchung zur Intensität des strategischen Controlling: „Bitte
geben Sie an, in welchem Umfang Sie die nachfolgenden Instrumente zur Unterstützung strategischer Entscheidungen anwenden." Die Ergebnisse bezüglich des Instrumentes Portfolio-Analyse sind in Tabelle 8.1 zusammengestellt.

	Rüth, 1989	Günther, 1991
Stichprobe	328 Unternehmen, BRD, ohne Dienstleistungssektor	283 Unternehmen, BRD, alle Branchen
Rücklauf	92 Unternehmen = 28.1%	134 Unternehmen = 47.3%
Antwortskala	von „nie" bis „sehr oft" auf 7'er Skala	von „selten" bis „meist" auf 5'er Skala
arithm. Mittel	4	3.2

Tabelle 8.1: Einsatz der Portfolio-Analyse in Unternehmen

Es zeigt sich, daß Portfolio-Analysen im Vergleich zu anderen Planungs-
instrumenten relativ häufig eingesetzt werden. Auch in einem Interview mit
Helmut Loehr (Finanzchef des Chemiekonzerns Bayer, Kapital 12/96, S. 44)
kommt die Wichtigkeit dieser Methode zum Ausdruck: „Wir haben Bayer heute in vier strategische Felder aufgeteilt: Wachstums-, Basis-, Entwicklungs-

und Problemgeschäfte. Für jeden Bereich haben wir klare Ziele gesetzt: Wie wir Probleme bereinigen wollen, wann Entwicklungsgeschäfte Ergebnisbeiträge liefern werden und so weiter. Das bringt Pluspunkte bei den Anlegern." Die Bedeutung dieses Planungsinstrumentes gibt Anlaß dazu, die bisher benutzte Methodik zu verbessern.

Die Portfolio-Analyse dient als Basis für die Ressourcenzuweisung zu den einzelnen Bereichen eines Unternehmens, den sogenannten strategischen Geschäftseinheiten (SGE). Eine im Verlauf der Analyse erzeugte zweidimensionale Darstellung dient der Beurteilung einzelner SGEn und des dadurch gebildeten Portfolios bezüglich einer **Marktdimension** und einer **Unternehmensdimension**. Während die Marktdimension vom Unternehmen nicht zu beeinflussende Kriterien umfaßt, stellt die Unternehmensdimension eine Zusammenfassung von Merkmalen mit unternehmerischem Gestaltungsspielraum dar. Die ersten Analysen dieser Art, wie beispielsweise das Marktanteils-Marktwachstums-Portfolio der Boston Consulting Group, sind einkriterielle Verfahren, die nur ein Zielkriterium pro Darstellungsdimension berücksichtigen und damit nur zur Verdeutlichung der grundsätzlichen Idee dienen. Hier werden ausschließlich **multikriterielle Verfahren** zugrundegelegt, bei denen in jeder Dimension mehrere Ziele in Form einer Zielhierarchie berücksichtigt werden. Trotz der Vielzahl unterschiedlicher Spielarten dieser Verfahren (eine übersichtsartige Darstellung gibt beispielsweise *Schneevoigt, 1992*) weist der Ablauf dieser Portfolio-Analysen Gemeinsamkeiten auf.

Die einzelnen Schritte sind in Figur 8.12 zusammengefaßt. Nach der Identifikation der in die jeweilige Portfolio-Darstellung eingehenden relevanten Kriterien werden diese entsprechend ihrer Bedeutung gewichtet. Die sich anschließende meist ordinale Bewertung der SGEn bezüglich der Kriterien bildet die Grundlage für eine Aggregation mittels einer gewichteten Mittelwertbildung für die Unternehmens- und Marktdimension. Die errechneten Werte werden als Koordinaten für eine Positionierung der SGEn in einer zweidimensionalen Portfolio-Darstellung benutzt. Diese stellt den Ausgangspunkt für die Phase der Informationsauswertung dar. Je nach Portfolio-Modell werden dann den SGEn entsprechend ihrer Positionierung in festgelegten Feldern sogenannte Normstrategien zugeordnet.

Beispiel 8.7
*Im Rahmen des **McKinsey-Portfolio-Modelles** wird Marktattraktivität als Oberziel einer Zielhierarchie bezüglich der Marktdimension und Wettbewerbsposition als Oberziel einer Zielhierarchie bezüglich der Unternehmensdimension benutzt. Die im Zusammenhang mit Portfolio-Analysen auch als Kriterien bezeichneten Unterziele werden in der Literatur (vgl. beispielsweise Welge, Al-Laham, 1992, S. 208 f.; Dunst, 1983, S. 100 ff.) wie folgt skizziert.*

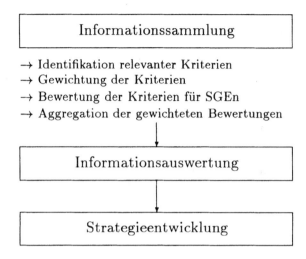

Figur 8.12: Ablauf bei Produkt-Portfolio-Analysen

Marktattraktivität

- *Marktwachstum:*
  Das zukünftige Marktwachstum ist einer der Schlüsselfaktoren für eine Beurteilung der Chancen und Risiken bezüglich der Marktdimension.

- *Marktgröße:*
  Die absolute Marktgröße ist ein wesentlicher Beurteilungsfaktor zur Bestimmung des langfristigen Ertragspotentials.

- *Marktrisiko:*
  Das Marktrisiko bezieht sich vorrangig auf die geographische Lage des jeweiligen Hauptabsatzgebietes. Länderspezifische Risikoprofile bezüglich der politischen, sozialen und wirtschaftlichen Situation gehen hier ein.

- *Markteintrittskosten:*
  Diese Kosten bestimmen, wie leicht oder wie schwer es für einen potentiellen Wettbewerber ist, in den Markt einzudringen. Sie sind im wesentlichen von der notwendigen Kapitalintensität und dem Patentschutz abhängig.

- *Konkurrenzsituation:*
  Die Konkurrenzsituation ist durch die Wettbewerbskonzentration und -intensität gekennzeichnet.

- *Bestellhäufigkeit:*
  Nach empirischen Befunden erzielen SGEn mit hoher Bestellhäufigkeit einen überdurchschnittlichen Return on Investment, auch wenn sie nur einen geringen relativen Marktanteil besitzen. Insofern stellt die Bestellhäufigkeit eine Relativierung des Einflusses des relativen Marktanteils dar.

- *Investitionsattraktivität:*
  Langfristig wird die Investitionsattraktivität um so positiver beurteilt, je höher die Produktivitätssteigerungen ausfallen.

- *Innovationspotential:*
  Das Innovationspotential wird um so größer eingeschätzt, je höher die unausgeschöpften Ressourcen bewertet werden.

- *Soziale Attraktivität:*
  Die soziale Attraktivität läßt sich aus den positiven und/oder negativen Einstellungen der öffentlichen Meinung zur Produktherstellung und -anwendung ableiten.

Wettbewerbsposition

- *Relativer Marktanteil:*
  Der Marktanteil, gemessen an den größten Wettbewerbern, geht in dieses Kriterium ein.

- *Produktqualität:*
  Hier sind Punkte wie beispielsweise Funktionssicherheit, Servicefreundlichkeit und technische Leistungen zu bewerten.

- *Technische Position:*
  Die technische Position wird beispielsweise durch den Forschungs- und Entwicklungsaufwand und auch die Patentrechtsituation beeinflußt.

- *Produktion:*
  Bewertet wird der Standort, die Fertigungskapazität, die Fertigungsstruktur und die Betriebsausstattung.

- *Distribution:*
  Vertriebsweg und Lieferbereitschaft sind bestimmende Größen der Distribution.

- *Vertrieb:*
  Unter diesem Punkt ist die Vertriebsorganisation und die Vertriebskapazität zu beurteilen.

- *Marketing:*
  Alle Aktivitäten, wie beispielsweise Produktprogramm, Preispolitik, Werbemaßnahmen etc., dieses Funktionalbereiches gehen in die Bewertung dieses Unterzieles ein.

Marktdimension		SGE			
Kriterien	Gewicht	1	2	3	4
Marktwachstum	0.14	1	2	3	3
Marktgröße	0.08	1	1	1	2
Marktrisiko	0.16	4	4	4	4
Markteintrittskosten	0.08	3	3	3	4
Konkurrenzsituation	0.10	4	4	3	3
Bestellhäufigkeit	0.06	4	5	5	2
Investitionsattraktivität	0.22	2	3	4	3
Innovationspotential	0.12	3	4	4	3
Soziale Attraktivität	0.04	3	3	3	3
Koordinatenwerte		41.5	55.0	61.5	52.5
Unternehmensdimension		SGE			
Kriterien	Gewicht	1	2	3	4
Relativer Marktanteil	0.20	4	4	3	3
Produktqualität	0.16	4	3	3	4
Technische Position	0.06	3	4	3	3
Produktion	0.14	3	4	3	2
Distribution	0.04	4	4	4	3
Vertrieb	0.04	2	2	3	3
Marketing	0.16	4	4	3	3
Finanzielles Ergebnis	0.20	3	5	4	2
Koordinatenwerte		63.0	74.0	56.0	45.5

Tabelle 8.2: Beispieldatensatz für Portfolio-Analyse

- *Finanzielles Ergebnis:*
  Hierunter versteht man Größen wie Cash-Flow, Ergebnis, eingesetztes Kapital, Rentabilität etc.

An der Beschreibung der Kriterien erkennt man, daß auch mehrstufige Zielhierarchien in Portfolio-Analysen betrachtet werden können. Da zur Darstellung der fuzzifizierten Form die Mehrstufigkeit keine Rolle spielt, wird als Beispiel nur die aufgezeigte einfache Zielhierarchie verwendet.

Die **Bewertung** der Kriterien wird auf einer Ordinalskala von 1 (= sehr gering) bis 5 (= sehr hoch) vorgenommen und die aggregierten Werte auf das Intervall [0, 100] normiert. Der Beispieldatensatz in Tabelle 8.2 (entnommen aus Kessing, 1990) faßt alle in der Phase der Informationssammlung gewonnenen Daten zusammen und führt zu der in Figur 8.13 wiedergegebenen konventionellen Darstellung eines McKinsey-Portfolio-Modelles. Diese Konstruktionsweise wird als **Punktpositionierung** bezeichnet, wobei die Radien der eingezeichneten Kreise die Umsatzhöhe relativ zu den übrigen SGEn angeben.

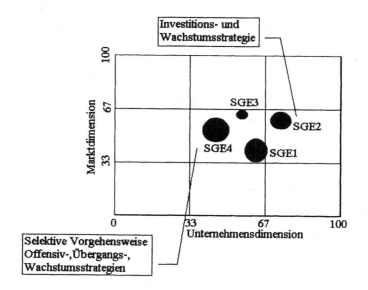

Figur 8.13: McKinsey-Portfolio mit zugeordneten Normstrategien

Durch den strukturierten Ablauf von Portfolio-Analysen besitzt dieses Planungsinstrument auch als Kommunikationsbasis einen hohen Stellenwert für die zuständigen Planungsgremien. Allerdings muß die Generierung der konventionellen Portfolio-Darstellungen durchaus kritisch betrachtet werden. Die detaillierten ordinalen Bewertungen werden über einen für diese Skalierung nicht geeigneten Aggregationsmechanismus verdichtet. Dazu täuscht die deterministische Vorgehensweise eine Genauigkeit vor, die dem zugrundeliegenden Problem in keiner Weise gerecht wird.

Bei **neueren Ansätzen** zu einer methodischen Unterstützung der Generierung von Portfolio-Darstellungen sind **zwei Richtungen** zu unterscheiden. Mit **datenanalytischen Methoden** wird versucht, die Ausgangsinformation, d.h. die Bewertungen der einzelnen SGEn vor Aggregation, besser zu berücksichtigen. Dazu zählen das auf dem Prinzip der Multidimenisonalen Skalierung aufbauende „Multidimensionale Portfolio" in *Gaul, Baier (1993)* und die Anwendung von Faktoren- und Korrespondenzanalysen in *Hauke (1995)*. Andererseits bestehen Bestrebungen, dem strategischen und damit langfristigen Charakter dieses Planungsinstrumentes durch die **Einbeziehung von Unsicherheit bzw. Unschärfe** Rechnung zu tragen. Wenig erfolgversprechend erscheint in diesem Zusammenhang die Übertragung des μ-σ-Kriteriums (*Herrmann, Bayón-Eder, 1994*) und der stochastischen Dominanz erster, zweiter und dritter Ordnung (*Mahajan u.a., 1982*) aus der Finanz-Portfolio-Theorie, da die dieser Theorie zugrundeliegenden Annahmen für Produkt-Portfolios kaum haltbar sind. Beispielsweise wird dort das Vorhandensein einer nahezu unbegrenzten Anzahl von Rendite-Risiko-

Alternativen unterstellt. Diese Annahme kann bei Produkten bzw. Produkt-Markt-Kombinationen in Form von SGEn nicht aufrechterhalten werden. Zudem müssen die Kosten und der Zeit-Lag durch Elimination oder Hinzunahme von Einheiten bei der Zusammenstellung von Produkt-Portfolios berücksichtigt werden, während diese Punkte bei der Zusammenstellung von Finanzportfolios nur eine untergeordnete Rolle spielen. Zudem geht die Finanzierungstheorie von Unabhängigkeit zwischen betrachtetem Portfolio und Marktportfolio aus. Auch dies ist zumindest bei Unternehmen mit SGEn, die in ihrem Bereich zu den Marktführern zählen, eine nicht zu rechtfertigende Annahme.

Die an der konventionellen Vorgehensweise angelehnten Ansätze zur Berücksichtigung von Unsicherheit sind die sogenannten **Bereichspositionierungen**. In den Figuren 8.14 und 8.15 werden zwei Konstruktionsideen veranschaulicht, deren graphische Darstellungen Parallelen aufweisen, deren Zugang jedoch vollkommen unterschiedlich ist. Bei dem auf *Roventa (1981)*, *Ansoff u.a. (1981)* zurückgehenden Simulationsansatz werden den Unterzielen Verteilungen als Bewertungen zugeordnet. In einem Simulationslauf werden dann Realisierungen dieser Verteilungen und damit eine Bewertung der Kriterien erzeugt. Damit endet ein Lauf mit einer klassischen Punktpositionierung. Durch eine Vielzahl von Simulationsläufen entsteht eine Punktwolke, die als Unsicherheitsbereich verstanden und zur Konstruktion einer Bereichspositionierung benutzt wird (*Roventa, 1981, S. 274*).

Ein Ansatz, der aufgrund der benutzten Zielhierarchien für Markt- und Unternehmensdimension den Fuzzy-HEDM-Methoden zuzuordnen ist, wird im folgenden Abschnitt dargestellt.

8.4.2 Unscharfe Bereichspositionierung

Ein Fuzzy-Ansatz, dessen erste Idee auf *Zimmermann (1989)* zurückgeht und von *Werners (1993)* im Rahmen eines wissensbasierten Systems mit regelbasierter Aggregation wieder aufgegriffen wurde, basiert auf einer Bewertung der Unterziele durch linguistische Variablen.

Beispiel 8.8
Die Modellierung des Kriteriums „Produktqualität" innerhalb einer multikriteriellen Portfolio-Analyse erfolgt beispielsweise durch folgende Zuordnungen (vgl. Definition 3.9 und Beispiel 3.10):

B = *Produktqualität*
T = *{sehr gering, gering, mittel, hoch, sehr hoch}*
D = *[0, 100] = Bewertungsskala*
S = *{$\widetilde{U}_{sehr\ gering}, \widetilde{U}_{gering}, \widetilde{U}_{mittel}, \widetilde{U}_{hoch}, \widetilde{U}_{sehr\ hoch}$}*

In Anlehnung an Tabelle 8.2 wird der dort verwendeten Ordinalskala mit den Werten 1 bis 5 eine entsprechende Termmenge zugeordnet. Dadurch soll nach

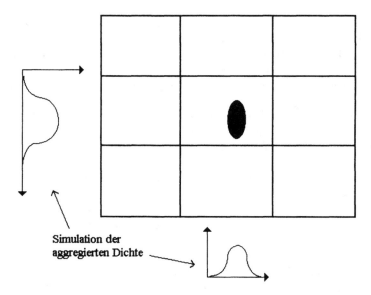

Figur 8.14: Simulationsansatz zur Bereichspositionierung

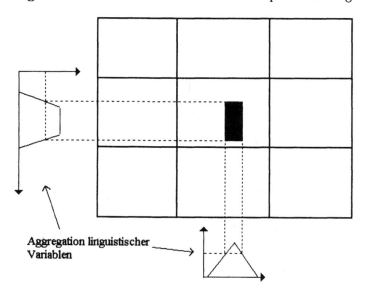

Figur 8.15: Fuzzy-Ansatz zur Bereichspositionierung

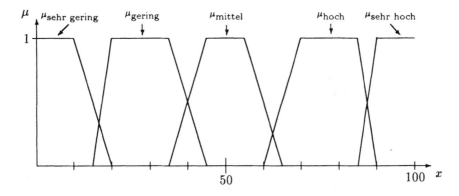

Figur 8.16: Semantik für Kriterium „Produktqualität"

der Konstruktion der Unschärfepositionierung ein Vergleich zur konventionellen Darstellungsweise zumindest teilweise ermöglicht werden.

Die Semantik wird durch die Zuordnung von trapezförmigen unscharfen Intervallen definiert (Figur 8.16), d.h., die Gestaltfunktionen sind durch $l(u) = r(u) = \max\{0, 1 - u\}$ festgelegt:

$t \in T$		$\widetilde{U}_t$
sehr gering (1)	$\rightarrow$	$(0, 10, 0, 10)_{lr}$
gering (2)	$\rightarrow$	$(20, 35, 5, 10))_{lr}$
mittel (3)	$\rightarrow$	$(45, 55, 10, 10)_{lr}$
hoch (4)	$\rightarrow$	$(70, 85, 10, 5)_{lr}$
sehr hoch (5)	$\rightarrow$	$(90, 100, 5, 0)_{lr}$

Sind alle innerhalb der Portfolio-Analyse notwendigen Kriterien durch linguistische Variablen modelliert und die Bewertung der einzelnen SGEn durch Terme durchgeführt, müssen die Terme zu einer Bewertung der Oberziele von Unternehmens- und Marktdimension aggregiert werden. Es muß also wiederum die Frage geklärt werden, welcher **Operator zur Aggregation** benutzt werden soll.

Im Zusammenhang mit Portfolio-Analysen sind ausschließlich **kompensatorische Operatoren** sinnvoll, d.h., eine niedrige Bewertung bezüglich eines Kriteriums kann durch eine hohe Bewertung eines weiteren Kriteriums im Sinne der übergeordneten Ziele teilweise ausgegeglichen – also kompensiert – werden. Innerhalb dieser Klasse von Aggregationsoperatoren erscheint das gewichtete arithmetische Mittel aus folgenden Gründen für den hier vorgestellten Zusammenhang geeignet (vgl. *Hauke, 1996, 1997a*).

- Im Gegensatz zu dem von *Zimmermann (1989)* in diesem Zusammenhang favorisierten γ-Operator läßt das gewichtete arithmetische Mittel im gesamten Wertebereich der Zugehörigkeitsfunktion Kompensation zu. Beim γ-Operator ist der Kompensationsbereich das halboffene Intervall $\langle 0, 1]$, d.h., ein Zugehörigkeitswert von 0 kann nicht kompensiert werden (vgl. S. 59).

- Die bei konventionellen Portfolio-Analysen eingehende Gewichtung der Kriterien kann durch das gewichtete arithmetische Mittel berücksichtigt werden.

- Die Gewichtung kann als linguistische Variable modelliert werden. Dadurch wird der Unbestimmtheit auch in diesem Bereich Rechnung getragen.

- Durch die Benutzung des gewichteten arithmetischen Mittels findet eine Anlehnung an die klassische Vorgehensweise der Produkt-Portfolio-Analyse statt.

- Die von *Werners (1993)* gewählte regelbasierte Aggregation führt nicht zu einer graphischen Darstellung und ist damit nicht mit klassischen Portfolio-Positionierungen vergleichbar. Damit stellt das dort vorgestellte entscheidungsunterstützende System keine Fuzzifizierung der konventionellen Methoden, sondern eine eigenständige Methode dar. Fraglich erscheint die Akzeptanz einer regelbasierten Methode in diesem Bereich, da dadurch den Planungsgremien eine Diskussionsgrundlage entzogen wird.

Da die Terme linguistischer Variablen bei Portfolio-Analysen über *lr*-Fuzzy-Intervalle modelliert wurden, kann das gewichtete arithmetische Mittel von Termen über die erweiterte Addition und die erweiterte Multiplikation berechnet werden. Mit diesem Instrumentarium ist es möglich, für die Beispieldaten aus Tabelle 8.2 eine unscharfe Bereichspositionierung durchzuführen. Dazu wird zunächst die Semantik für die Kriterien festgelegt, die im Laufe einer Diskussion der Planungsgremien generiert werden muß (vgl. Abschnitt 3.2).

Beispiel 8.9

Den Unterzielen Marktrisiko, Markteintrittskosten, Konkurrenzsituation, Investitionsattraktivität, Innovationspotential, soziale Attraktivität und Produktion werden dreiecksförmige unscharfe Zahlen zugeordnet:

$t \in T$		$\widetilde{U}_t$
sehr gering (1)	$\rightarrow$	$(0, 0, 0, 20)_{lr}$
gering (2)	$\rightarrow$	$(20, 20, 20, 30)_{lr}$
mittel (3)	$\rightarrow$	$(50, 50, 20, 35)_{lr}$
hoch (4)	$\rightarrow$	$(90, 90, 30, 10)_{lr}$
sehr hoch (5)	$\rightarrow$	$(100, 100, 10, 0)_{lr}$

Die Unterziele Marktwachstum, relativer Marktanteil, Produktqualität, technische Position, Distribution, Vertrieb und Marketing werden durch die Festlegung trapezförmiger unscharfer Intervalle

$t \in T$		$\widetilde{U}_t$
sehr gering (1)	$\rightarrow$	$(0, 10, 0, 10)_{lr}$
gering (2)	$\rightarrow$	$(20, 35, 5, 10)_{lr}$
mittel (3)	$\rightarrow$	$(45, 55, 10, 10)_{lr}$
hoch (4)	$\rightarrow$	$(70, 85, 10, 5)_{lr}$
sehr hoch (5)	$\rightarrow$	$(90, 100, 5, 0)_{lr}$

bewertet.

Die Unterziele Marktgröße, Bestellhäufigkeit und finanzielles Ergebnis können ohne Berücksichtigung von Unschärfe bewertet werden:

$t \in T$		$\widetilde{U}_t$
sehr gering (1)	$\rightarrow$	$(10, 10, 0, 0)_{lr}$
gering (2)	$\rightarrow$	$(30, 30, 0, 0)_{lr}$
mittel (3)	$\rightarrow$	$(50, 50, 0, 0)_{lr}$
hoch (4)	$\rightarrow$	$(70, 70, 0, 0)_{lr}$
sehr hoch (5)	$\rightarrow$	$(90, 90, 0, 0)_{lr}$

Im nächsten Schritt werden die SGEn gemäß den Daten aus Tabelle 8.2 bewertet, d.h., den Bewertungen der Kriterien werden die entsprechenden Terme der Semantik zugeordnet. Die Berechnung des gewichteten arithmetischen Mittels mit den konventionellen Gewichten aus Tabelle 8.2 ergibt dann trapezförmige lr-Fuzzy-Intervalle für Markt- und Unternehmensdimension:

	Marktdimension	Unternehmens-dimension
SGE1	$(44.7, 46.1, 17.5, 19.5)_{lr}$	$(64.1, 74.8, 10.2, 9.6)_{lr}$
SGE2	$(60.5, 62.7, 19.5, 17.5)_{lr}$	$(76.4, 86.6, 11.7, 6.3)_{lr}$
SGE3	$(69.0, 70.5, 11.4, 14.5)_{lr}$	$(55.2, 62.8, 10.4, 12.5)_{lr}$
SGE4	$(56.3, 57.7, 18.7, 21.2)_{lr}$	$(45.0, 53.2, 10.4, 11.1)_{lr}$

Um mit Figur 8.15 vergleichbare Darstellungen zu erhalten, wurden die Ergebnisse auf das Intervall $[0, 100]$ in folgender Weise **normiert**. Zunächst werden alle Bewertungen auf den Term „sehr gering" gesetzt, um den kleinsten für $\underline{m} - a$ zu erreichenden Wert a_{min} in der Zugehörigkeitsfunktion der aggregierten unscharfen Mengen für die Oberziele bei gegebener Gewichtung zu erhalten. Mit der durchgängigen Bewertung „sehr hoch" errechnet man entsprechend den größten für $\overline{m} + b$ zu erreichenden Wert b_{max}. Anschließend wird durch

$$\frac{x - a_{min}}{b_{max} - a_{min}}$$

die gewünschte Normierung für die zunächst errechneten Werte x erreicht. Gemäß der in Figur 8.15 dargestellten Idee können nun mit Hilfe der berechneten Zugehörigkeitsfunktionen Unschärfebereiche für bestimmte α-Niveaumengen innerhalb einer Portfolio-Darstellung erzeugt werden. Um einen noch detaillierteren Einblick in die Eigenschaften der Unschärfe zu erhalten, erscheint es sinnvoll, Niveaumengen für α-Werte innerhalb eines Intervalles

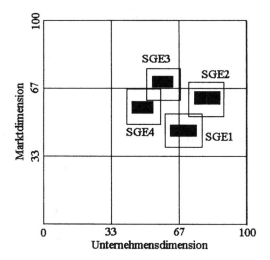

Figur 8.17: Bereichspositionierung bei unscharfen Kriterienbewertungen

darzustellen. Für die in Beispiel 8.9 errechneten Daten zeigt Figur 8.17 das Ergebnis der Unschärfepositionierung für $\alpha \in [0.6, 0.9]$. Die ausgefüllten Rechtecke ergeben sich für $\alpha = 0.9$, die größeren Rechtecke für $\alpha = 0.6$. Bei Durchführung einer unscharfen Bereichspositionierung erscheint es naheliegend, auch die Gewichtung als linguistische Variable zu modellieren. Dadurch werden die Berechnungen zur Bereichspositionierung etwas erschwert, da die erweiterte Multiplikation unscharfer lr-Fuzzy-Intervalle nur approximativ durchgeführt werden kann. Zur Bildung von unscharfen Produkt-Portfolio-Darstellungen genügen jedoch die entsprechenden α-Niveaumengen, die wiederum exakt berechnet werden können.

Beispiel 8.10

Zur gleichbleibenden Semantik der Kriterien wird zusätzlich die Zuordnung

ursprüngliche Gewichte	Term t		$\widetilde{U}_t$
$[0.04, 0.06]$	gering	$\rightarrow$	$(25, 25, 5, 5)_{lr}$
$[0.07, 0.09]$	mittel	$\rightarrow$	$(50, 50, 5, 5)_{lr}$
$[0.14, 0.22]$	hoch	$\rightarrow$	$(75, 75, 5, 5)_{lr}$

für die linguistische Variable „Gewicht" auf dem Definitionsbereich $[0, 100]$ vorgenommen, wobei hier nur die für das Beispiel relevanten Terme aufgeführt sind und deshalb nicht der gesamte Definitionsbereich ausgeschöpft wird. Die exakte Berechnung des erweiterten arithmetischen Mittels ergibt für $\alpha = 0.6$ die Niveaumengen

	Markt- dimension	Unternehmens- dimension
SGE1	[35.6, 53.6]	[49.2, 69.8]
SGE2	[47.5, 66.7]	[58.2, 78.2]
SGE3	[50.5, 69.4]	[41.8, 60.6]
SGE4	[43.4, 62.9]	[33.7, 51.9]

und für $\alpha = 0.9$ die Niveaumengen

	Markt- dimension	Unternehmens- dimension
SGE1	[41.4, 47.0]	[53.2, 65.3]
SGE2	[54.2, 60.5]	[63.0, 74.5]
SGE3	[57.5, 63.2]	[45.8, 55.5]
SGE4	[49.6, 55.5]	[37.5, 47.4]

in Form von konventionellen Intervallen. Dabei wurde entsprechend der oben beschriebenen Vorgehensweise eine Normierung der Ergebnisse auf [0, 100] durchgeführt. Die graphische Darstellung dieser Bereichspositionierung zeigt Figur 8.18.

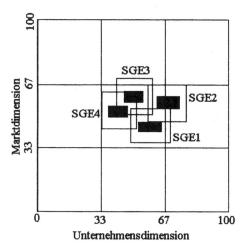

Figur 8.18: Bereichspositionierung bei unscharfen Kriterienbewertungen und unscharfer Gewichtung

8.4.3 Interpretationsmöglichkeiten

Strategische Planungsprobleme sind aufgrund ihres langfristigen Charakters in den meisten Fällen mit Unsicherheiten bzw. mit Unschärfe behaftet. Die vorgestellte unscharfe Bereichspositionierung im Rahmen der Fuzzy-HEDM-Ansätze berücksichtigt diese Eigenschaft und stellt damit im Vergleich zur klassischen Punktpositionierung eine realistischere Modellierung eines strategischen Planungsproblems dar. Zusätzlich kann ein Hauptkritikpunkt an der klassischen Vorgehensweise, nämlich die eindeutige Zuordnung einer Normstrategie aufgrund einer deterministischen Punktpositionierung der SGE, durch eine Bereichspositionierung entkräftet werden.

An der Länge der Rechteckseiten kann erkannt werden, inwieweit die aggregierten Dimensionen **unterschiedliche Grade von Unschärfe** aufweisen. Sowohl in Figur 8.17 als auch in Figur 8.18 erkennt man, daß bei $\alpha = 0.9$ für alle Positionen der SGEn bezüglich der Unternehmensdimension größere Unschärfe vorherrscht, was bei der Strategieentwicklung berücksichtigt werden muß. Eine entsprechende Interpretation ist für kleine α-Werte weniger sinnvoll, da die Intervallbreite der 0-Niveaumengen der Terme nur geringe Unterschiede aufweist.

Auch die **Zuordnung von strategischen Grundpositionen** kann sich bei einer Bereichspositionierung verändern. Dies wird beispielhaft für die SGE1 gezeigt. In der McKinsey-Portfolio-Darstellung (Figur 8.13) wird SGE1 dem mittleren Bereich mit selektiver Vorgehensweise zugeordnet. Bei der Bereichspositionierung mit unscharfen Kriterienbewertungen (Figur 8.17) ist diese Zuordnung schon bei $\alpha = 0.9$ nicht mehr eindeutig. Die SGE1 liegt bezüglich der Unternehmensdimension teilweise im dritten Bereich, dem eine Investitions- und Wachstumsstrategie zugrundeliegt. Der Bereich der Marktdimension bleibt dagegen auch bei $\alpha = 0.6$ identisch zur Punktpositionierung. Dagegen ist die Zuordnung der SGE4 zur Neun-Felder-Darstellung bei Punkt- und Bereichspositionierung für den benutzten α-Bereich identisch, d.h., auch bei Berücksichtigung von Unschärfe ist die Einordnung in das Portfolio eindeutig. Entsprechend kann die Lage der weiteren SGEn interpretiert werden.

Ein Vergleich zwischen Figur 8.13 (konventionelle Vorgehensweise) und 8.18 (unscharfe Kriterienbewertung und unscharfe Gewichtung) ist in diesem Zusammenhang nicht sinnvoll, da die Umsetzung der exakten Gewichtung des Beispieldatensatzes in eine linguistische Variable mit drei Termen eine starke Vergröberung darstellt. Hier stand die Möglichkeit der Durchführung einer unscharfen Gewichtung im Vordergrund und nicht die Vergleichbarkeit zum konventionellen Ansatz. Zudem erscheint die Angabe der exakten Gewichtung mit den dadurch unterstellten feinen Abstufungen für ein Planungsproblem wenig realistisch. Man erkennt auch in Figur 8.18 die Tendenz von SGE1 zum dritten Bereich der Unternehmensdimension, während SGE2 bezüglich der Unternehmensdimension auf keinen Fall einer eindeutigen Zuordnung zugänglich ist.

Die verfeinerten Interpretationsmöglichkeiten bieten einerseits eine Verbesserung im Sinne einer realistischeren Beurteilung des Portfolios, andererseits wird die Ableitung von Strategien aus diesen Darstellungen aufgrund der vielfältigen Kombinationsmöglichkeiten erschwert. Hier besteht ein Ansatzpunkt für weitere Überlegungen bezüglich der abzuleitenden ökonomischen Konsequenzen und Empfehlungen, die jedoch nicht Gegenstand dieser Methodendarstellung sind.

An der Vielfalt der in diesem Kapitel meist beispielhaft dargestellten Anwendungsmöglichkeiten können die Möglichkeiten zur **Entscheidungsunterstützung durch Fuzzy-HEDM-Methoden** in der Unternehmensplanung abgelesen werden. Es handelt sich um ein relativ **junges Forschungsgebiet**, innerhalb dessen noch Erfahrungen, insbesondere bei der Festlegung der Aggregationsarten, gesammelt werden müssen.

Die aufgezeigte regelbasierte Vorgehensweise erscheint für die Bearbeitung von Kennzahlensystemen erfolgversprechend, da die dem Problem innewohnende Unschärfe einerseits bis zur Bewertung des Oberzieles mitgeführt werden kann. Andererseits kann an jeder Stelle zu Informationszwecken eine Defuzzifizierung stattfinden. Bei der regelbasierten Aggregation tritt auch die Verbindung zu Fuzzy-Logic-Anwendungen bei technischen Geräten zutage.

Es bleibt zu hoffen, daß dieser Vorgehensweise in entscheidungsunterstützenden Systemen zu HEDM-Problemen in der Unternehmensplanung ein ähnlicher Erfolg gelingt, wie dies bei technischen Anwendungen schon heute der Fall ist. Anhand der unscharfen Bereichspositionierung bei der Portfolio-Analyse konnte beispielhaft gezeigt werden, daß bestehende Methoden innerhalb der strategischen Planung fuzzifiziert und dadurch verbessert werden können.

9. Schlußbemerkungen

In den letzten Jahren konnte eine immens ansteigende Anzahl von Veröffentlichungen auf dem Gebiet der Theorie und Anwendungen von unscharfen Mengen beobachtet werden. Dies ist unter anderem darauf zurückzuführen, daß Erfolge bei der Umsetzung der Theorie unscharfer Mengen in technischen Produkten erzielt wurden. Als beliebtes Beispiel für die dabei benutzten unscharfen Steuerungen, die meist unter dem Begriff Fuzzy Logic zusammengefaßt werden, dient die am 15. Juli 1987 eröffnete Untergrundbahn in Sendai, Japan:

„Auf der 13.6 km langen Nord-Süd-Route mit 16 Stationen gleitet der Zug fast unmerklich und schwankungsfrei. In den meisten Wagen ergreifen von 20 stehenden Personen etwa vier einen Haltegriff. Der Inhalt eines gefüllten Aquariums würde auf dieser Strecke nur sanft von einer Seite zur anderen schwappen. Man könnte fast vergessen, daß man bewegt wird. Es ist Fuzzy-Logic, die das U-Bahn-System steuert und ermöglicht hat. Dies ist vielleicht die beeindruckendste Demonstration von Fuzzy Logic auf der ganzen Welt." (*McNeill, Freiberger, 1996, S. 205*)

Der in diesem Zitat zum Ausdruck kommende Enthusiasmus und natürlich auch die mit anderen Produkten wie Camcordern, Waschmaschinen etc. erzielten Markterfolge vor allem japanischer und koreanischer Hersteller scheint der Grund dafür zu sein, die Einsatzmöglichkeiten dieser Theorie auch in nicht-technischen Anwendungsbereichen zu diskutieren. Dies wird auch in dieser Arbeit in Bezug auf den Bereich der Unternehmensplanung getan.

Viele Problemstellungen innerhalb der Unternehmensplanung unterliegen einer Form von Unbestimmtheit, die einen Mangel an begrifflicher Schärfe aufweisen, der nicht weiter konkretisiert werden kann oder zumindest sinnvollerweise nicht weiter konkretisiert werden sollte. Damit stellt sich die Frage, in welcher Weise diese Unschärfe in Planungsmodellen berücksichtigt werden kann. In der vorliegenden Arbeit wird diese Frage durch die Anwendung der Theorie unscharfer Mengen beantwortet, deren Einsatz sinnvoll erscheint, falls klare ja/nein-Unterscheidungen nicht realistisch sind. Es werden Kategorien von Fuzzy-Modellen definiert (MODM, MADM, HEDM), mit deren Hilfe eine Einordnung der verschiedenen in der Literatur vorhandenen Ansätze durchgeführt werden kann und Anwendungsbereiche aufgezeigt werden können.

Aus der Berücksichtigung von Unschärfe ergeben sich bei der Ableitung von unscharfen Entscheidungen Vorteile gegenüber konventionell formulierten Modellen.

- Durch die **Gleichbehandlung von Zielen und Restriktionen** können Methoden für Problemstellungen mit einfacher Zielsetzung als Grundlage für Methoden bei mehrfacher Zielsetzung benutzt werden.

- Unscharfe Modellierungen **schränken den Lösungsraum nicht** von vorneherein **zu stark ein**.

- Der Entscheidungsträger wird vermehrt in den Lösungsprozeß einbezogen, d.h., die **Vorteile interaktiver Verfahren** kommen vermehrt zum tragen. Dieser Punkt kann durch die in der Arbeit vorgenommene Verallgemeinerung des Erweiterungsprinzips und den daraus abzuleitenden Konsequenzen für unscharfe Arithmetik auch auf die MADM-Methoden übertragen werden.

Die im Bereich der konventionellen Modelle in dieser Weise nicht vorhandene Modellklasse des „hierarchical evaluation and decision making" bietet meiner Ansicht nach das **interessanteste Anwendungsspektrum** unscharfer Mengen innerhalb der Unternehmensplanung. Liegen standardisierte Anwendungssituationen vor, so kann die aus dem technisch fundierten Bereich der Fuzzy Logic stammende **regelbasierte Aggregation** benutzt werden, um entscheidungsunterstützende Systeme zu generieren. Allerdings liegen hier noch keine gefestigten Erkenntnisse vor, in welcher Weise die von Experten generierten Regeln im Detail umgesetzt werden sollen. Ein erster Ansatz wurde im Rahmen eines Kennzahlensystems zur Jahresabschlußprüfung aufgezeigt.

Aber auch in nicht standardisierten Anwendungssituationen können Fuzzy-HEDM-Methoden zur Entscheidungsunterstützung sinnvoll eingesetzt werden. Insbesondere bei strategischen Fragestellungen werden vage Formulierungen benutzt, um eine Problemsituation zu beschreiben und Konsequenzen ableiten zu können. Im Beispiel der **Produkt-Portfolio-Analyse** führt die Anwendung unscharfer Mengen zu Verbesserungen der Darstellung der tatsächlich vorliegenden Situation in Form von **unscharfen Bereichspositionierungen** und damit auch zu verbesserten Interpretationsmöglichkeiten.

Der Einsatz von Fuzzy-Modellen und -Methoden zur Entscheidungsunterstützung in der Unternehmensplanung ist – wie auch in der Arbeit an verschiedenen Stellen angesprochen – in vielerlei Hinsicht ein noch nicht abgeschlossenes Forschungsgebiet. Deshalb besteht ein Anliegen dieser Arbeit darin, daß eine weitere Diskussion auf diesem Gebiet angeregt wird, und dadurch Fuzzy-Modelle zur Entscheidungsunterstützung in der Unternehmensplanung in Unternehmen implementiert und erprobt werden können.

Abbildungsverzeichnis

Literaturverzeichnis

Adam, D. (1993): *Planung und Entscheidung: Modelle - Ziele - Methoden*, Gabler, Wiesbaden.

Adamo, J.M. (1980): Fuzzy decision trees, in: *Fuzzy Sets and Systems*, 4, S. 207-220.

Almond, R.G. (1995): Fuzzy logic: better science? or better engineering?, in: *Technometrics*, 37, S. 267-270.

Ansoff, H.I.; Kirsch, W.; Roventa, P. (1981): Unschärfenpositionierung in der strategischen Portfolio-Analyse, in: *Zeitschrift für Betriebswirtschaft*, 51, S. 963-988.

Baas, S.M.; Kwakernaak, H. (1977): Rating and ranking of multiple aspect alternatives using fuzzy sets, in: *Automatica*, 13, S. 47-58.

Baldwin, J.F.; Guild, N.C. (1979): Comparison of fuzzy sets on the same decision space, in: *Fuzzy Sets and Systems*, 2, S. 213-231.

Bamberg, G.; Baur, F. (1996): *Statistik*, Oldenbourg, München, Wien.

Bamberg, G.; Coenenberg, A.G. (1996): *Betriebswirtschaftliche Entscheidungslehre*, Vahlen, München.

Bamberg, G.; Trost, R. (1996): Entscheidungen unter Risiko: Empirische Evidenz und Praktikabilität, in: *Betriebswirtschaftliche Forschung und Praxis*, 6, S. 640-662.

Bandemer, H. (1993): *Modelling uncertain data*, Akademie-Verlag, Berlin.

Bausch, T.; Opitz, O. (1993): *PC-gestützte Datenanalyse mit Fallstudien aus der Marktforschung*, Vahlen, München.

Bellman, R.E.; Giertz, M. (1973): On the analytic formalism of the theory of fuzzy sets, in: *Information Sciences*, 5, S. 149-156.

Bellman, R.E.; Zadeh, L.A. (1970): Decision-making in a fuzzy environment, in: *Management Science*, 17, S. B141-B164.

Biethahn, J.; Hönerloh, A.; Kuhl, J.; Nissen, V. (1997): *Fuzzy Set-Theorie in betriebswirtschaftlichen Anwendungen*, Vahlen, München.

Böhmer, K. (1974): *Spline-Funktionen - Theorie und Anwendungen*, Teubner-Verlag, Stuttgart.

Bonissone, P.P. (1982): A fuzzy set based linguistic approach: theory and applications, in: Gupta, M.M.; Sanchez, E. (1982a), S. 329-339.

Bonissone, P.P.; Decker, K.S. (1986): Selecting uncertainty calculi and granularity: an experiment in trading-off precision and complexity, in: Kanal, L.N.; Lemmer, J.F. (1986), S. 217-247.

Bonissone, P.P. (1995): Fuzzy logic control technology: a personal perspective, in: *Technometrics*, 37, S. 262-266.

Bortolan, G.; Degani, R. (1985): A review of some methods for ranking fuzzy subsets, in: *Fuzzy Sets and Systems*, 15, S. 1-19.

Bosch, H. (1993): *Entscheidung und Unschärfe - Eine entscheidungstheoretische Analyse der Fuzzy-Set-Theorie*, Verlag Josef Eul, Bergisch Gladbach, Köln.

Brunner, J. (1994): *Interaktive Fuzzy Optimierung*, Physica-Verlag, Heidelberg.

Carlsson, C.; Korhonen, P. (1986): A parametric approach to fuzzy linear programming, in: *Fuzzy Sets and Systems*, 20, S. 17-30.

Chanas, S. (1983): The use of parametric programming in fuzzy linear programming, in: *Fuzzy Sets and Systems*, 11, S. 243-251.

Chanas, S. (1989): Parametric techniques in fuzzy linear programming problems, in: Verdegay, Delgado (1989), S. 105-116.

Chaudhuri, B.B.; Majumder, D.D. (1982): On membership evaluation in fuzzy sets, in: Gupta, M.M.; Sanchez, D. (1982a), S. 3-11.

Cheeseman, P. (1995): Fuzzy thinking, in: *Technometrics*, 37, S. 282-283.

Chen, H.-K.; Chou, H.-W. (1996): Solving multiobjective linear programming problems - a generic approach, in: *Fuzzy Sets and Systems*, 82, S. 35-38.

Chen, S.H. (1985): Ranking fuzzy numbers with maximizing set and minimizing set, in: *Fuzzy Sets and Systems*, 17, S. 113-129.

Chen, S.-J.; Hwang, C.-L. (1992): *Fuzzy multiple attribute decision making*, Springer, Berlin, Heidelberg, New York.

Cheng, Y.M.; McInnis, B. (1980): An algorithm for multiple attribute, multiple alternative decision problem based on fuzzy sets with application to medical diagnosis, in: *IEEE Transactions on systems, man and cybernetics*, 10, S. 645-650.

Cunha, C.J. (1989): *Ein Modell zur Unterstützung der Bewertung und Auswahl von Strategiealternativen*, Dissertation, Aachen.

Czogala, E.; Zimmermann, H.-J. (1984): The aggregation operations for decision making in probabilistic fuzzy environment, in: *Fuzzy Sets and Systems*, 13, S. 223-239.

Dantzig, G.B. (1966): *Lineare Programmierung und Erweiterungen*, Springer, Berlin, New York.

Dempster, A.P. (1967): Upper and lower probabilities induced by multi-valued mapping, in: *Annals of Mathematical Statistics*, 38, S. 325-339.

Diederich, G.W.; Messik, S.J.; Tucker, L.R. (1957): A general least squares solution for successive intervals, in: *Psychometrika*, 22, S. 159-173.

Dombi, J. (1982): Basic concepts for a theory of evaluation: the aggregative operator, in: *European Journal of Operational Research*, 10, S. 282-293.

Domschke, W.; Drexl, A. (1995): *Einführung in Operations Research*, Springer, Berlin, Heidelberg, New York.

Dubois, D.; Prade, H. (1979): Fuzzy real algebra: some results, in: *Fuzzy Sets and Systems*, 2, S. 327-348.

Dubois, D.; Prade, H. (1980): *Fuzzy sets and systems - theory and applications*, Academic Press, New York, London, Toronto.

Dubois, D.; Prade, H. (1982): The use of fuzzy numbers in decision analysis, in: Gupta, M.M.; Sanchez, E. (1982b), S. 309-321.

Dubois, D.; Prade, H. (1983a): Criteria aggregation and ranking of alternatives in the framework of fuzzy set theory, in: Zimmermann, H.-J.; Zadeh, L.A.; Gaines, B.R. (1983), S. 209-240.

Dubois, D.; Prade, H. (1983b): Ranking of fuzzy numbers in the setting of possibility theory, in: *Information Sciences*, 30, S. 183-224.

Dubois, D.; Prade, H. (1986): *Possibility theory - an approach to computerized processing of uncertainty*, Plenum Press, New York, London.

Dunst, K.H. (1983): *Portfolio Management - Konzeption für die strategische Unternehmensplanung*, de Gruyter, Berlin, New York.

Dyckhoff, H. (1994): Verknüpfungsoperatoren für unscharfe Mengen und ihre Anwendung bei Mehrpersonenentscheidungen, in: Werners, B.; Gabriel, R. (1994), S. 212-241.

Dyckhoff, H.; Pedrycz, W. (1984): Generalized means as model of compensative connectives, in: *Fuzzy Sets and Systems*, 14, S. 143-154.

Ehrmann, H. (1995): *Planung*, Kiehl Verlag, Ludwigshafen.

Freksa, C. (1982): Linguistic description of human judgements in expert systems and in the soft sciences, in: Gupta, M.M.; Sanchez, E. (1982a), S. 297-305.

Gabriel, R.; Jaeger, A. (1993): *Fuzzy-Technologien: Prinzipien, Potentiale und Anwendungen*, Arbeitsbericht 55, Institut für Unternehmungsführung und Unternehmensforschung, Universität Bochum.

Gardin, F.; Power, R.; Martinelli, E. (1995): Liquidity management with fuzzy qualitative constraints, in: *Decision Support Systems*, 15, S. 147-156.

Gaul, W.; Baier, D. (1993): *Marktforschung und Marketing Management - Computerbasierte Entscheidungsunterstützung*, Oldenbourg, München, Wien.

Günther, Th. (1991): *Erfolg durch strategisches Controlling? Eine empirische Studie zum Stand des strategischen Controlling in deutschen Unternehmen und dessen Beitrag zu Unternehmenserfolg und -risiko*, Vahlen, München.

Gupta, M.M.; Sanchez, E. (1982a): *Approximate reasoning in decision analysis*, North-Holland Publishing Company, Amsterdam, New York, Oxford.

Gupta, M.M.; Sanchez, E. (1982b): *Fuzzy information and decision processes*, North-Holland Publishing Company, Amsterdam, New York, Oxford.

Gutierrez, I.; Carmona, S. (1995): Ambiguity in multicriteria quality decisions, in: *International Journal of Production Economics*, 38, S. 215-224.

Hamacher, H. (1978): *Über logische Aggregationen nicht-binär explizierter Entscheidungskriterien*, Dissertation, Aachen.

Hansohm, J.; Hähnle, M. (1991): *Vieweg Decision Manager: ein Programmpaket zur Lösung linearer Probleme mit mehreren Zielfunktionen*, Vieweg, Braunschweig, Wiesbaden.

Hauke, W. (1995): Interpretationshilfen bei Portfolio-Darstellungen in der Unternehmensplanung, in: *Zeitschrift für Planung*, 6, S. 41-54.

Hauke, W. (1996): Produkt-Portfolio-Darstellungen mit linguistischen Variablen, *Arbeitspapiere zur mathematischen Wirtschaftsforschung*, Institut für Statistik und Mathematische Wirtschaftstheorie der Universität Augsburg, Heft 136.

Hauke, W. (1997a): Bereichspositionierungen bei Produkt-Portfolio-Darstellungen, in: *Zeitschrift für Planung*, 8, S. 277-290.

Hauke, W. (1997b): Using Yager's t-norms for aggregation of fuzzy intervals, erscheint in: *Fuzzy Sets and Systems*.

Hauke, W.; Opitz, O. (1996): *Mathematische Unternehmensplanung - Eine Einführung*, Verlag moderne industrie, Landsberg/Lech.

Herrmann, A.; Bayón-Eder, T. (1994): Zur Übertragbarkeit der Portfeuille-Theorie auf das Produkt-Portfolio-Problem, in: *Wirtschaftswissenschaftliches Studium*, 23, S. 59-64.

Herrmann, H.-J. (1991): *Modellgestützte Planung in Unternehmen - Entwicklung eines Rahmenkonzeptes*, Gabler, Wiesbaden.

Hersh, H.M.; Caramazza, A. (1976): A fuzzy set approach to modifiers and vagueness in natural language, in: *Journal of Experimental Psychology*, 105, S. 254-276.

Hwang, C.L.; Masud, A.S.M. (1979): *Multiple objective decision making: methods and applications*, Springer, Berlin, Heidelberg, New York.

Hwang, C.L.; Yoon, K. (1981): *Multiple attribute decision making*, Springer, Berlin, Heidelberg, New York.

Isermann, H. (1976): Ein Algorithmus zur Lösung linearer Vektormaximumprobleme, in: Kohlas, J. u.a. (1976), S. 55-65.

Kanal, L.N.; Lemmer, J.F. (1986): *Uncertainty in artificial intelligence*, Elsevier Science Publishers, Amsterdam, New York, Oxford.

Kandel, A.; Martins, A.; Pacheco, R. (1995): On the very real distinction between fuzzy and statistical methods, in: *Technometrics*, 37, S. 276-281.

Karmarkar, N. (1984): A new polynomial-time algorithm for linear programming, in: *Combinatorica*, 4, S. 373-395.

Kaufmann, A. (1975): *Introduction to the theory of fuzzy subsets*, Academic Press, New York, London, Toronto.

Kaufmann, A. (1986): On the relevance of fuzzy sets for operations research, in: *European Journal of Operational Research*, 25, S. 330-335.

Keresztfalvi, T. (1993): Operations on fuzzy numbers extended by Yager's familiy of t-norms, in: Bandemer, H. (1993), S. 163-167.

Kessing, O. (1990): PC-gestützte Portfolio-Analyse als Instrument der strategischen Unternehmensplanung, in: *Zeitschrift für Planung*, 1, S. 69-86.

Kistner, K.-P. (1993): *Optimierungsmethoden*, Physica-Verlag, Heidelberg.

Kochen, M.; Badre, A.N. (1974): On the precision of adjectives which denote fuzzy sets, in: *Journal of Cybernetics*, 4, S. 49-59.

Kohlas, J.; Seifert, O.; Stähly, P.; Zimmermann, H.J. (1976): *Proceedings in Operations Research*, Band 5, Physica-Verlag, Würzburg, Wien.

Kosko, B. (1993): *fuzzy-logisch - Eine neue Art des Denkens*, Carlsen, Hamburg.

Kruse, R.; Gebhardt, J.; Klawonn, F. (1993): *Fuzzy-Systeme*, Teubner-Verlag, Stuttgart.

Kwakernaak, H. (1979): An algorithm for rating multiple-aspect alternatives using fuzzy sets, in: *Automatica*, 15, S. 615-616.

Lachnit, L. (1975): Kennzahlensysteme als Instrument der Unternehmensanalyse, dargestellt an einem Zahlenbeispiel, in: *WPg*, 13, S. 216-230.

Lai, Y.J. (1995): IMOST: Interactive multiple objective system technique, in: *Journal of the Operational Research Society*, 45, S. 958-976.

Lai, Y.J.; Hwang, C.L. (1992): *Fuzzy mathematical programming - methods and applications*, Springer-Verlag, Berlin, Heidelberg, New York.

Lai, Y.J.; Hwang, C.L. (1993a): IFLP-II: A decision support system, in: *Fuzzy Sets and Systems*, 54, S. 47-56.

Lai, Y.J.; Hwang, C.L. (1993b): Possibilistic linear programming for managing interest rate risk, in: *Fuzzy Sets and Systems*, 54, S. 135-146.

Lai, Y.J.; Hwang, C.L. (1996): *Fuzzy multiple objective decision making - methods and applications*, Springer, Berlin, Heidelberg, New York.

Laviolette, M.; Seaman, J.; Barret, J.; Woodall, W. (1995): A probabilistic and statistical view of fuzzy methods, in: *Technometrics*, 37, S. 249-261.

Leberling, H. (1981): On finding compromise solutions in multicriteria problems using the fuzzy min-operator, in: *Fuzzy Sets and Systems*, 6, S. 105-118.

Leberling, H. (1983): Entscheidungsfindung bei divergierenden Faktorinteressen und relaxierten Kapazitätsrestriktionen mittels eines unscharfen Lösungsansatzes, in: *Zeitschrift für betriebswirtschaftliche Forschung*, 35, S. 398-419.

Lee, E.S.; Li, R.L. (1988): Comparison of fuzzy numbers based on the probability measure of fuzzy events, in: *Computer and Mathematics with Applications*, 15, S. 887-896.

Lowen, R. (1996): *Fuzzy set theory - basic concepts, techniques and bibliography*, Kluwer Academic Publishers, Boston, Dordrecht, London.

Lütz, R.A. (1996): *Membership functions for fuzzy poverty measurement - an approach using german panel data*, Peter Lang, Frankfurt/Main.

Mahajan, V.; Wind, Y.; Bradford, J.W. (1982): Stochastic Dominance Rules for Product Portfolio Models, in: Zoltners, A. (1982), S. 161-183.

Matthes, S. (1996): *Darstellung und Vergleich von Aggregationsoperatoren aus dem Bereich der unscharfen Mengen*, Diplomarbeit, Institut für Statistik und Mathematische Wirtschaftstheorie, Universität Augsburg.

McNeill, D.; Freiberger, P. (1996): *Fuzzy Logic - Die unscharfe Logik erobert die Technik*, Knaur, München.

Mechler, B. (1995): *Intelligente Informationssysteme*, Addison-Wesley, Bonn, Paris, Reading (Mass.).

Nauck, D.; Kruse, R. (1997): Fuzzy-Systeme und Soft Computing, in: Biethahn u.a. (1997), S. 3-21.

Negoita, C.V. (1979): *Management applications of system theory*, Birkhäuser, Basel.

Negoita, C.V.; Ralescu, D.A. (1975): *Applications of fuzzy sets to systems analysis*, Birkhäuser, Basel.

Neumann, K.; Morlock, M. (1993): *Operations Research*, Hanser, München, Wien.

Nguyen, H.T. (**1978**): A note on the extension principle for fuzzy sets, in: *Journal of Mathematical Analysis and Applications*, 64, S. 338-353.

Norwich, A.M.; Turksen, I.B. (**1982a**): Meaningfulness in fuzzy set theory, in: Yager, R.R. (1982a), S. 68-74.

Norwich, A.M.; Turksen, I.B. (**1982b**): The construction of membership functions, in: Yager, R.R. (1982a), S. 61-67.

Norwich, A.M.; Turksen, I.B. (**1982c**): The fundamental measurement of fuzziness, in: Yager, R.R. (1982a), S. 49-60.

Norwich, A.M.; Turksen, I.B. (**1984**): A model for the measurement of membership and the consequences of its empirical implementation, in: *Fuzzy Sets and Systems*, 12, S. 1-25.

Oden, G.C. (**1984**): Integration of fuzzy linguistic information in language comprehension, in: *Fuzzy Sets and Systems*, 14, S. 29-41.

Oden, G.C.; Lopes, L.L. (**1982**): On the internal structure of fuzzy subjective categories, in: Yager, R.R. (1982a), S. 75-89.

Opitz, O. (**1980**): *Numerische Taxonomie*, Fischer, Stuttgart, New York.

Opitz, O. (**1995**): *Mathematik - Lehrbuch für Ökonomen*, Oldenbourg, München, Wien.

Paysen, N.H. (**1992**): *Unternehmensplanung bei vagen Daten*, Peter Lang, Franfurt/Main, Bern, New York, Paris.

Rieger, B. (**1981**): *Empirical Semantics, a collection of new approaches in the field*, Brockmeyer, Bochum.

Robens, H. (**1985**): Schwachstellen der Portfolio-Analyse, in: *Marketing ZFP*, 3, S. 191-200.

Rommelfanger, H. (**1986**): Rangordnungsverfahren für unscharfe Mengen, in: *OR Spektrum*, 8, S. 219-228.

Rommelfanger, H. (**1993a**): Fuzzy-Logik basierte Verarbeitung von Expertenregeln, in: *OR Spektrum*, 15, S. 31-42.

Rommelfanger, H. (**1993b**): Fuzzy-Logik-basierte Verarbeitung von Expertenregeln bei der Beurteilung der Vermögenslage von Unternehmen auf der Grundlage von Jahresabschlußinformationen, in: Gabriel, R.; Jaeger, A. (1993), S. 27-50.

Rommelfanger, H. (**1994**): *Fuzzy Decision Support-Systeme - Entscheiden bei Unschärfe*, Springer, Berlin, Heidelberg, New York.

Rommelfanger, H.; Unterharnscheidt, D. (1986): Entwicklung einer Hierarchie gewichteter Bonitätskriterien für mittelständische Unternehmen, in: *Österreichisches Bank-Archiv,* 33, S. 419-437.

Rommelfanger, H.; Unterharnscheidt, D. (1988): Modelle zur Aggregation von Bonitätskriterien, in: *Zeitschrift für betriebswirtschaftliche Forschung,* 40, S. 471-503.

Roventa, P. (1981): *Portfolio-Analyse und strategisches Management,* Planungs- und Organisationswissenschaftliche Schriften, München.

Rüth, D. (1989): *Planungssysteme der Industrie - Einflußgrößen und Gestaltungsparameter,* Deutscher Universitäts-Verlag, Wiesbaden.

Saaty, T.L. (1980): *The analytic hierarchy process,* McGraw-Hill, New York, London, Toronto.

Sakawa, M. (1993): *Fuzzy sets and interactive multiobjective optimization,* Plenum Press, New York.

Scheffels, R. (1996): *Fuzzy-Logik in der Jahresabschlußanalyse,* Deutscher Universitäts-Verlag, Wiesbaden.

Schneevoigt, J. (1992): *Produktlebenszyklusmodelle in der Unternehmensplanung unter Nutzung von System Dynamics,* Dissertation, Aachen.

Schneeweiß, Ch. (1991): *Planung 1 - Systemanalytische und entscheidungstheoretische Grundlagen,* Springer, Berlin, Heidelberg, New York.

Scholz, R.W. (1983): *Decision making under uncertainty, cognitive decision research, social interaction, development and epistemology,* North-Holland Publishing Company, Amsterdam, New York, Oxford.

Schwab, K.-D. (1983): *Ein auf dem Konzept der unscharfen Mengen basierendes Entscheidungsmodell bei mehrfacher Zielsetzung,* Peter Lang, Frankfurt/Main, Bern, New York.

Shafer, G. (1976): *A mathematical theory of evidence,* Princeton University Press, Princeton, New Jersey.

Shih, H.-S.; Lai, Y.-J.; Lee, E.S. (1996): Fuzzy approach for multilevel programming problems, in: *Computers and Operations Research,* 23, S. 73-91.

Silvert, W. (1979): Symmetric summation: a class of operations on fuzzy sets, in: *IEEE Transactions on systems, man and cybernetics,* 9, S. 657-659.

Smithson, M. (1986): *Fuzzy set analysis for behavioral and social sciences*, Springer, Berlin, Heidelberg, New York.

Spies, M. (1993): *Unsicheres Wissen*, Spektrum Akademischer Verlag, Heidelberg, Berlin, Oxford.

Tamiz, M. (1996): *Multi-objective programming and goal programming: theories and applications*, Springer, Berlin, New York.

Tanaka, H.; Asai, K. (1984): Fuzzy linear programming problems with fuzzy numbers, in: *Fuzzy Sets and Systems*, 13, S. 1-10.

Tanaka, H.; Ichihashi, H.; Asai, K. (1984): A formulation of fuzzy linear programming problem based on comparison of fuzzy numbers, in: *Control and Cybernetics*, 13, S. 185-194.

Thole, U.; Zimmermann, H.-J.; Zysno, P. (1979): On the suitability of minimum and product operators for the intersection of fuzzy sets, in: *Fuzzy Sets and Systems*, 2, S. 167-180.

Thurstone. L.L. (1927): A law of comparative judgement, in: *Psychological Review*, 34, S. 273-286.

Turksen, I.B. (1991): Measurement of membership functions and their acquisition, in: *Fuzzy Sets and Systems*, 40, S. 5-38.

Tzeng, G.H.; Wang, H.F.; Wen, U.P.; Yu, P.L. (Hrsg.) (1994): *Multiple criteria decision making*, Springer, Berlin, Heidelberg, New York.

Unterharnscheidt, D. (1988): *Bonitätsanalyse mittelständischer Unternehmen - Eine empirische Studie über die Aggregation gewichteter Kreditwürdigkeitsaspekte im Rahmen eines hierarchisch geordneten Bewertungsmodells*, Peter Lang, Frankfurt/Main.

Verdegay, J.L. (1982): Fuzzy mathematical programming, in: Gupta, M.M.; Sanchez, E. (1982b), S. 231-236.

Verdegay, J.L. (1984a): A dual approach to solve the fuzzy linear programming problem, in: *Fuzzy Sets and Systems*, 14, S. 131-141.

Verdegay, J.L. (1984b): Application of fuzzy optimization in operational research, in: *Control and Cybernetics*, 13, S. 229-239.

Verdegay, J.L.; Delgado, M. (1989): *The interface between artificial intelligence and operations research in fuzzy environment*, TÜV-Rheinland, Köln.

Weber, S. (1983): A general concept of fuzzy connectives, negations and implications based on t-norms and t-conorms, in: *Fuzzy Sets and Systems*, 11, S. 115-134.

Weber, S. (1984): Measures of fuzzy sets and measures of fuzziness, in: *Fuzzy Sets and Systems*, 13, S. 247-271.

Welge, K.; Al-Laham, A. (1992): *Planung: Prozesse - Strategien - Maßnahmen*, Gabler, Wiesbaden.

Werners, B. (1984): *Interaktive Entscheidungsunterstützung durch ein flexibles mathematisches Programmierungssystem*, Minerva Publikation, München.

Werners, B. (1993): *Unterstützung der strategischen Technologieplanung durch wissensbasierte Systeme*, Verlag der Augustinus Buchhandlung, Aachen.

Werners, B. (1994): Approximative Inferenz mit linguistischen Variablen, in: Werners, B.; Gabriel, R. (1994), S. 243-274.

Werners, B.; Gabriel, R. (1994): *Operations Research - Reflexionen aus Theorie und Praxis*, Springer, Berlin, Heidelberg, New York.

Yager, R.R. (1982a): *Fuzzy set and possibility theory - recent developments*, Pergamon Press, New York, Oxford, Toronto.

Yager, R.R. (1982b): Level sets for membership evaluation of fuzzy subsets, in: Yager, R.R. (1982a), S. 90-97.

Yager, R.R. (1978): Fuzzy decision making including unequal objectives, in: *Fuzzy Sets and Systems*, 1, S. 87-95.

Zadeh, L.A. (1965): Fuzzy sets, in: *Information and Control*, 8, S. 338-353.

Zadeh. L.A. (1975a): The concept of a linguistic variable and its application to approximate reasoning, Part I, in: *Information Sciences*, 8, S. 199-249.

Zadeh. L.A. (1975b): The concept of a linguistic variable and its application to approximate reasoning, Part II, in: *Information Sciences*, 8, S. 301-357.

Zadeh, L.A. (1978): Fuzzy sets as a basis for a theory of possibility, in: *Fuzzy Sets and Systems*, 1, S. 3-28.

Zadeh, L.A. (1995): Probability theory and fuzzy logic are complementary rather than competitive, in: *Technometrics*, 37, S. 271-276.

Zimmer, A.C. (1983): Verbal vs. numerical processing of subjective probabilities, in: Scholz, R.W. (1983), S. 249-258.

Zimmermann, H.-J. (1978): Fuzzy programming and linear programming with several objective functions, in: *Fuzzy Sets and Systems*, 1, S. 45-55.

Zimmermann, H.-J. (1989): Strategic planning, operations research and knowledge based systems, in: Verdegay, J.-L.; Delgado, M. (1989), S. 253-274.

Zimmermann, H.-J. (1991): *Fuzzy set theory - and its applications*, Kluwer Academic Publishers, Boston, Dordrecht, London.

Zimmermann, H.-J.; Gutsche, L. (1991): *Multi-Criteria Analyse - Einführung in die Theorie der Entscheidungen bei Mehrfachzielsetzungen*, Springer, Berlin, Heidelberg, New York.

Zimmermann, H.-J.; Zadeh, L.A.; Gaines, B.R. (1983): *Fuzzy sets and decision analysis*, Elsevier Science Publishers, Amsterdam, New York, Oxford.

Zimmermann, H.-J.; Zysno, P. (1983): Decisions and evaluations by hierarchical aggregation of information, in: *Fuzzy Sets and Systems*, 10, S. 243-260.

Zimmermann, H.-J.; Zysno, P. (1985): Quantifying vagueness in decision models, in: *European Journal of Operational Research*, 22, S. 148-158.

Zoltners, A. (1982): *Management science: special studies*, North-Holland Publishing Company, Amsterdam, New York, Oxford.

Zwick, R. (1987): A note on random sets and the Thurstonian scaling methods, in: *Fuzzy Sets and Systems*, 21, S. 351-356.

Zwick, R. (1988): The evaluation of verbal models, in: *International Journal of Man-Machine Studies*, 29, S. 149-157.

Zwick, R.; Wallsten, T. S. (1989): Combining stochastic uncertainty and linguistic inexactness: theory and experimental evaluation of four fuzzy probability models, in: *International Journal of Man-Machine Studies*, 30, S. 69-111.

Zysno, P. (1981): Modelling membership functions, in: Rieger, B. (1981), S. 350-375.

Sachverzeichnis

Studies in Fuzziness
and Soft Computing

Vol. 15: **G.I. Klir, M.J. Wierman**

Uncertainty-Based Information

Elements of Generalized Information Theory

1998. XVI, 168 pp. 11 figs., 10 tabs. Hardcover
DM 98,-; öS 716,-; sFr 89,50 ISBN 3-7908-1073-8

The book is an overview of the development of basic
ideas and mathematical results regarding measures
and principles of uncertainty-based information
formalized within the framework of classical set
theory, probability theory, fuzzy set theory,
possibility theory, and the Dempster-Shafer theory
of evidence.

Vol. 16: **D. Driankov, R. Palm (Eds.)**

Advances in Fuzzy Control

1998. VIII, 421 pp. 146 figs., 16 tabs. Hardcover
DM 148,-; öS 1081,-; sFr 135,- ISBN 3-7908-1090-8

The papers presented in the volume cover methods
that constitute the major trends in this area, that
have shown their relevance in solving practical
problems, whose implementation can be easily
automated, and last but not least, that can be
especially interesting from the point of view of
conventional modern control theory.

Vol. 17: **L. Reznik, V. Dimitrov, J. Kacprzyk (Eds.)**

Fuzzy Systems Design

Social and Engineering Applications

1998. XVI, 334 pp. 95 figs., 21 tabs. Hardcover
DM 148,-; öS 1081,-; sFr 135,- ISBN 3-7908-1118-1

Fuzzy logic is a way of thinking that is responsive to
human zeal to unveil uncertainty and deal with
social paradoxes emerging from it. In this book a
number of articles illustrate various social applications to fuzzy logic. The engineering part of the
book contains a number of papers, devoted to the
description of fuzzy engineering design methodol-
ogies.

Vol. 18: **L. Polkowski, A. Skowron (Eds.)**

Rough Sets in Knowledge Discovery 1

Methodology and Applications

1998. X, 576 pp. 56 figs., 75 tabs. Hardcover
DM 198,-; öS 1446,-; sFr 179,- ISBN 3-7908-1119-X

Vol. 19: **L. Polkowski, A. Skowron (Eds.)**

Rough Sets in Knowledge Discovery 2

**Applications, Case Studies and Software
Systems**

1998. X, 610 pp. 88 figs., 131 tabs. Hardcover
DM 228,-; öS 1665,-; sFr 206,- ISBN 3-7908-1120-3

The papers in volumes 18 and 19 present a wide
spectrum of problems repesentative to the present
stage of this theory. Researchers from many coun-
tries reveal their recent results on various aspects of
rough sets. The papers are not confined only to
mathematical theory but also include algorithmic
aspects, applications and information about software designed for data analysis based on this
theory.

Vol. 20: **J.N. Mordeson, P.S. Nair**

Fuzzy Mathematics

An Introduction for Engineers and Scientists

1998. XIV, 258 pp. 20 figs., 9 tabs. Hardcover
DM 128,-; öS 935,-; sFr 116,50 ISBN 3-7908-1121-1

It is dealt with fuzzy graph theory, fuzzy topology,
fuzzy geometry, and fuzzy abstract algebra. The
purpose of the book is to present the concepts of
fuzzy mathematics from these areas which have
applications to engineering, science, and mathematics. The style is geared to an audience more
general than the research mathematician. In particular, the book ist written with engineers and
scientists in mind.

Physica-Verlag

A Springer-Verlag Company

Please order through your bookseller or from Physica-Verlag, c/o Springer-Verlag, P.O. Box 140201, D-14302 Berlin,
Germany; Tel. (0)30 /8 27 87-0, Fax (0)30 /8 27 87 301, e-mail: orders@springer.de, Internet: www.springer.de

Studies in Fuzziness and Soft Computing

Vol. 21: **L. C. Jain, T. Fukuda (Eds.)**

Soft Computing for Intelligent Robotic Systems

1998. VIII, 231 pp. 131 figs., 21 tabs.
Hardcover DM 118,-; öS 862,-; sFr 107,50
ISBN 3-7908-1147-5

Research results using some of the most advanced soft computing techniques in intelligent robotic systems are presented. The main purpose is to show how the power of soft computing techniques can be exploited in intelligent robotic systems. The main emphasis is on control system for a mobile robot, behavior arbitration, reinforcemant learning, manipulation of a robot, collision avoidance, automatic design.

Vol. 22: J. Cardoso, H. Camargo (Eds.)

Fuzziness in Petri Nets

1999. X, 318 pp. 141 figs., 16 tabs.
Hardcover DM 148,-; öS 1081,-; sFr 135,-
ISBN 3-7908-1158-0

The volume provides an up-to-date account on recent develop ments concerning the incorporation of fuzzy capabilities in Petri Net models. Several different topics have been studies, such as the representation of time, consistency checking, learning, design, computational efficiency, modelling flexibility, among others.

Vol. 23: **P. S. Szczepaniak (Ed.)**

Computational Intelligence and Applications

1999. XIV, 369 pp. 154 figs., 32 tabs.
Hardcover DM 148,-; öS 1081,-; sFr 135,-
ISBN 3-7908-1161-0

This book provides the reader with a sampling of various applications of methods (neural networks, genetic algorithms, fuzzy, and evolutionary systems) being the building blocks of the computational intelligence (CI). A valuable source of studies for researchers working in many fields, to call electrical engineering, biomedicine, or socioeconomics as examples.

Vol. 24: E. Orłowska (Ed.)

Logic at Work

Essays Dedicated to the Memory of Helena Rasiowa

1999. XIV, 694 pp., 19 figs., 3 tabs.
Hardcover DM 228,-; öS 1665,-; sFr 206,-
ISBN 3-7908-1164-5

A broad variety of fields and issues in which logic provides conceptual, technical or methodological tool is presented. In particular, important topics in foundations of soft computing including fuzzy logic, multiple-valued logic, theories of inconsistency and ambiguity, theory of rough sets, theories of incomplete information are studied. All the contributions present new and original results.

Physica-Verlag
A Springer-Verlag Company

Please order through your bookseller or from Physica-Verlag, c/o Springer-Verlag, P.O. Box 140201, D-14302 Berlin, Germany;
Tel. (0)30 /8 27 87-0, Fax (0)30 /8 27 87 301, e-mail: orders@springer.de, Internet: www.springer.de

Druck: Strauss Offsetdruck, Mörlenbach
Verarbeitung: Schäffer, Grünstadt